KB204390

청화 큰스님 법어집

# 순선안심
# 탁마법문
### 純禪安心琢磨法門

## 영생永生의 고향

사회문화원

# 순선안심
# 탁마법문
## 純禪安心琢磨法門

부처님과 진리 그리고 청화 큰스님께
귀의하신 존귀한 보살님의 지극한
공덕(歸依佛, 歸依法, 歸依僧)에 의해
순선안심탁마법문이 발간되었습니다.
마음 모아 수희찬탄隨喜贊嘆합니다.

# 菩提方便門

心은 虛空과 等할새 片雲隻影이 無한 廣大無邊한 虛空
的心界를 觀하면서 淸淨法身인달하여 毘盧遮那佛을
念하고 此虛空的心界에 超日月의 金色光明을 帶한 無
垢의 淨水가 充滿한 海象的性海를 觀하면서 圓滿報身
인달하여 盧舍那佛을 念하고 內로 念起念滅의 無色衆生
과 와로 日月星宿山河大地森羅萬象의 無情衆生과 人
畜乃至 蠢動含靈의 有情衆生과의 一切衆生을 性海無
風金波自涌인 海中漚로 觀하면서 千百億化身인달하
여 釋迦牟尼佛을 念하고 다시 彼無量無邊의 淸空心界
와 淨滿性海와 漚相衆生을 空性相一如의 一合相으로 通
觀하면서 三身一佛인달하여 阿(化)彌(報)陀(法)佛을 常念
하고 內外生滅相인 無數衆生의 無常諸行을 心隨萬境
轉인달하여 彌陀의 一大行相으로 思惟觀察할지니라.

청화 큰스님께서 친히 쓰신 보리방편문(금타대화상 지음)

# 보리를 깨닫는 방편문

마음은 허공과 같을새, 한 조각 구름이나 한 점 그림자도 없이, 크고 넓고 끝없는 허공 같은 마음 세계를 관찰하면서 청정법신인 비로자나불을 생각하고, 이러한 허공 같은 마음 세계에 해와 달을 초월하는 금색광명을 띤 한없이 맑은 물이 충만한 바다와 같은 성품 바다를 관찰하면서 원만보신인 노사나불을 생각하며, 안으로 생각이 일어나고 없어지는 형체 없는 중생과 밖으로 해와 달과 별과 산과 내와 대지 등 삼라만상의 뜻이 없는 중생과 또는 사람과 축생과 꿈틀거리는 뜻이 있는 중생 등의 모든 중생들을 금빛 성품 바다에 바람 없이 금빛 파도가 스스로 뛰노는 거품으로 관찰하면서 천백억 화신인 석가모니불을 생각하고, 다시 저 한량없고 끝없이 맑은 마음 세계와 청정하고 충만한 성품 바다와 물거품 같은 중생들을 공과 성품과 현상이 본래 다르지 않는 한결같다고 관찰하면서 법신, 보신, 화신의 삼신이 원래 한 부처인 아미타불을 항시 생각하면서, 안팎으로 일어나고 없어지는 모든 현상과 헤아릴 수 없는 중생의 덧없는 행동들을 마음이 만 가지로 굴러가는 아미타불의 위대한 행동 모습으로 생각하고 관찰할지니라.

청화 큰스님께서 해설하신 보리방편문

차례

❈ 보리방편문
❈ 보리를 깨닫는 방편문

# Ⅰ. 진리는 본래 하나

# 안심법문安心法門

이번 법회는 참으로 의의 있고 희유稀有한 법회입니다. 경륜이 깊으신 대덕 스님들도 오시고, 또 우리 법사님, 거사님, 보살님들도 오셔서 참으로 만나기 어려운 법회입니다.

저는 한국에서는 더러 우리 스님들끼리 사흘이나 일주일씩 강의식 법문을 한 적은 있습니다. 그러나 이렇게 사부대중四部大衆이 모인 가운데서 일주일씩이나 강의를 하는 것은 처음입니다. 특히 한국이 아니라 이역만리 타국에 와서 이렇게 여여한 여러분들을 모시고 법문을 하게 된 것을 대단히 영광스럽게 생각합니다.

여기 모이신 여러 대덕 스님들과 강사 스님 그리고 주지 스님들은 모두 선방에서 20년 이상씩 공부를 하신 훌륭하신 분들입니다. 그리고 거사님들 가운데는 법사도 여러 분 계시고 학문적으로 높으신 박사들도 여러 분 계십니다.

따라서 새삼스럽게 제가 법문을 해야 될 만한 사실은 거의 없습니다. 그러나 우리가 그때그때 분주히 지내다 보면 부처님의 핵심 사상을 놓치고서 그냥 현실 생활에 매몰되기가 쉽습니다. 그러한 우리의 일상 속에서의 부족을 이런 때 서로 반조返照하고자 하는 데 의의가 있습니다.

여러분들께서도 다 아시는 바와 같이 지금 시대적으로 여러 가지 면에서 어려움에 처해 있습니다. 전에는 동서 양 진영이 서로 겨루고 다투는 데서 긴장이 고조돼 왔지마는 이제는 한쪽 공산 세계가 붕괴되면서 더욱 혼란이 가중되어 오고 있습니다.

대체 어떻게 해야 우리 인류를 구제할 것인가? 그런 우리 인간의 기본적인 가치관, 이 문제는 굉장히 중요한 문제입니다. 그런데 이런 가치관을 우리는 어디서 구해야 할 것인가?

사실 지금까지 이루어진 대부분의 혼란상은 주로 서구 문화에 그 원인이 있습니다. 따라서 지금 훌륭한 석학들이 다 말씀을 하고 있습니다마는 서구 사상으로는 앞으로 오는 21세기, 이른바 새로운 문명에 있어서 참다운 지도원리指導原理를 구할 수가 없다고 합니다. 일반 위대한 분들도 역시 동양 사상이 아니면 앞으로 오는 새로운 시대의 지도원리를 구할 수가 없다고 말씀들을 하고 있습니다. 그런 것을 우리 불교인들은 더욱 확신하고 있습니다.

왜냐하면 다른 가르침, 다른 문화 현상들은 모든 것을 나누어 분열해서 보는 경향이 있는데, 부처님 가르침만은 모두를 하나로 보기 때문입니다.

우리 사람만이 본래 하나가 아니라, 자연계라든가 또는 어떠한 것이든 다 하나의 생명으로 보는 일원주의一元主義 사상이기 때문에 이른바 동일률同一律이라는 것입니다. 어떤 것이나 모두가 다 하나의 진리로 통합이 된다는 말입니다.

따라서 불교 사상의 일원주의, 소위 동일률적인 사고방식, 이런 가르침만이 비로소 세계를 하나로 평화스럽게 묶어 갈 수 있다는 것을 우리는 확신하게 됩니다.

꽃

# 순선純禪

그런 의미에서 이번 법회의 제목도 '순선안심탁마법회純禪安心 琢磨法會'라, 이렇게 법회의 명칭을 붙였습니다.

참선參禪은 비단 우리 불교인뿐만이 아니라 다른 종교인, 일반 세간인도 참선을 하는 것은 대단히 좋은 것입니다. 우리 몸과 정신 건강을 위해서나 기타 산란스러운 일들을 헤치고 나가는 데 참선은 지극히 좋은 것입니다. 그래서 지금 기독교 쪽에서도 참선에 관심을 가지고 있고, 일반 사람들도 말할 것 없이 참선을 하려고 합니다.

그런데 참선이면 참선이지 왜 이와 같이 순선純禪이라, 순수한 참선이라 이렇게 명칭을 붙였는가? 이것부터 의심이 생기실 것입니다. 불교를 전문적으로 안 하신 분들은 여러 가지로 어려운 술어가 있어서 가급적으로 풀이해서 말씀을 드립니다. 그렇더라도 어려운 술어가 나오면 그때그때 불편을 느끼실 것입니다. 그러나 사실은 이번 여기서 하고자 하는 이 법문 정도는 꼭 알아두셔야 된다고 생각되기 때문에 이렇게 문제를 제기했습니다.

보통 참선이 아니고 순선이라는 것은 이른바 순수한 참선입니다. 그러면 어떠한 것을 순수한 참선이라 하는 것인가?

중국의 초조初祖 달마達磨 스님 때부터서 육조六祖 혜능慧能 스님까지의 시대를 순선시대純禪時代라 하고 그때의 선을 순선純禪이라 합니다. 지금 우리는 육조혜능 스님 이후에 다섯 파로 참선이 갈라지고, 그래서 서로 반목하며 옥신각신하고 있습니다. 그런 것을 주로 수용하고 있기 때문에 순선, 그러면 참선하는 사람들이나, 또는 그런 쪽으로 공부를 하지 않으신 분들은 다소 생소합니다.

그러나 앞서 말씀드린 바와 같이 달마 스님 때부터 육조혜능 시대까지를 가장 순수한 참선으로 보고 이것을 순선이라 합니다. 다시 간단히 말씀드리면 화두선話頭禪이 있고, 묵조선默照禪이 있고, 또 뭐가 있고 이런 복잡한 갈래가 있는 것이 아니라 바로 우리 마음, 마음 그대로 닦아서 나아가는 그런 참선입니다.


❈

# 안심安心

비단 불교뿐만 아니라 어느 종교나 다 마찬가집니다. 우선 자기 마음이 편안하고 남과 화해하고 그렇게 청정하게 지내는 이런 것이 되어야 합니다. 그렇기 때문에 어느 종교나 안심安心이라, 마음이 편안하고 안온한 것을 다 추구합니다.

특히 불교는 팔만사천 법문 전부가 다 마음을 편안하게 하는 안심법문安心法門입니다. 그래서 부처님 가르침 또는 안심법문이라 합니다. 우리 마음을 편안하게 한다는 말입니다.

그러나 어느 누구나가 다 자기 마음이 편안하게 되는 것을 싫어할 사람은 없습니다. 우리가 불안스러우면 마음이 편안할 수가 없습니다. 불안스럽다는 것은 자기가 하는 일이 잘 안 되기도 하고, 또는 나는 대체로 무엇인가? 자기 마음도 미처 무엇인가를 잘 모르고, 나한테는 지독한 고민이 있고, 더러는 미운 사람들도 있는데 어떻게 내가 편안할 것인가? 사실 여러 가지로 불안한 것들이 많이 있습니다.

여러분들께서도 잘 아시는 바와 같이 천재天災인 지진, 풍수해風水害, 가뭄 그런 것 때문에도 우리가 인생을 사는 데 굉장히 어렵지 않습니까? 그런가 하면 정치를 잘못한다든가 무슨 제도를 만들어 가지고 우리한테 덧씌우는 그런 것들 때문에 받는 인재人災, 사람들 때문에 받는 재앙도 있습니다. 이래저래 자연에서 오는 재앙, 사람 때문에 받는 재앙 이런 것 때문에 우리가 한시도 불안을 떨쳐 버릴 수가 없습니다. 이런 가운데서 어떻게 우리가 안락스럽게, 그야말로 안심하고 살 것인가?

부처님 법에는 더러 사업에 실패도 하고, 아프기도 하고, 가까운 사람이 죽기도 하고, 이별하기도 합니다. 그런 가운데서도 능히 안락스러운 마음(安心)을 지닐 수가 있는 법문이 있습니다. 이런 법문은 어디서 얻는고 하면 서두에 말씀한 순선, 이른바 순수한 참선을 하여야만 그런 안심을 얻습니다. 따라서 순수한 참선을 떠나서는 안심을 얻을 수가 없습니다.

다시 말씀드리면 순수한 참선을 한다고 생각할 때는 어느 때나 안심을 얻고서 시시때때로 모두가 다 행복스럽게 지낼 수가 있습니다. 이것이 부처님 가르침의 요체要諦이기도 합니다.

그래서 '순선안심탁마법회'라, 이러한 순수한 참선으로 해서 우리 마음이 어느 때나 안락스럽고 나날이 행복한 날이 되는 것을 서로 토론도 하고 갈고닦는 그런 법회法會가 이번 법회입니다.

따라서 제가 말씀드리고자 하는 요지도 주로 순수한 선禪 쪽으로 말씀을 드립니다. 순수한 선, 이것은 어느 것에도 막힘이 없습니다. 그래서 지금 흔한 말로 하면 이른바 원통불교圓通佛敎라, 원통사상 또는 회통사상會通思想입니다.

회통사상은 이것저것 합해서 모두 다 화해를 시켜서 이루어진 하나의 진리가 이른바 회통사상입니다. 부처님 가르침뿐만이 아니라 자고로 위대한 성인聖人들은 다 회통사상을 가지셨습니다. 우리나라만 하더라도 신라 시대의 원효·의상·자장, 고려 때 대각·보조·태고, 이조 때 서산 대사 모두가 다 회통사상입니다.

그러면 왜 그분들이 회통사상을 하셨는가? 성자라 하는 분들은 천지 우주가 하나인 도리를 압니다. 우리 중생들은 겉만 보기 때문에 나는 '나요', 너는 '너요', 좋은 것은 '좋다', 궂은 것은 '궂다' 시비 분별해서 봅니다. 형상적인 것은 그럴 수밖에 없습니다. 그러나 성인들은 모든 존재의 근본바탕, 근본성품根本性品을 봅니다. 따라서 근본성품에서 본다고 생각할 때는 하나란 말입니다. 예수도 공자도 다 그랬습니다. 근본 하나의 자리를 봅니다. 그 하나의 자리가 바로 하나님이고 부처님 아니겠습니까. 그래서 이 순선 도리를 가장 극명하게 나타낸 법문을 제시하면서 말씀을 드리겠습니다.

## ✤

## 안상삼매安詳三昧

안심법문安心法門[1]), 다른 말로 하면 안락법문이라고도 합니다. 불교에서는 마음과 몸을 하나로 봅니다. 그렇기 때문에 마음이 안심되면 바로 안락스럽게 되겠지요.

안심법문安心法門이라! 그야말로 글자만 봐도 마음이 편안한 법문입니다. 안심법문은 바로 안락법문입니다.

불교의 특색은 마음과 몸을 절대로 둘로 보지 않습니다. 하나로 봅니다. 마음도 몸도 하나요, 또는 자연과 인간도 하나요, 우주를 하나의 생명으로 보는 것이 부처님 가르침의 중요한 핵심입니다. 따라서 마음이 안심되면 몸도 안락스럽고, 불교 전문적인 용어인 참선하는 공부로 말할 때는 안상삼매安詳三昧입니다. 차분하게, 우리가 조금도 서둘 것이 없습니다. 불안스러워야 서두르는 것인데, 급할 것도 없고, 앞에 갈 것도 없고, 끝에 갈 것도 없다는 말입니다.

자기만 잘나고 자기만 무엇이 잘되고 그런 때는 우리 마음이 안락스럽게 안 됩니다. 안심이 안 됩니다. 그런데 그 반대로 언제나 꼼꼼하고 자상스럽고 이른바 유연스러운 것, 이것이 안상입니다.

삼매三昧라는 것은 오로지 거기에 몰입한다는 말입니다.

---

1) 안심법문安心法門: 안락법문安樂法門 또는 안상삼매安詳三昧로서 선오후수先悟後修의 법문을 의미함.

인도印度 말로는 삼마지三摩地(Samādhi)인데, 거기에 몰입하는 것이 삼매입니다. 따라서 우리가 자나 깨나 앉으나 서나 또는 움직이든 누구하고 말을 하든지 간에 언제든지 마음이 차분하고 조금도 서두르지 않는 안상삼매에 들어 있어야 합니다.

이렇게 되어야 우리 마음이 안심이 되고 몸도 안락해집니다. 그래서 이와 같이 안심이 되고 안락스러우려면 우리가 공부하는 것도 역시 선오후수先悟後修라, 우선 이치로 막힘이 없어야 합니다. 이치로 막힘이 없어야 비로소 우리 마음이 안심이 되는 것입니다.

하룻길도 우리가 길을 잘 모르면 불안스럽고 헤매지 않습니까? 길을 가더라도 꼭 순로順路라든가 길의 여러 가지 갈래를 알아야 안심하고 갈 수가 있지 않겠습니까? 하물며 우리 인생살이는 가는 길이 더욱 확실하여야 되겠지요.

더구나 현대와 같이 정보가 종횡으로 착종錯綜하고 있는 이런 시대는, 다 아시는 바와 같이 정보화 시대라 하지 않습니까. 정보화 시대가 좋기는 좋은데 정보가 너무나 범람하므로 자기 인생관, 가치관이 확립 안 된 사람들은 어떻게 살 것인가? 어느 정보를 선택할 것인가? 혼란스럽다는 말입니다.

저번에 신문을 보니까 미국 사람들 5분의 3 정도는 노이로제 증세가 있다는 것입니다. 왜 그런고 하면은 항시 마음이 불안하기 때문입니다. 항시 긴장되어 있고 스트레스를 풀려야 풀 수가 없단 말입니다. 그런 것들이 병의 원인도 되고, 가정불화의 씨앗도 되고, 민족들끼리 분열도 되고, 그럴 수가 있겠지요. 아무튼 그런 것은 우리가 지금 어떻게 살아갈 것인가? 내일은 어떻고 우리 공부는 어떻게 할 것인가?

부처님 공부를 많이 하신 분들도 지금 어떻게 공부를 하고 있습니까? 이렇게 물으면 더러 대답을 확실히 못 하는 분들이 있습니다. 가장 중요한 것은 내가 지금 어떤 방식으로 공부를 하는가? 그것이 굉장히 중요합니다. 따라서 그렇게 하기 위해서는 선오후수라는 말을 우리가 꼭 명심해서 선오후수가 되기까지 노력을 해야 합니다.

이것은 무엇인고 하면 적어도 이론적으로만이라도 먼저 깨닫는다는 말입니다. 참다운 중도中道를 깨닫기 위해서는 오랫동안 참선參禪도 하고 기도祈禱도 모셔서 우리 업장이 녹아나야 되겠습니다마는 그렇기 전에 이론적으로 먼저 깨닫는다는 말입니다.

더구나 현대는 이론적인 논리가 앞선 시대 아닙니까? 하기 때문에 꼭 부처님의 심심미묘甚深微妙한 논리를 먼저 깨닫고서 뒤에 닦아야만 이른바 정수법문正修法門입니다. 바르게 닦는 법문입니다. 덮어놓고 "공부해라" 이렇게 해서는 지금 통할 때가 아닙니다.

부처님 법문의 요체는 어떤 것인데 그대는 지금 어떤 식으로 하는 것이 그대한테 제일 좋다, 남한테서 지도를 못 받으면 스스로 연구해서라도 부처님 팔만사천 법문 가운데서 나한테 알맞은 것은 어떤 법문인가를 분명히 선택해서 공부를 해야 마음이 안락스럽다, 그래서 선오후수, 먼저 이론적으로 알고 단계 단계 느끼면서 닦는 그러한 법문의 핵심이 여기에 있는 법문입니다.

# 제불여래시법계신諸佛如來是法界身

제불여래 시법계신諸佛如來是法界身

입일체중생 심상중入一切衆生心想中

시고여등 심상불시是故汝等心想佛時

시심즉시 삼십이상팔십수형호是心即是三十二相八十隨形好

시심작불 시심시불是心作佛是心是佛

─『관무량수경觀無量壽經』


'제불여래諸佛如來', 제불여래는 바로 모든 부처님이십니다. 모든 부처님이라고 할 때는 수에 제한이 없습니다. 우리가 부처님 했을 때는 무량무수無量無數의 헤아릴 수 없는 그러한 우주의 순수생명純粹生命을 말합니다.

우리가 "부처님은 어디 저 밖에 계신다." 이렇게 생각할 때 그것은 방편方便 가르침입니다. 방편을 떠나서 부처님을 대승적大乘的으로 생각할 때는 방금 제가 말씀드린 바와 같이 바로 우주의 생명입니다. 나의 생명인 동시에 동물이나 식물이나 자연계나 이 삼천대천세계三千大千世界, 우주 전부의 근원적인 생명이 바로 부처님입니다. 생명이니까 '부처님' 그러는 것입니다. 우리는 신앙에 있어서 부처님을 생명으로 받아들이는 그것이 굉장히 중요합니다. 우리 마음이 생명인데, 마음의 근본 고향인 동시에 일체생명一切生命의 근본 자리가 생명이 아니라고 할 때, 우리 마음은 너무나 건조해집니다. 우리 신앙의 대상이 생명이 아니라 무슨 논리論理, 이치理致, 지혜智慧, 이렇게만 생각할 때는 자기 신앙이 정말로 감성적感性的으로 감격感激되기가 어렵습니다.

우리는 필히 부처님을 내 생명의 근본인 동시에 우주 모든 존재의 근본 생명으로 느끼셔야 합니다. 다시 바꿔 말씀드리면 우주가 바로 부처님이라 하는 하나의 생명 덩어리인 것입니다. 그래서 시방여래十方如來라는 것은 바로 우주 전체를 말하는 것이며 우주 전체의 생명을 가리키는 말입니다.

시방여래, 우주 전체의 생명이 '시법계신是法界身'이라, 법계라는 것도 우주 전부를 말하는 것입니다. 부처님이라는 것은 바로 어디 다른 데 별도로 있는 것이 아니라, 별도의 극락세계極樂世界가 있어 거기에 계시는 것이 아니라 부처님은 우주를 몸으로 하는 것입니다. 그래서 법계신이라, 부처님 몸이 바로 우주입니다.

우리가 부처님을 생각할 때는 일반적으로는 다 자기와 따로 있다고 생각하기가 쉽습니다. 그러므로 심리적으로 항시 불안스럽고, 그뿐만이 아니라 우리 마음이 부처님과 가깝지 않단 말입니다. 우주의 생명이 바로 부처님이기 때문에 그때는 우리는 누구나 바로 거기에 다 포함됩니다.

부처님은 바로 우주 법계를 몸으로 하시기 때문에 '입일체중생심상중入一切衆生心想中'이라, 모든 중생의 마음 가운데 다 들어계십니다. 내 마음 가운데나 그대 마음 가운데나 또는 다른 동물·식물 가운데나 다 들어 계십니다.

우리 불교에서 마음이라고 할 때는 일체유심조一切唯心造라, 사람의 마음만을 마음이라 하는 것은 아닙니다. 모든 존재에는 다 마음이 있습니다.

우리 사람도 마음이 안 보이지만 마음이 바로 주인공 아닙니까. 그와 마찬가지로 산도 우리는 그냥 산으로 보지만 산에도 안 보이는 산신山神이라, 산에 들어 있는 정기精氣, 산기운, 산 에너지가 참다운 산의 한 생명입니다.

또 우리는 물을 물로만 보지만 물의 정기 그것은 바로 용왕龍王입니다. 물의 정기가 바로 참다운 물입니다.

우리는 우주도 태양계太陽系, 은하계銀河系 이렇게 구분해서 봅니다. 이런 것은 우리 중생의 분별로 해서 나누어 놓은 것이지 본래적인 생명 자체로 본다고 생각할 때는 우주가 부처님이라 하는 하나의 생명입니다. 우주가 바로 하나님입니다. 따라서 모든 중생 가운데 부처님, 하나님이 다 들어 있습니다.

'시고是故' 그러기 때문에, '여등汝等' 그대들이, '심상불시心想佛時' 이와 같이 마음으로 부처님을 생각할 때는, 아까 말씀드린 바와 같이 부처님을 제한되게 생각하지 마십시오. 광대무변廣大無邊한 우주 생명이기 때문에 그와 같이 광대무변한 부처님을 생각할 때는, '시심즉시是心卽是' 이 마음이 곧바로 '삼십이상팔십수형호三十二相八十隨形好'라, 이런 것들은 불교 용어이기 때문에 굉장히 어렵습니다. 그러나 간단히 말씀드리면 이것은 부처님한테 들어 있는 모든 공덕功德이 삼십이상팔십수형호입니다.

우리 마음이 부처님같이 청정하고 번뇌가 없고 자기라 하는 것을 떠나서 무아無我의 진리를 안다고 생각할 때, 사실은 우리 얼굴도 석가모니같이 또는 예수같이 잘생겨 보일 것입니다. 사실, 성인聖人들의 얼굴도 이와 같이 일체 공덕이 다 들어 있어서 사람 얼굴로서 조금도 흠이 없는 것입니다. 눈이나 입이나 코나 몸 어디나 조금도 흠이 없는, 그런 것을 상징적으로 서른두 가지 큰 상과 여든 가지 작은 상으로 구분을 합니다. 따라서 이것은 바로 뜻으로 본다고 생각할 때는 무한의 공덕입니다. 자비慈悲나 지혜智慧나 능력能力이나 삼명육통三明六通을 다합니다. 환희공덕歡喜功德입니다.

우리는 지금 기계 만능 시대, 물질 만능 시대에 살고 있어서 기술이면 다 그렇게만 생각하는 데에 너무나 길들여져 있습니다. 사실 물질이 사람 마음까지 지배를 하고 있지 않습니까. 그렇기 때문에 우리 인간성을 너무나 왜소하게 만들어 버렸습니다.

우리 마음으로 "지금 금생今生에 나와서 뭘 좀 배우다 다 못 배우고 죽어가지 않겠는가?" 이렇게 가볍게 생각을 해 버립니다. 그러나 우리가 지금 쓰는 이 마음이 성자와 더불어서 절대로 둘이 아니라는 것이 그들의 가르침이요, 그들의 마음입니다. 우리 마음에 있는 지혜도 자비도 사랑도 능력도 예수와 석가와 공자와 더불어서 절대로 다르지 않습니다. 성인과 똑같습니다. 아인슈타인 같은 천재나 중생이나 인간성은 똑같습니다. 다만 계발을 누가 얼마만큼 했는가 하는 그 차이뿐인 것입니다.

불교가 절대적으로 평등사상平等思想이라고 하는 것은 무엇인가 하면 누구나 본래로 갖추고 있는 것은 다 똑같다는 것입니다.

천재나 우리나 다 똑같습니다. 다만 우리가 게을러서, 불교 말로 하면 나쁜 버릇이 많이 붙어서 계발을 미처 못 하고 있습니다. 불교 신앙이라는 것은 "내 본래가 하나님이고 부처님이다." 이렇게 믿는 것이 불교의 올바른 신앙입니다. 그래야 참다운 대승적인 신앙입니다.

"나밖에는 안 된다." 이렇게 해서는 대승적인 신앙이 못 되는 것입니다. 따라서 우리가 부처님을 생각할 때에 어느 제한된 부처가 아니라 "부처님은 모든 공덕을 원만히 갖춘 우주의 생명이다." 이렇게 생각하면 만공덕을 갖춘 그 생명이 나한테나 너한테나 다 들어 있는 것입니다.

흔히 나한테나 너한테나 부처님이 들어 있다고 말하면, 그것은 곧 부처님의 무량무변한 본래의 그런 공덕을 말합니다. 그런데 보통은 "나한테 들어가고, 너한테도 들어가 있는 것은 어느 한 부분만 들어가 있지 않겠는가?" 이렇게 생각을 합니다. 그러나 부처님이란 의미는 이것은 물질이 아닙니다. 크고 작고 한 그런 물질이 아닙니다. 이른바 순수 에너지, 순수한 생명이기 때문에 그 가운데는 많고 적고 하는 그런 대립이 없습니다. 많고 적고 하는 그런 비교를 할 수가 없는, 우주에 바로 충만해 있습니다.

공기는 지구의 대류권對流圈에만 있고 더 올라가면 없는 곳이 있습니다. 그러나 부처님이라 하는 것은 우주의 어느 곳에나 충만해 있습니다. 내 몸속에나 다이아몬드 가운데나 저 태양 가운데나 빈틈없이 충만해 있는 하나의 생명 그 자체입니다.

이렇게 "나한테 있는 불성과 석가모니한테 있는 불성이 똑같다" 그래야 불교의 참다운 이해가 됩니다. 이와 같이 그러한 부처님을 생각할 때는 우리 마음이 곧 삼십이상팔십수형호라, 우리 마음이 그와 같이 부처님의 만공덕을 다 갖추고 있습니다. 다만 우리가 어리석어서 다는 느끼지 못할 수가 있겠지요. 그러기에 '시심작불是心作佛'이라, 이 마음으로 부처를 이룬다, 이 마음으로 성불成佛을 한단 말입니다.

다른 걸로 부처가 되는 것이 아니라 이 마음이 본래 부처인 것이고, 또 부처를 갖추고 있기 때문에 이 마음으로 부처가 된다는 것입니다. 부처가 되고 또 동시에 '시심시불是心是佛'이라, 이 마음이 바로 부처입니다.

여러분들이 불교를 공부할 때 이 시是 자를 바로 이해를 하셔야 합니다. 이것은 '이 시' 혹은 '바로 시' 그럽니다. 어떤 때는 '이것'이라고도 하고, 어떤 때는 '바로'라고도 합니다.

이 마음이 바로 부처입니다. 이것은 『관무량수경觀無量壽經』에 있는 가장 중요한 법문입니다.

『정토삼부경』 맨 허두에 있는 법문이 있습니다. 이 법문이 팔만사천 법문을 모두 다 포함하고 있습니다. 따라서 제가 앞으로 두고두고 말씀드리는 것도 사실은 이러한 법문을 보다 더 덧붙여 말씀드리는 것에 지나지 않는 것입니다. 다른 법문도 마찬가지입니다.

순선 즉, 참다운 순수한 선 역시 이러한 사상 밑에서 이루어지는 참선입니다. 참선하면 우리가 기운도 있고 잔병도 떨어지고 기분도 좋고 개운하다 하는데 이런 정도는 순수한 참선이 못 되는 것입니다.

마음으로 부처가 무엇인가를 바로 느끼고서 그 부처의 자리에 마음을 딱 못 박아 두고서 그 자리를 여의지 않는, 자나 깨나 남하고 말을 하나 밥 먹을 때에도 부처님 자리, 하나님 자리를 놓치지 않는 이것이 우리들의 참다운 신앙입니다.


✤

## 하나의 도리道理


앞서도 말씀드린 바와 같이 우리는 지금 어려운 시대에 살고 있습니다. 네 것 내 것 싸워서는 민족이나 국가 간에도 절대로 화합이 안 됩니다.

여러분들이 다 아시다시피 지금 우리가 국제화, 세계화가 되고 싶어서 됩니까? 지금은 될 수밖에 없습니다. 경제만 해도 다국적多國籍기업이라, 한 나라만 가지고서는 자본주의 후기는 경제가 이루어질 수가 없습니다. 모든 면에서 필연적으로 국제화가 됩니다. 따라서 이럴 때는 경제인들뿐만이 아니라 마땅히 전 인류가 화합이 되어야 하겠지요.

화합을 하려면 바른 인생관과 세계관이 있어야 하겠지요. 세계를 하나로 묶을 수 있는 바른 인생관이 없다고 생각할 때는 그 때는 투쟁과 반목뿐입니다. 평소에 가치관이나 인생관 문제에 대해서 별로 큰 관심을 안 가지고 살아온 분들도 계실 수 있습니다. 너무나 각박해서 그럴 수밖에는 없습니다. 그러나 사실 알고 보면 자기 마음이 무엇인가? 천지를 다 주어도 나를 모르면 아무 가치가 없다 하듯이 자기가 무엇인가? 나라는 것이 무엇인가? 어떻게 사는 것이 가장 올바른 길인가? 우리 삶의 의미는 무엇인가? 나는 지금 어디서 와서 앞으로 가는 곳은 어디인가? 또 기독교와 불교의 차이는 무엇인가? 도교와 유교의 차이는 무엇인가? 지금은 이런 것을 모르고 살 때가 아닙니다. 금방 닥쳐온다는 말입니다. 금방 자기 아들이 기독교도 믿고 유교도 믿고 그럽니다. 몇 해 전에 어느 분이 자기는 이른바 단군교檀君敎를 믿고, 자기 아내는 불교를 믿고, 아들은 기독교를, 딸은 천도교를 믿는다, 그렇게 자랑삼아 말한 것을 들은 적이 있습니다. 그렇게 믿는 것은 좋은데 피차 그것이 화합되게끔 하나의 도리道理를 딱 느끼고서 그렇게 화해和解가 되면 좋은데 그렇게 안 된다고 생각할 때는 싸움판이 될 것입니다. 지금은 꼭 '하나의 도리'를 알아야만 할 때입니다.

이러한 문제는 굉장히 중요한 문제이므로 여러분들께서도 하나의 도리를 알기 위해서는 피차가 순수해야 됩니다. 순수하다 보면 결국 순수한 것은 같아지겠지요. 불교도 순수하고 기독교도 순수해야 합니다. 사람도 순수한 사람들끼리는 잘 통하지 않습니까.

그래서 제가 허두에 순선시대純禪時代라, 참선도 그냥 화두話頭 한 사람이 옳다, 묵조默照한 사람이 좋다, 뭐 한 사람이 옳다, 우리 한국이나 일본 불교도 그런 시비가 굉장히 많습니다. 그래서 그런 시비나 문중이 이루어지기 전 순수한 때에, 순선시대에 어떻게 말했던가? 그리고 석가모니께서는 어떻게 말했던가? 순수한 마태복음서나 요한복음서에 예수가 어떻게 말했던가? 허심탄회하게 두루 훑어보면 거의 같아 버린다는 말입니다. 이번 법회의 목적도 그런 데에 있습니다.

그래서 이런 도리를 "천지 우주는 다른 것은 하나도 없이 일체 두두물물頭頭物物이 부처님뿐이 아닌가." 부처뿐이라고 생각하면 나나 너나, 미운 사람이나 내 딸이나 남의 아들이나 다 포함됩니다.

불교에서 무아無我라, 내가 없고, 무소유無所有라, 본래 내 소유가 없습니다. 이런 것도 그러한 심심미묘甚深微妙한 종교철학적인 의미에서 비로소 무아가 되고 무소유가 되는 것입니다.

필연적으로 무아가 되고 무소유가 되어야지 억지로 "뭐 내가 제일 좋은데", "제일 훌륭한데" 이렇게 생각하는 사람한테 무아가 되라 하면 무아가 되겠습니까? "내 것은 어디까지나 내 것이고 네 것은 네 것이다" 이런 사람한테 남에게 보시하라 하면 함부로 보시하겠습니까? 기본적인 철학이 확립돼 있으면 그때는 저절로 되는 것입니다.

지금, 사회를 맑혀야 한다 어떠해야 된다, 그런 캠페인이 굉장히 많지 않습니까. 한마음 운동, 한몸 운동, 이러한 운동도 분명히 이와 같이 하나의 도리로 해서 본래가 한몸이요, 한마음이요, 알고 하면 좋을 것입니다. 그런데 그걸 모르고서 뿔뿔이 있다고 생각하는 사람한테 한몸 운동, 한마음 운동 하라고 하면 노력은 많이 하지만 성과는 별로 없다는 말입니다.

어떠한 분야나 지금은 바른 가치관, 바른 철학이 앞서야 하는 때입니다. 법학을 하나 정치를 하나 다 그렇습니다. 정치를 하시는 분들도 "천지 우주가 본래로 하나의 생명이다." 이런 철학과 도리를 분명히 안다고 생각하면 설사 정당을 따로 한다 하더라도 요새같이 그렇게 추하게 보이는 일을 할 수가 없습니다. 삼십 년, 사십 년 정치한 사람들 지금 보십시오. 그런 분들 가운데는 기독교도 믿고 불교도 믿고 하는 사람들이 대부분 아닙니까. 그런데도 제대로 못 한다고 생각할 때에는 우리가 종교를 믿어도 피상적皮相的으로만 믿고 있다고 보통은 이렇게 한탄을 아니 할 수가 없습니다. 이런 때는 서로 피차 자기반조自己返照를 해 가면서 부처님 법문의 핵심을 공부하도록 그렇게 하십시다.

나무아미타불.

# 사종연기四種緣起

불변不變의 수水가 파상波相을 일으키고 수연隨緣의 파波가 수성水性을 불실不失한다.(수연진여는 파波와 여如하고 불변진여는 수水와 같음.) 그래서 수연진여隨緣眞如[2]이기 때문에 진여가 곧 만법萬法이며 불변진여不變眞如[3]이기 때문에 만법 그대로 곧 진여이다.

소승小乘은 아예 이 종의 진여(二眞如)[4]를 모르고 대승大乘의 권교權教는 불변진여는 아나 수연진여를 모르며 대승실교大乘實教는 두 진여를 다 안다. 기신론起信論은 바로 이 도리를 밝혔다.

— 『기신론의기起信論義記』

부처님 법은 연기법緣起法을 기본으로 합니다. 부처님 법은 인연법因緣法을 줄거리로 합니다. 논리적인 줄거리는 바로 인연 연기법입니다. 따라서 인연법을 알면 부처님 진리를 알고 인연법을 모르면 부처님을 모르는 것입니다.

이 연기법이 저급한 차원에 머물게 되면 이것은 세간적인 하나의 상대적인 원리밖에는 안 됩니다. 부처님의 연기법이 중요한 점은 이른바 법계연기法界緣起 또는 여래장연기如來藏緣起 그런 차원까지 올라가야 참다운 대승적 연기법이 됩니다.

---

2) 수연진여隨緣眞如: 자성自性을 불수不守하고 염연染緣에 따라 염법染法인 육도사생六道四生을 나투고 정연淨緣에 따라 사성四聖을 나툼.
3) 불변진여不變眞如: 연緣에 따라 만차萬差의 제법諸法이 이루어지나 진여의 자성을 잃지 않음을 말함.
4) 이진여二眞如: 수연진여隨緣眞如와 불변진여不變眞如.

이 시간은 주로 연기법에 대해서 말씀을 드리겠습니다. 불법佛法을 얘기하는 분 중에서 연기법을 말하지 않는 분은 없습니다. 그러나 자칫하면 앞서 말씀과 같이 세간적인 차원, 상대 유한적인 차원에 머물러 버립니다. 이것이 있으면 저것이 있고, 이것이 없으면 저것도 없다, 그런 차원에서 그쳐 버리면 사실은 우리 생활에 큰 힘이 못 됩니다. 이른바 상대적인 것밖에 안 됩니다.

불교에서의 연기법은 업감연기業感緣起5), 아뢰야연기阿賴耶緣起6), 여래장연기如來藏緣起7), 육대연기六大緣起8) 이렇게 4종으로 구분해서 얘기할 수 있습니다.

❦

## 업감연기業感緣起

먼저 업감연기業感緣起입니다. 업감연기는 우리가 업業을 짓고

---

5) 업감연기業感緣起(십이인연법十二因緣法): 혹惑·업業·고苦의 삼도三道가 전전展轉하여 인과상속因果相續함을 말하며 생사윤회生死輪廻의 상相임.

6) 아뢰야연기阿賴耶緣起: 장식藏識으로서 종자생현행種子生現行 현행훈종자現行熏種了, 삼법전전三法展轉 인과동시因果同時함을 말함.

7) 여래장연기如來藏緣起: 진여연기眞如緣起 또는 법계연기法界緣起라고도 함. 일미평등一味平等한 진여眞如는 무시무종無始無終하고 부증불감不增不減한 실체實體인데 염정染淨의 연연에 따라 종종種種의 법法을 생생함을 말함. 곧 그 실체에 진여문眞如門과 생멸문生滅門의 이의二義가 있어서, 진여문으로는 일미평등一味平等한 실체이나 생멸문으로는 염연染緣에 따라서 육도六道를 현현하고 정연淨緣에 따라서 사성四聖을 나툰다.

8) 육대연기六大緣起: 지地·수水·화火·풍風·공空·식識의 육대六大가 우주 법계에 두루 가득하여 만유제법萬有諸法을 연기緣起함을 말함.

서, 인생고를 받는 것입니다. 업은 아시는 바와 같이 우리 행동이나 말이나 생각으로 하는 것이 업이 되지 않겠습니까. 가사 우리가 무엇이 좋다 그러면 그냥 좋다는 것이 그대로 없어지는 것이 아니라 우리 마음에다 흔적을 둡니다. 그리고 우리 주변에도 그런 것이 그만큼 흔적의 영향을 미치게 됩니다.

아무튼 우리가 말 한 마디를 한다든가 생각을 한 번 한다든가 행동으로 옮긴다든가, 이른바 신·구·의身口意라, 우리 몸으로 행동을 하고, 입으로 말하고, 뜻으로 생각을 하고, 이런 것이 모두가 다 업인데, 업을 지어 놓으면 그대로 없어지는 게 아니라 꼭 흔적이 남습니다. 그래서 이와 같이 우리가 업을 짓고 또 업을 지어 놓으면 그 하나의 업보業報로 해서 고苦를 받는 것이고, 더 구체적으로 말씀을 드리면 우리가 번뇌를 일으키고, 또 번뇌에 따라서 업을 짓고, 업을 지어 놓으면 결과적으로 인생고人生苦를 받는 것입니다.

우리는 지금 과거 전생에 지은 바 그런 하나의 업보에 따라서 금생에 인간으로 태어난 것입니다. 다시 말씀드리면 이와 같이 과거 전생에 업을 지어서 그 업의 과보에 따라서 금생에 인간으로 태어났고, 금생에 또 업을 지어서 거기에 상응相應되게끔 내생 가서 태어나고, 이것이 이른바 삼세인과법칙三世因果法則인 것입니다. 즉, 십이인연법十二因緣法, 이것은 불교의 기초적인 법문입니다.

우리 부처님 공부를 하실 분들은 역시 삼보사제三寶四諦라, 부처님(佛)과 부처님 법法과 부처님 법 따라서 수행하는 승僧, 이것이 삼보 아니겠습니까.

삼보 이것은 대체로 아시는 바와 같이 이 세상에서 가장 소중한 보배가 삼보입니다. 천지 우주의 근본 도리, 대자연의 도리가 부처인 것이고, 그 부처님 법을 깨달으면 또 부처인 것이고, 그래서 천지 우주의 도리 이것이 하나의 부처인 동시에 바로 법이란 말입니다.

따라서 우리는 마땅히 우주의 근본적인 법에 따라서 행동하면 좋은데 우리가 그렇지 못하니까 업을 짓고서 거기에 상응된 고를 받는 것입니다. 십이인연법, 이것은 과거·현재·미래, 삼세三世를 통해서 우리 인간이 어떻게 그 업을 받는가? 번뇌를 일으켜서 어떠한 업을 받는가?

무명無明, 진리를 모르는 무지無知가 무명입니다. 우리가 금생에 인간으로 태어난 것은 과거 전생에 무지, 무명 때문에 부모 연緣을 만납니다. 무명無明이 있으므로 행行이 따르고, 무지하기 때문에 행동이 이루어지는 것이고, 무지한 행 따라서 식識이 생기고, 그 업식이 중음계中陰界를 헤매다가 부모 연 만나서 태 가운데 잉태하고, 또 자라나 열 달이 차면 태어납니다. 태어나자마자 보고 듣고 느끼고 해서 또 업을 짓는 것입니다. 업을 지어 놓으면 금생의 그것이 씨앗이 되어서 죽은 뒤 내생 가서는 그대로 또 다시 과보를 받는 것입니다.

이와 같이 과거·현재·미래가 항시 수레바퀴 모양으로 돌고 도는 것이 우리 중생입니다. 그래서 혹업고惑業苦라, 혹惑, 이것은 미혹한, 번뇌를 가리킵니다. 번뇌에 따라서 업을 짓고 업 따라서 받는 결과가 고苦입니다.

이런 것은 외워 두시면 편리합니다. 내가 가사 누구를 미워한다, 그러면 그것은 혹입니다. 무엇에 탐착貪著을 한다, 이것도 혹입니다. 혹이 있으면 그런 번뇌에 따라서 행동이 있게 되겠지요. 그래서 업을 짓고 고를 받는 것입니다.

우리 인간도 항시 이와 같이 혹업고가 되풀이됩니다. 무지한 번뇌 때문에 행동을 하고, 그 행동 따라서 인생고人生苦를 받고, 혹업고의 삼도三道가 전전展轉하여 인과상속因果相續이라, 원인이 되고 결과가 되어 항상 이것이 상속이 되어 갑니다. 다 그렇습니다. 모두가 다 상속되어 생사윤회에 삽니다. 뱅뱅 도는 인생고, 그것을 뚝 끊어 버리는 것이 성자의 가르침이요, 성자의 길입니다. 우리 중생은 항시 이와 같이 죽고 나고, 살고 죽고, 끝도 가도 없이 수레바퀴 모양으로 돌고 도는 것입니다. 이러한 윤회의 바퀴를, 번뇌에 따라서 업을 짓고 고통을 받는 인생고의 바퀴를 다 끊어 버려서 영생해탈永生解脫의 길로 인도하는 것이 부처님의 가르침입니다.

그러나 업감연기業感緣起라 하는 낮은 차원의 연기법으로 해서는 영생해탈이라는 그런 큰 문제는 없습니다. 다만 사람이 번뇌 무지에 따라서 행동하고 그 행동 따라서 인생고를 받고 이런 것만이 업감연기라 하는 차원 낮은 연기법이 있을 뿐입니다.

모든 것은 인연 따라서 이루어진다, 불교에서 연기를 보는 사람은 부처님 진리법을 확실히 알고 부처님 법을 보는 사람은 부처님을 안다, 이런 말이 있습니다. 연기법을 모르면 그때는 불법을 안다고 할 수가 없습니다. 그와 같이 연기법은 불교에 있어서 굉장히 중요한 문제입니다. 따라서 연기를 안다고 할 때는 불법을 안다고 할 수가 있는 것이고 연기를 모르면 불법을 모른다고 할 수밖에 없을 정도로 중요한 가치가 있는 것입니다. 그래서 모든 것은 인연 따라서 일어납니다.

이 세상 만물 어느 것이나 인연 따라서 일어나지 않는 것은 없습니다. 그러기 때문에 모두가 다 인연 따라서 일어나는 연기법으로 해서 이루어집니다. 현대 말로 하면 인과율因果律이라, 인과율을 떠나서는 과학도 성립이 안 되는 것입니다. 현대 과학이라는 것은 인과율을 공리公理로 합니다. 인과율이 없으면 과학은 성립이 안 되는 것입니다.

그러나 인과율보다 훨씬 더 심오한 가르침이 부처님 연기법입니다. 왜 그런가 하면 과학적 인과율은 단순히 원인과 결과만을 말합니다. 그러나 부처님 사상인 연기법은 그 인因과 연緣과 과果, 거기에 따르는 부수적인 조건과 이것이 합해서 결과가 나온다는, 보다 심오하고 범위가 넓은 것입니다. 그런데 업감연기법 정도는 우리가 눈으로도 다 볼 수가 있는 것입니다. 상대적인 범주에 속한 연기법, 이것이 업감연기법입니다. 그러면 이 연기법의 근원은 무엇인가? 연기법은 어떻게 해서 이루어지는 것인가? 원인을 캐서 물을 때는 부처님 가르침이 아닌 다른 가르침이나 과학적인 가르침은 모릅니다.

아인슈타인 같은 위대한 천재도 상대성相對性이 어디서 왔는가? 그 원인을 어떻게 풀지를 못했습니다. 그래서 통일장이론統

一場理論을 세우려고 그렇게 노력을 했지만 결국은 세우지 못했습니다.

모두가 하나로 돌아가는 참다운 본질을 안다고 생각할 때는 물질을 초월한 세계, 상대相對를 초월한 세계가 되기 때문에 알 수가 없단 말입니다.

⚜

## 아뢰야연기阿賴耶緣起

연기법의 원인이 어디서 나왔는가 하면 아뢰야연기阿賴耶緣起입니다. 아뢰야阿賴耶란 무엇인가 하면 장식藏識입니다. 우리 마음이나 우주 만유는 중생들 눈에는 안 보인다 하더라도 모두를 거기에 다 담는 하나의 식識이 있습니다. 알 식識 자, 이것은 마음과 같습니다. 마음이란 뜻이나 식이란 뜻이나 같은 뜻입니다.

우리 인간뿐만이 아니라 우주 모든 존재가 다 식이 있는 것인데 우리가 보통 생각할 때는 물질은 물질이고 마음은 마음이라고만 생각합니다. 그러나 불교에서는 항시 "어느 물질이나 근본은 다 마음이다." 이렇게 생각을 하셔야 합니다. 그래야 불교가 성립됩니다.

마음, 식 이것은 하나의 순수 에너지입니다. 이른바 우주의 정기精氣 이것이 불교에서 말하는 마음의 본질인 동시에 식識이라 하는 것입니다. 개념의 차이가 있으면 혼동하기 쉬우므로 개념을 정확히 알아 둬야 어려운 공부를 할 때 크게 도움이 됩니다.

우리 사람도 역시 근본은 마음이고, 또 다른 존재도 근본은 마음입니다. 산도 근본은 마음이고, 해나 달이나 모두가 다 근본은 마음이라는 하나의 식입니다. 현대물리학자들도 그것을 긍정을 합니다. 왜 그런가 하면 저 끄트머리에 가면 동물과 식물도 한계가 없어져 버립니다.

가사 화분花盆에 꽃을 가꿀 때도 그렇습니다. 화분 그것은 단순히 아름답게 꽃을 피우기만 하는 식물인 것이지 무슨 뜻이 있으랴? 하지만 똑같은 화분을 놓고서 거름이나 관리도 똑같이 하면서 한쪽 화분에 마음을 더 주고 다른 한쪽 화분에는 마음을 덜 두면 이상하게 마음을 더 두고 관심을 느끼고 있는 화분이 훨씬 더 성장이 빠르다고 합니다. 이것은 여러 사람이 증명해서 밝힌 것입니다. 왜 그런가 하면 우리 마음이라는 것이 아무것도 아닌 것 같지만 하나의 순수 에너지이기 때문에 관심을 두면 그만큼 화분의 꽃에 대해서 영향을 끼치는 것입니다.

우리가 남을 지독히 미워하면 그 마음이 그대로 사라지는 것이 아니라 틀림없이 미워하는 만큼 그 사람 인생에 대해서 해를 끼치는 것입니다. 그 반대로 영국이나 미국에 자기 아들딸이 있다고 생각할 때 어머니나 아버지가 기도를 모셨다고 합시다. 저 멀리 있는 아들딸한테 아무런 도움이 없다면 무슨 필요로 기도를 모시겠습니까.

어디가 있든지 간에 시공時空을 초월해서 정성을 드리면 틀림없이 그만큼 정성이 닿으므로 기도를 모시는 것 아닙니까? 우리 인간의 오랜 경험으로 해서 알려져 내려왔던 말입니다. 그런 것만 봐도 다 알 수 있듯이 우리 마음은 무한한 능력이 있는 것입니다. 인간의 마음만이 마음이 아니라 개나 소나 돼지, 그런 축생들도 마음이 다 있습니다. 단지 인간같이 의식意識이 발달되지 못했을 뿐입니다.

그래서 일체유심조一切唯心造라, 모두가 마음으로 되었습니다. 만법유식萬法唯識이라, 불법에서 만법萬法이라고 말할 때는 일체 존재를 다 가리키고, 오직 식뿐입니다. 따라서 일체一切가 유심조唯心造요, 모두가 다 마음이라 하는 순수생명純粹生命으로 만들어지고 또는 어느 것이나 모두가 다 식입니다.

식이라는 말이나 마음이라는 말이나 같은 뜻입니다. 다만 식, 이것은 분별시비分別是非를 가리킬 때 식이라는 말을 쓰지만 그래도 겉으로만 그러는 것이고 본질에 가서는 똑같아집니다. 아무튼 그렇게 생각하시면서 불법 공부를 하셔야 이해가 됩니다. 그래서 아뢰야식 이것은 장식藏識이라, 모두를 다 그 속에다 담아 두는 식입니다.

우리는 뭐가 좋다 하면 그것으로 끝나 버리고 아무런 흔적이 없어 보이겠지요. 그러나 우리 마음에는 좋다는 흔적을 남깁니다. 남을 밉다 하면 미워하는 그것으로 끝나 버리지만 그러나 우리 마음은 밉다는 흔적을 둡니다. 자꾸만 남을 미워하면 그때는 더욱더 미워집니다. 남을 좋아하고 사랑하면 그때는 그것이 더욱더 사랑해지고 그런 것입니다.

이와 같이 우리 생각이나 행동이, 마음뿐만 아니라 행동도,

남을 한 번 딱 때리면 그 행동은 그쳐 버리지만 때렸다는 그 에너지는 역시 식에 갈무리되는 것입니다.

우리가 말하는 것도 마찬가지입니다. 말도 함부로 한다고 생각할 때는 말이 그대로 끝나 버리는 것이 아니라 우리 식에 역시 머물러 있습니다. 이른바 우리 식에 종자種子를 심어 둡니다. 나쁜 생각은 나쁜 종자를 심어 두고 좋은 생각은 좋은 종자를 심어 둡니다.

좋은 사람은 마음속에 과거 전생이나 금생에 좋은 종자를 많이 심은 사람이고, 나쁜 사람들은 나쁜 말 많이 하고 남을 미워도 많이 하고 해코지 많이 하고, 이런 사람들은 결국 나쁜 종자가 마음에 심어져 있기 때문에 나쁜 일 하기가 더 쉬운 것입니다.

장식으로서 종자생현행種子生現行이라, 우리가 가사 저 사람이 밉다, 그럴 때는 그냥 우연히 미운 것이 아니라 우리 마음에 벌써 밉다는 종자가 심어져 있습니다. 그래 가지고서 종자에서 현행이 나온다는 것입니다. 좋다는 것이나 궂다는 것이나 그런 것이 그냥 우연히 나오는 것이 아니라, 우리가 생각할 때는 우연인 것 같지만 잠재의식潛在意識, 우리가 미처 못 느끼는 마음의 그런 바탕에 종자가 심어져 있는 것입니다.

그래서 그 종자가 현행 행위를 나투고, 가사 때리기도 하고 안 때리기도 하고 밥도 먹고 걸음걸이도 하고 이런 행동을 한다고 합시다. 그러면 그런 행동이 다시 훈종자熏種子라, 우리 마음에다 따습게 종자 훈기를 심는다는 말입니다.

이렇게 해서 삼법전전三法展轉 인과동시因果同時라, 이 삼법三法

은 혹업고惑業苦라, 맨 처음에 우리 마음에 갈무리된 종자가 있으면 그 종자에 따라서 행동이 나오고, 행동을 하면 다시 업을 짓고, 그 업보로 해서 고를 받고, 다시 종자를 심고, 이렇게 해서 인因과 과果가 서로 동시에 이루어지는 것입니다.

우리가 남을 미워하면 미워하는 즉시 종자를 심는다는 것입니다. 그렇게 종자를 심어 놓으면 어느 때 또 인연이 있으면 그냥 바로 현실로 행동이 나오는 것이고 이렇게 해서 우리 인간의 행동이 규정되는 것입니다. 종자생현행이라, 우리 마음에 있는 선악善惡의 종자가 현실 행동을 낳는 것이고, 행동을 하면 그 행동 때문에 종자를 다시 심고, 그 종자에서 또 현실적인 행동이 나오고, 다시 또 종자를 심는 이 삼법이 영원히 되풀이된다는 것입니다.

이와 같이 우리 눈에 보이는 현실로 이루어지는 것은 모두가 다 식識, 마음이라 하는 거기다 종자를 애초에 심어 났으므로 그런단 말입니다. 그러면 우주가 다 파괴되어 버려서 텅텅 비어 가지고 있을 때는 종자가 어디서 나올 것인가? 우주가 다 파괴되어 버려도 물질적인 세계, 시간·공간적인 세계만 파괴되는 것이지 마음의 세계는 절대로 파괴가 안 되는 것입니다. 따라서 저 천상계 어딘가에 그대로 생존하고 있다가 그 종자 그대로 남아 가지고서 다시 우주가 구성되면 종자에 따라서 인간으로 태어나고 나무로 태어나곤 합니다.

이렇게 그 마음이라는 데다 종자를 심어 가지고 거기서 현실로 행동이 나오고 다시 또 그 현행現行이 인因이 되어 종자를 심고 삼법이 전전展轉하는 이것이 아뢰야연기阿賴耶緣起입니다. 그러므로 아뢰야연기법 이것은 앞서 언급한 업감연기, 즉 십이인연법보다 정도가 높은 것입니다. 어느 정도 마음을 말했기 때문입니다.

그러면 그 식識이란 대체로 무엇인가? 불교는 꼬치꼬치 밝혀서 끄트머리까지 다 알아 버리는 것입니다. 덮어놓고 믿으라는 것은 불교에는 없습니다. 불교는 모두를 다 포함한 것이기 때문에 부처님을 덮어놓고 믿어라 하더라도 어디까지나 중생의 합리적인 사고를 그대로 이끌어 갑니다.

우주의 도리라는 것은 조금도 차질이 없습니다. 여러분들이 아시는 바와 같이 '피타고라스'는 기원전 약 500년 분 아닙니까. 그는 우주는 정확한 수리數理로 구성되었다고 말했습니다. 사실 우주는 정확한 수리로 구성되어 있습니다. 그렇기 때문에 주역周易 같은 그런 어려운 것도 역시 하나의 괘卦라는 수리로 다 풀이 하는 것입니다.

우리가 음악을 보더라도 한 옥타브(octave)는 팔진법에 따라서 화음和音이 되어 갑니다. 진동수에 따라서 전파, 광파가 있는 것이고, 음파도 가청 주파수대의 음파가 있고 초음파가 있지 않습니까? 그와 같이 몇 사이클인가? 얼마만큼 진동하는가? 그런 정확한 수리로 해서 우주의 현상적인 문제가 규정이 됩니다. 그렇기 때문에 철학을 공부하고 물리학을 공부한다 하더라도 수학을 잘 모르면 못 하는 것입니다. 우주 물리는 정확한 수리로 되어 있습니다. 아무튼 불교라는 것은 이와 같이 정확히 우주의 근원을 따지고 캐고 들어가는 것입니다. 그러면 그 마음, 식은 도대체 무엇인가?

## 여래장연기如來藏緣起

식識에다 종자를 심어 놓으면 다시 행동이 나오고, 행동을 하면 또다시 종자가 심어지고 하는 것인데 그러면 식이라는 것은 대체 무엇인가? 식의 근본은 진여불성眞如佛性입니다. 따라서 인연법을 보다 더 깊이 파고들면 이것은 여래장연기如來藏緣起입니다.

여래如來라는 것은 바로 부처님 아닙니까. 여래라는 뜻이나 부처라는 뜻이나 똑같은 뜻입니다. 우주의 도리 그대로, 우주의 도리에서 그대로 왔다. 그래서 여래입니다. 그러니까 바로 우주의 진리를 말한 것입니다.

따라서 그 식이라는 것은 그냥 식에 그치는 것이 아니라 식의 본체는 바로 여래입니다. 바로 부처란 뜻입니다. 따라서 끄트머리 가서는 결국은 다 부처까지 갑니다. 그래서 여래장연기라 합니다. 이것은 또 진여연기眞如緣起라고도 합니다. 또는 법계연기法界緣起라고도 합니다. 여래란 뜻이나 진여란 뜻이나 법계란 뜻이나 다 같은 뜻입니다. 여래는 진리 그대로다, 그러므로 여래라고 하는 것이고, 또 진여 이것도 역시 바로 진리와 똑같습니다. 진리와 조금도 어긋남이 없습니다. 끝도 가도 없는 우주의 경계, 이것이 법계입니다. 바로 진리의 세계란 말입니다. 이것은 다 똑같은 뜻입니다.

우리가 좋은 말하고 나쁜 생각하고 이런 것은 모두가 다 마음에다 종자를 심는 것입니다. 가사 개나 소나 그런 축생들도 다 나름대로 행동을 하므로 종자를 자기 마음에 심겠지요. 그런 것들의 근원이 무엇인가 파고들면 모두가 다 부처라는 데까지 이른단 말입니다. 따라서 인연법의 가장 시초, 기본적인 틀의 본바탕은 역시 부처, 진여불성입니다.

우리 인간이 미처 몰라서 이것이다 저것이다 그렇게 하는 것이지, 원인을 캐고 들어가서 끄트머리에 들어가면 다 부처님한테 이르는 것입니다. 그렇기 때문에 부처님, 진여불성이 그때그때 연緣 따라서 이루어지는 것이 현상계라는 것입니다.

내가 금생에 태어난 것이나, 또 살다 죽는 것이나, 사업에 실패하는 것이나, 누구를 좋아하는 것이나, 모두가 다 겉만 보면 별것도 아니고 상대적인 걸로 해서 되는 것 같지만 근본 뿌리를 캐 들어간다고 할 때는 다 부처님의 도리고 다 하나님의 섭리입니다.

여러분들이 하나님의 섭리라고 하면 우습게 생각하고 미신같이 생각하시는 분도 있겠지요. 그러나 그렇지 않은 것입니다. 그것은 우주라는 것을 근원에서 본다고 생각할 때는 다 하나님의 섭리요, 근본 도리입니다. 다 진리의 섭리입니다.

우리가 뚝 떼어서 현상적인 세계만 볼 때는 원인이 있으면 결과가 있고, 이것이 있으면 저것이 있고, 이렇게 되겠습니다마는 가장 근본적인 도리에서 생각할 때는 부처님의 섭리, 하나님의 섭리입니다. 여기에서 불교와 기독교는 하나가 되는 것입니다.

이 여래장연기, 즉 진여연기는 진여문眞如門과 생멸문生滅門의 두 뜻이 있습니다. 그래서 진여문에서는 진여, 즉 진리는 일미평등一味平等한 실체를 의미합니다. 우리가 진여 진리를 둘로 나누는 것이 아니라 의미로 해서 구분해 보는 것입니다. 진여라는 부처님의 실상을 이렇게 저렇게 나눌 수가 없는 문제 아닙니까.

원융무애圓融無碍한 우주의 생명, 그 자리의 참다운 면이 진여문입니다. 또 진여문에서 인연 따라 현상계가 이루어지는 생멸문, 나고 죽고 하는 문, 우리가 태어나고 천지 우주가 이루어지고, 일본 고베 같은 지진이 생기고, 이런 것은 모두가 생멸문에서 일어났다가 없어졌다 하는 것입니다. 행복해졌다 불행해졌다 이런 것들은 다 생멸문입니다. 그래서 진여문에서 볼 때는 일미평등이라, 조금도 차이가 없는 평등무차별平等無差別한 우주의 한(하나의) 실체라, 즉 말하자면 우주는 부처님뿐입니다.

그러나 인연 따라서 나고 죽고 하는 생멸문에서 볼 때는 염연染緣이라, 별로 좋지 않은 때 묻은 인연에 따르면 그때는 육도六道를 윤회하는 것입니다. 육도는 지옥地獄·아귀餓鬼·축생畜生·아수라阿修羅·인간人間·천상天上 아닙니까.

지옥도 가고 인간세계로도 나고 천상도 가고 이것은 아직 부처 경계가 못 되므로 아직은 청정한 인연은 아닌 것입니다.

지옥은 더 오염되고 천상은 덜 오염됐다 하더라도 때 묻은 번뇌는 아직 남아 있습니다. 천상 역시 욕계欲界 천상이나, 색계色界 천상이나, 무색계無色界 천상이나, 아직은 인간보다는 더 낫다 하더라도 역시 때가, 번뇌가 다 가신 것이 아닙니다.

가사 우리가 죽을 때 남을 굉장히 미워한 채로 죽으면 그것은 틀림없이 싸움 잘하는 아수라 세계로 갓 태어난다는 것입니다. 또 죽는 순간에 독한 마음, 잔인한 마음을 품으면 지옥 가서 태어난다는 것입니다.

그러나 설사 금생에 좀 나쁜 일을 했다 하더라도 죽을 무렵에 좋은 스승 만나서 정말로 본래가 다 부처 아닌가, 원래 번뇌라는 것은 씨앗이 없는 게 아닌가, 번뇌는 근본 자취가 없지 않은가, 이렇게 우리가 마음을 돌이켜서 부처님만 오로지 믿고 믿고 나간다고 생각할 때는 평소에 별로 좋지 않은 사람도 임종 때 그 좋은 마음 때문에 좋은 데 가서 태어난다는 것입니다.

그러기에 불경에 보면 십념왕생十念往生이라, 평소에 잘못 살았다 하더라도 죽을 때 좋은 마음으로 열 번만 "나무아미타불 나무관세음보살"을 외운다면 그 공덕으로 해서 좋은 데 태어난다는 것입니다. 임종 때, 우리 마음의 자세가 굉장히 중요한 것입니다. 그렇기 때문에 불교에서는 임종 공부라, 평상 공부도 필요하지만 나이 드신 분들은 임종 공부를 아주 소중하게 생각합니다. 저도 나이를 먹었습니다만 나이가 들어 황혼이 되면 참 주의해야 됩니다. 평소에 내가 무던히 양심대로 살았거니 안심할 것이 아니라 정말로 죽을 때까지 고이고이 잘 살아서 꼭 내생에는 좋은 데 가서 태어나야 합니다. 본래 성불成佛을 깨달아서 바로 극락 가면 더욱 좋고요.

금생이 있다고 생각할 때에는 과거 전생이 있었으므로 금생이 있는 것이고, 전생이나 내생이 있으므로 내생도 분명히 존재하는 것입니다. 전생이나 내생이 존재하지 않는다면 부처님께서 거짓말을 하신 것이 되겠지요. 그래서 때 묻은 좋지 않은 인연, 염연染緣을 만나면 그때는 지옥이나 아귀나 축생이나 인간이나 천상이나 그런 과보를 받는 것이고, 청정한 인연, 정연淨緣을 만나면 그때는 사성四聖(성문聲聞·연각緣覺·보살菩薩·불佛)을 이룹니다.

우리가 자식을 기르고 친구들과 우정을 맺고 하는 그런 경우에도 과연 나 같은 사람이 저 친구를 지금 좋은 길로 이끌고 있는가? 이렇게 한 번씩 자기 반조返照를 할 필요가 있습니다.

그 무슨 이익 있는 일이나 하고, 당이나 만들어서 나중에 정권이나 잡을 그런 일이나 하고, 그러면 결국 때 묻은 인연이기 때문에 자기 친구도 그런 쪽으로 엉뚱하게 이끌어 갑니다. 그러나 정치해도 좋고 경제활동 해도 좋다 하더라도 모두가 다 나와 남이 성불하는 쪽으로, 나와 남이 동시에 다 좋은 쪽으로 나아가야 한다는 그런 뜻으로 돈도 벌고 정치도 하면 좋은 것입니다. 그래서 자기 친구와의 우정에도 우리가 때 묻은 인연이 될 것이 아니라 맑은 인연이 되어야 하는 것입니다. 정연 말입니다.

앞서 말씀과 같이 실상은 염정染淨이 둘이 아니지만 우리가 의미로 나누어 보면 염연과 정연이라, 내외간에 함께 계실 때도 "내가 저 사람한테 때 묻은 인연이 되는가? 내가 맑은 인연이 되어서 저이가 나 때문에 보다 더 맑아질 것인가?" 이런 생각을 하면서 생활하는 것이 좋습니다.

이 육도 가운데는 개나 소나 돼지와 같은 축생계畜生界가 분명히 있습니다. 귀신鬼神도 분명히 존재합니다. 우리는 눈에 안 보이는 세계는 부인을 합니다만 귀신도 존재하기 때문에 절에서 천도薦度도 모시고 다 하지 않습니까. 귀신 세계는 스승이 없는 어두운 세계이기 때문에 다른 걸로 해서는 인도引導를 못 합니다. 부처님 법으로 비로소 인도가 되는 것입니다.

부처님의 비밀주秘密呪로 해서 "그대 이리로 오너라" 하면 올 수가 있단 말입니다. 이른바 보소청진언普召請眞言이라, 이 진언을 하면 그때는 귀신도 "누구누구 영가靈駕여" 하면 다 올 수가 있는 것입니다.

부처님 법이라는 것이 우주의 기본적이고 근본적인 순수 에너지를 그대로 표현한 것이기 때문에 그렇게 참 위대한 힘이 있는 것입니다. 그래서 영혼들도 부처님 힘으로 해서 "그대가 지금 너무 헤매지 말고, 그대가 헤매는 것은 그대한테도 좋지 않고 그대 가족에게도 안 좋으니까 그런 망념을 다 끊어 버리고서 극락세계라든가, 극락세계에 못 가면 천상이라든가, 천상에 못 가면 인도 환생해서 좋은 사람으로 태어나소서." 이렇게 타이르는 것이 천도식인 것입니다.

우리는 꼭 자기 때문에 다른 사람들이 나쁜 쪽으로 가는 것을 항상 주의하고 자기 점검을 잘해야 합니다. 나 때문에 누가 불행해지지 않는가? 나 때문에 누가 실패하지 않는가? 그리고 꼭 한 걸음씩이라도 성자의 길로 인도해야 합니다.

사성四聖은 성문·연각·보살·부처를 가리키는 것입니다. 성자聖者도 구분이 있습니다. 완벽한 진리를 깨달은 그런 분은 바로 부처고 하나님입니다. 그다음은 보살, 보살은 나와 남을 다 더불어서 진리로 이끌어 가는, 자기도 성자가 되고자 최선을 다하고 남도 성자의 길로 인도하는 이가 보살 아니겠습니까. 연각緣覺, 이것은 다른 사람은 제쳐 놓고 자기만 성자가 되려고 애쓰는 그런 분이 연각승입니다. 성문聲聞도 역시 부처님 가르침 따라서 충실하기는 하지만 다른 사람은 별로 안 보이고 자기 스스로 자기 공부만 주로 하는 그런 성자가 성문승입니다. 아무튼 성문·연각·보살·부처, 이것이 사성에 해당합니다.

이것이 이른바 여래장연기라, 따라서 인연법은 여기까지 가 버려야 됩니다. 그래야 온전한 인연법이 됩니다. 여기까지 간다고 생각할 때는 잘난 사람이나 못난 사람이나 다 진여라 하는, 여래라 하는 진리에서 왔단 말입니다.

요새 무슨 지존파라 하는 나쁜 사람들도 역시 겉모습만 지존파지 그 본성은 똑같이 여래에서 온 것입니다. 따라서 성자가 본다고 생각할 때는 그 사람도 미워할 수가 없습니다. "저 사람은 과거 전생에 나쁜 죄악의 씨앗을 너무 많이 심고, 금생에도 스스로 지은 죄악 때문에 좋은 환경을 만나지 못하고서 참 불쌍한 사람이구나." 이렇게 측은히 생각했으면 생각했지 성자들은 그 사람을 미워하지 못합니다.

가장 깊은 도리가 '여래장연기'라, 이 '진여연기'라는 것은 굉장히 중요합니다. 생각을 깊이 해 보십시오. 우리 행동 하나하나가 그 근본 뿌리를 모르고서 겉에서만 뱅뱅 돌아 버리는 것입니다. 번뇌를 일으키고 또 행동을 하고, 보통은 말도 번뇌에 따라서 하고 행동도 그렇게 하고 생각도 그럽니다. 그러면 결국 차근차근 나쁜 번뇌 종자만 더 깊어집니다. 그렇지만 이런 것은 앞서도 말씀드린 바와 같이 하나의 상대성 원리에도 다 있습니다. 이런 것은 현대물리학에도 있는 것입니다. 그러나 본래가 부처라는 것은 불법에만 있습니다.

중국 춘추전국시대에도 성선설性善說, 성악설性惡說이 있었습니다. 맹자孟子는 성선설, 인간성은 본래 선량하다고 했습니다. 그런데 순자荀子는 성악설, 인간성은 본래 나쁜 것이다, 인간성은 나쁜 것이므로 교육을 잘 시켜서 훈도訓導를 해야 한다고 했습니다. 맹자는 본래가 선량하므로 선량한 인간성을 때 묻지 않게 해야 된다고 했습니다. 역시 맹자의 주장이 보다 공자孔子의 뜻에 맞고 인간성은 제아무리 나쁜 사람도 겉만 그런 것이지 본래는 선량합니다. 그러나 여기서 선량하다는 것도 부처님 사상같이 철저하지는 못합니다.

부처님 사상은 본래 부처이기 때문에 그냥 선량한 정도가 아니라 일체공덕一切功德을 다 갖춘 것입니다. 자비도 원만, 지혜도 원만, 능력도 원만, 일체 만공덕萬功德을 갖추고 있는 것이 우리 마음의 본체本體인 것입니다. 따라서 이러한 여래장연기의 인연법 따라서 태어난 것이 우리 인간인 것이고 우리 인간뿐만 아니라 다른 동물도 마찬가지입니다.

부처님 당시에 '제바달다'가 부처님을 살해하려고 코끼리에

다 독주毒酒를 먹여서 부처님 오시는 길에 풀어놓았습니다. 그 독주를 마신 코끼리가 이것저것 앞뒤도 가리지 않고 할퀴고 유린하곤 했습니다. 그러나 부처님 앞에 가서는 그냥 눈물을 철철 흘리면서 앞발을 꿇고서 그대로 유순柔順하게 변해 버립니다. 그 코끼리한테도 순수한 성품은 다 있습니다. 식물에도 다 있습니다. 식물, 무생물, 일체 존재의 근본 성품은 역시 진여불성입니다.

어느 물질이든 에너지가 없는 것이 없지 않습니까? 그와 같이 순수 에너지, 에너지 가운데서도 가장 순수 에너지 말입니다. 그것이 바로 진여불성입니다. 따라서 우리가 진여불성 자리만 온전히 생각할 때는 우리 신앙심은 한결 더 수승하게 승화가 되는 것입니다.

"내가 지금 어디가 아프다. 내 몸이 거북하다." 이런 때도 "나한테는 만능萬能한 진여불성이 내 생명의 본질이 아닌가." 이렇게 한 번 생각한 그걸로 해서 웬만한 것은 그냥 다 풀리는 것입니다. 나는 나고 가까스로 내 몸무게는 얼마고 내 힘은 얼마고 내가 배운 것은 뭐, 대학교 나오고 뭣도 좀 하다 말았고, 이렇게 자기 능력을 제한시켜 놓으면 그만 그밖에는 못 나옵니다. 그러나 부처님 가르침은 그렇지가 않습니다. 배웠든 안 배웠든 누구나 무한한 가능성을 갖고 있습니다.

지혜·자비·행복이 다 완벽한 것입니다. 불법 말로는 이른바 삼명육통三明六通이라, 부처님 공덕을 말할 때에 삼명육통은 자연히 거기에 따라갑니다. 삼명육통은 뭣인가 하면 신족통神足通,

천안통天眼通, 천이통天耳通, 타심통他心通, 숙명통宿命通, 누진통漏盡通이 육통이고 그중에 특히 천안, 숙명, 누진, 셋을 삼명이라합니다.

이렇게 말씀을 드리면 같은 불교를 믿는 분들도 신통 그런 것은 외도나 하는 것이 아닌가? 예수의 기적도 과장시킨 것이지 무슨 기적이랴? 하실 것입니다.

성자들은 우주의 순수 에너지를 쓰는 것입니다. 우주의 순수 에너지는 무한한 힘이 있습니다. 지금 원자력 같은 것은 얼마나 무시무시합니까? 우리가 지금 원자력 가운데 살고 있지 않습니까. 그런 원자력보다도 더 무한한 성능 이것이 바로 우리 마음입니다. 따라서 우리 마음 가운데는 무시무시한 힘이 있는 것입니다. 우리 눈에 안 보이는 광명 파동이 초속 30만 킬로미터입니다. 눈에도 안 보이는 그 광입자光粒子의 속도가 1초에 30만 킬로미터란 말입니다. 그것은 무시무시한 힘인 것입니다.

따라서 우리 불교인들은 절대로 자기 능력을 제한해서는 안 됩니다. 우리가 나쁜 버릇 때문에 과거 전생에 잘못 살아서 자기 마음을 제한해 왔고, 금생에도 학교에서 배우고, 누구한테 말듣고, 부모한테 영향받고, 사회에서 나쁘게 배우고, 이것 때문에 우리 마음이 지금 왜소화되었습니다.

불교는 마음을 여는 것입니다. 어디로 마음을 여는 것인가? 무한無限의 광장廣場, 무한의 자비, 지혜, 행복, 능력이 갖추어진 광장으로 마음을 여는 것입니다. 그래야 참다운 신앙입니다. 마음을 열지 않고 부처님만 믿는다면 그건 신앙이 아닙니다. 우리 마음을 열어서 내 본래 생명의 고향 자리, 거기다가 마음을 둔단 말입니다. 그런다고 생각할 때에 좋아할 사람도 미워할 사람도 아무도 없이 모두가 다 좋은 것뿐입니다. 그래야 마음이 안심이 됩니다. 이것이 안심법문입니다.

이조二祖 혜가慧可 스님이 달마達磨 스님한테 가서 "스승이시여, 제 마음이 괴롭습니다. 제 마음이 불안합니다. 제 마음의 불안을 가시게 해 주십시오." 하니, 달마 스님께서 "그래, 그대 불안한 마음을 한번 내놔 봐라." 했습니다. 좋은 마음이나 불안한 마음이나 어디 흔적이 있습니까? 그 끝도 가도 없이 광대무변한 마음에다 자기 스스로 나쁜 버릇만 잔뜩 종자로 심어 놓습니다. 그래서 불안한 것입니다.

원래 마음은 모양이 없는 것인데 자취가 없는 그 마음을 좋다 궂다 합니다. 스스로 괴로워합니다. 자승자박自繩自縛이라, 스스로의 번뇌에 스스로 묶이는 것입니다. 그래서 진여연기, 법계연기, 여래장연기, 이것은 굉장히 중요한 것입니다. 시시각각으로 우리가 항시 여기를 떠나서는 안 됩니다. 염불念佛을 하는 것도 역시 진여연기 법계연기라, 우리가 진여의 자리, 여래의 자리를 떠나지 않기 위해서 염불을 하는 것입니다.

화두話頭도 마찬가지입니다. 모두가 다 그렇습니다. 모두를 다 부처님 차원에서 영원적인 차원에서 우리가 본단 말입니다. 영원의 차원에서 봐야 바로 보이는 것입니다. 우리 인간 차원에서 보니까 바로 보지 못합니다. 번뇌로 굴곡시켜 보는 것입니다.

❈

# 육대연기六大緣起

네 번째 가서 육대연기六大緣起라, 육대라는 이것은 밀교에 있습니다. 밀교도 요새 무슨 '탄트라'나 그런 게 아니고 순수 밀교라는 것은 아주 귀중한 가르침입니다.

육대란 것은 땅 기운(地), 물 기운(水), 불 기운(火), 바람 기운(風) 또는 텅 빈 공 기운(空), 마음 기운(識)입니다. 그냥 우리 눈에 보이는 땅 기운, 물 기운, 불 기운, 바람 기운이 아니라, 이것은 하나의 성품性品으로서의 기운입니다. 진여불성 가운데는 성품으로 해서 무한의 성품이 있지만 대개 여섯 개의 속성으로 나누어서 생각합니다.

영생불멸永生不滅하는 에너지 가운데는 모든 것을 굳게 만들어 고체를 형성시키는 그런 땅 기운도 있고, 모든 것을 윤택하게 만드는 물 기운도 있고, 또 산소와 같이 모든 것을 따습게 만드는 불 기운도 있고, 또는 모든 운동에너지 즉, 동력인 바람 기운도 있고, 그리고 끝도 가도 없는 텅 빈 모든 존재의 공간성, 공 기운도 있는 것이고, 그 모두의 근본이 바로 마음 기운, 식識입니다.

그래서 일체 존재라는 것은 이와 같이 본래 진여불성이 갖추고 있는 그런 땅 기운, 물 기운, 불 기운, 바람 기운 또는 빈 기운, 또 마음 기운, 이런 것이 어울리고 어울려서 존재가 나오는 것입니다. 따라서 이 육대 역시 진여불성 여래장 가운데 다 포함돼 있습니다. 그래서 여기까지 아셔야 바르게 보는 것이고 우리 마음이 안심이 됩니다.

앞서 말씀드린 바와 같이 어떠한 것이나 내가 지금 당장 교통
사고를 만나고 지진을 만나서 피를 뚝뚝 흘리고 죽어가는 그런
마당에도 역시 "지금 내 존재가 진여불성에서 잠시간 이렇게 모
양을 나툰 것이다." 이렇게 생각하면 바로 보는 것입니다.

그렇다고 생각할 때에 모양을 나툰 존재 이것은 사실은 실제
가 아닙니다. 우리 몸뚱이는 세포로 구성된 허우대뿐인 것입니
다. 시시각각으로 신진대사를 해서 변화무쌍한 것입니다. 따라
서 정확히 본다고 생각할 때는 어느 한 동안도 고유한 내 존재는
없습니다. 어느 한순간도 고유한 존재가 없다고 생각할 때에 바
로 존재하지 않는다, 이렇게 말할 수 있습니다.

물리학적으로 말한다 하더라도 결국 이대로 다 공空입니다.
일 초 전과 일 초 후의 내 세포가 같지를 않습니다. 우리 중생이
어리석어서 이어지는 찰나를 보지 못하고 이 몸뚱이 이대로 있
다고 생각하는 것이지, 우리가 엄격히 본다고 생각할 때는 일 초
전과 일 초 후가 같지 않기 때문에 결국은 없는 것이나 마찬가지
입니다.

그런 원리에서 부처님께서 "제법諸法이 공空이다", "모두가 다
비었다"고 말씀하시는 것입니다. 제법이 공이다, 색즉공色卽空이
다, 물질이 바로 공이란 것입니다.

우리 불교 공부를 하시는 분들은 반야심경般若心經을 수천 번,
수만 번 독송하시겠지요. 그래도 그 물질이 공空이라는 것을 잘
모릅니다. 그렇기 때문에 물질이 생기면 거기에 얽매여 가지고

허물을 범하고, 누구한테 뇌물도 받고, 또 비리非理도 저지르고 하는 것입니다.

물질이라는 것은 고유한 것이 아닙니다. 시시각각으로 변동해 마지않는 이것은 그야말로 무상無常한 것입니다. 무상이라는 것은 항상恒常이 없다는 뜻입니다. 이른바 전변무상轉變無常 변화무쌍變化無雙이라, 모든 것은 변화무상變化無常한 것입니다. 그런 것이 내 몸뚱이요, 그런 것이 물질이요, 그런 것이 감투요 하는 것입니다. 따라서 우리가 인연 따라서 남들이 양보해서 추대하면 감투를 써도 그때는 무방하겠지요. 감투를 써도 조금도 집착을 말고 인연이 다 되면 선선히 물러나서 용퇴를 해야 합니다.

이렇게 되면 사회가 참 편할 것인데 종교인들도 무슨 감투를 써 놓으면 한곳에만 붙어 가지고 지내려고 합니다. 이런 것은 모두가 다 진여연기라는 연기법을 몰라서 그럽니다.

이것을 안다고 생각할 때는 살기가 참 편한 것입니다. 어떠한 경우에도 자기 손해가 없습니다. 당장에 죽어 나간다 하더라도 인연 따라서 어차피 죽을 자기 몸뚱이에 집착을 할 수가 없는 것입니다. 인연 따라서 나투지만 실로 온 것이 아니고 인연 따라서 사라지지만 참으로 가는 것이 아니지 않습니까. 본래 진리 그대로 순수 생명 그대로인 것입니다. 오고감이 없지 않습니까. 그림자, 헛것을 잘못 보고 생사가 있다고 하는 것입니다.

바람 따라서 물에서 파도가 일어나 바람이 자면 다시 물로 돌아가듯이 똑같은 이치입니다. 영생불멸한 진리에서 왔다가 다시 진리로 돌아가는 것입니다. 본래 고향으로, 마음의 고향으로 돌아가는 그것뿐인 것입니다.

성인들은 그렇게 보기 때문에 생사를 초월합니다. 예수가 죽음을 두려워했습니까, 석가가 두려워했습니까. 순교殉教하는 사람들도 이와 같은 생각으로 하는 것입니다. 멋도 모르고 하는 사람도 더러는 있겠지만 보통은 다 그러는 것입니다.

우리는 하찮은 그런 눈에 보이는, 사실은 있지도 않은 것 때문에, 내 몸뚱이나 물질이나 감투나 이것은 사실 허망한 것인데 이런 것들 때문에 우리 생명을 오염시켜서는 안 되는 것입니다. 이 업감연기業感緣起나 십이인연법十二因緣法은 불교의 기본적인 책을 보시면 정확히 아실 수 있습니다. 업감연기, 이것은 번뇌라는 혹惑을 일으키고 거기서 신·구·의身口意 삼업이라, 행동이나 말이나 뜻으로 해서 업을 짓고 그래서 인생고人生苦를 받는다는 것입니다.

내내야 인생고도 우리가 지어서 받습니다. 과거 전생이나 금생이나 번뇌 때문에 행동을 바르게 못 해 가지고 업을 짓고 고를 받는 것입니다. 그렇기 때문에 누구 원망할 것이 조금도 없습니다. 어떠한 경우에도 "내가 애매하게 받는다.", "내가 무던히 착실하게 살았는데 저 사람이 나를 비방한다." 하지만 금생에 안 했으면 과거 전생에 자기가 꼭 그렇게 받을 만한 짓을 했습니다. 그렇기 때문에 불교를 믿는 사람들은 그리고 적어도 이 인연을 믿는 사람들은 절대로 남을 원망 못 합니다.

더 나아가서 여래장연기입니다. 모두가 본래는 다 부처님이 아닌가, 일체 존재가 부처님이 아닌가, 부처님한테서 잠시간 인연 따라서 이렇게 저렇게 모양이 되었다가 다시 부처로 돌아간다, 지옥으로 가고 어디로 간다 하더라도 잠시간 가는 것이지 종당終當에는 다 부처가 되는 것이다, 이렇게 믿는 것입니다.

'일체중생 개유불성一切衆生皆有佛性'입니다. 모든 중생에 다 부처가 들어 있는 것이고 본래불本來佛인 것이고 그렇기 때문에 '일체중생 개당작불一切衆生皆當作佛'입니다. 본래가 부처이기 때문에 종당에는 몇만 생을 헤맨다 하더라도 다 부처가 되는 것입니다.

이렇게 안심하고 살아야 안심법문이 됩니다. 지금 기본적인 문제를 알아 두시면 나중에 제가 새삼스럽게 말씀을 드리지 않더라도 나눠 드린 인쇄물을 보시면 다 짐작이 되실 것입니다.

여러분 가운데는 남을 위해서 법문을 하시는 분들이 많이 계실 겁니다. 그런데 자기가 하는 것은 수월한데 듣는 것은 괴로우실 것입니다. 그러나 인연이 그렇게 되었으니까 제가 주로 말씀을 하게 됩니다. 불교가 복잡하고 어려운 법문이라고 다들 그렇게 말씀을 하지 않습니까?

팔만사천 법문인 것이고 오천 권 이상 되는 불교 경전이 있습니다. 그러기 때문에 우리가 그것을 다 독파할 수는 없습니다. 저 같은 사람도 참선한다고 애쓰고 불경도 그때그때 봤으나 어떻게 그걸 다 자세히 봤겠습니까. 중점적으로 본 것에 불과합니다. 그래서 일반 분들은 체계 있게 공부하기가 어렵습니다.

저 같은 사람도 이십이 좀 넘어서 승려가 되었지만 이래저래 고생고생하고 한 십오 년 남짓 지나서 사십이 되니까 비로소 좀 갈래가 잡혔습니다. 여기 가서 묻기도 하고, 저기 가서 묻기도 하고, 토굴에서 혼자 지내기도 하고, 고생고생하고 난 뒤에야 불경을 봐도 조금씩 조금씩 그때그때 문리文理가 익어 갑니다. 그래서 저는 맨 처음 불교를 공부하시는 분들이 "상당히 어렵게 생각이 되시겠구나." 하고 동정을 많이 합니다. 그래서 이번 법회도 이와 같이 마련한 것입니다.

사실 경험자들이 간추려서 말씀을 해 드리면 공부하시는 분들한테 상당히 도움이 되는 것입니다.

나무아미타불.

# 삼신일불三身一佛

삼신일불三身一佛 아미타불阿彌陀佛

* 삼신일불三身一佛

<table>
<tr><td rowspan="3">심<br>心<br>(mind)</td><td>법신　청정법신비로자나불　　공타</td><td rowspan="3">불<br>佛<br>(Buddha)</td><td>여래<br>如來<br>진여<br>眞如<br>법성<br>法性<br>실상<br>實相<br>보리<br>菩提<br>진아<br>眞我<br>열반<br>涅槃<br>극락<br>極樂<br>주인공<br>主人公<br>중도<br>中道<br>묘각<br>妙覺<br>일물<br>一物</td></tr>
<tr><td>法身…淸淨法身毘盧遮那佛………空陀</td></tr>
<tr><td>보신　원만보신노사나불　　성미<br>報身…圓滿報身盧舍那佛………性彌<br><br>화신　천백억화신석가모니불　상아<br>化身…千百億化身釋迦牟尼佛……相阿</td></tr>
</table>

부처님에 대해서 우리가 이해를 보다 더 확실하게 하기 위해서는 삼신일불三身一佛을 아시면 아주 편리합니다. 이것은 현교顯教나 밀교密教나 다 삼신일불, 이른바 법신法身·보신報身·화신化身을 말합니다.

그러나 요즈음 이른바 근본불교라든가 또는 보통 공부하는 분들은 삼신三身에 대해서 별로 말씀을 안 하시기 때문에 불교를 하신 분들도 이 삼신일불에 대해서 명확한 개념을 가지기에 좀 어려울 것입니다. 그러나 꼭 이렇게 외워 두셔야 할 것은 무엇인가 하면은 삼위일체三位一體가 기독교 신앙의 핵심 신조이듯이 불교도 '불타론佛陀論', 부처란 무엇인가? 하는 불타론, 이것이 가장 중요한 핵심이기 때문에 그리고 기독교의 삼위일체와 연관을 시키기 위해서라도 꼭 필요합니다.

법신·보신·화신이 삼신입니다. 그런데 '부처님', '부처님' 하면 될 텐데 왜 이와 같이 부처를 나누고서 법신·보신·화신, 삼신으로 구분하면 더 복잡하지 않은가? 그러나 부처란 공덕이 하도 무량무변無量無邊하기 때문입니다.

이 중생계衆生界라 하는 것은 현재는 사람도 있고 태양계도 있고 지구도 있습니다만 몇백억 년이 지나면 파괴되어서 텅텅 비어 버리고 그때는 에너지만 남습니다. 그런 때는 부처는 하나뿐이다 해도 무방하겠지만 지금 현재와 같이 산도 있고 내도 있고 지구도 있고 사람도 있고 이런 때는 변화된 그런 모양이 있기 때문에 변화된 모양도 거기에 포함해서 말씀을 하여야 우리가 이해하기가 쉽겠지요.

그래서 법신法身, 이것은 바로 우주의 순수한 생명 그 자체의 그런 면을 법신이라 합니다. 그리고 불교 말로 해서 이것을 더 구체화시키면 청정법신淸淨法身 비로자나불毘盧遮那佛이라, 조금도 때가 묻지 않은 청정한 몸인 비로자나불을 가리킵니다.

'비로자나(Vairocana)'는 인도 말인데 우리말로 풀이하면 광명변조光明遍照라, 생명의 광명光明이 우주에 두루 해 있다는 것입니다. 그래서 한 말로 하면 청정하고 무량無量의 공덕을 갖춘 그런 광명의 몸이란 뜻입니다. 이것이 청정법신 비로자나불입니다.

이 말씀을 우리말로 달리하면 대일여래大日如來입니다. 대일여래라는 것은 보통 태양과 같은 광명이 아니라 무장무애無障無礙하게 우주를 다 비추고 우주에 가득 찬 광명이란 의미로 대일여래라 합니다. 그래서 법신이란 뜻이나 또 청정법신 비로자나불이란 뜻이나 똑같습니다.

그런데 부처님이 그와 같이 청정하니 우주에 광명으로 두루 빛나기만 하면 그때는 우리하고는 상관이 없겠지요. 그러나 이 법신 우주에 가득한 청정 광명 가운데는 자비나 지혜나 행복이나 어떠한 것이나 원만하게 다 갖추고 있다는 것입니다.

부처님한테 자비나 지혜나 행복이나 능력이 원만하게 갖추고 있는 그 자리, 그 자리를 보신報身이라 합니다. 더 구체적으로 표현하면 원만보신圓滿報身 노사나불盧舍那佛이라, 모든 공덕을 원만하게 갖추고 있는 부처란 뜻입니다.

따라서 법신과 보신은 서로 다른 것이 아니라, 법신이라 하는 그 우주에 충만해 있는, 우주에 두루한 그런 광명 가운데 들어 있는 자비나 지혜나 행복이나 그 모든 성품 공덕이 보신입니다.

그리고 화신化身은 법신과 보신을 근거로 해서 이루어지는 이 현상계現象界입니다. 태양계나 은하계나 또 산이나 지구나 우리 인간이나 모든 현상계가 이것이 화신化身인 것입니다.

따라서 나도 화신이고 너도 화신이고 자연도 화신이고 두두물물頭頭物物 다 화신입니다. 그런데 화신 경지에는 수가 많습니다. 사람 수도 많지만 여러 가지 그런 갈래의 중생들이 많습니다. 생각이 없는 중생(無情衆生), 생각 있는 중생(有情衆生), 눈에 보이지 않는 중생(無色衆生), 이런 중생들이 많습니다. 따라서 그런 차원에서 화신입니다. 그 수가 헤아릴 수 없이 많으므로 천백억 화신千百億化身 석가모니불이란 말입니다.

우리가 보통 석가모니불 할 때는 좁은 의미로 인도에서 왕자로 태어나 출가해서 도를 성취한 그리고 부처가 되신 분이 석가모니불인 것이고, 광범위하게 대승적으로 보면 나나 너나 천지우주의 현상계가 모두 다 석가모니불입니다.

이렇게 따지고 들어가면 지루하고 재미도 없고 그럽니다. 불교가 "나무아미타불이나 관세음보살만 염念하면 누구나 성불한다." 그래 버리면 참 쉽기도 하고 누구나 할 만하겠지요. 그런데 현대는 살기가 참 어려운 때 아닙니까? 과학도 접촉해야 하고, 기독교인도 접촉해야 하고, 유교인·도교인 등등 모두 접촉해야되는데 그런 가운데서 화해하며 살려고 생각할 때는 자기 것도 바르게 알고 다른 것도 바르게 알아야 하지 않겠습니까?

그래야 통합니다. 그렇기 때문에 어렵더라도 기본적인 것은 꼭 아셔야 합니다. 그래야 생활의 지침이 됩니다. 여러분들의 자녀분들은 앞으로 다 대학 나오고 박사 되고 모두 다 그럴 것인데 그런 분들은 제법 무엇을 압니다. 그들을 설득시키려고 할 때는 우리가 좀 더 알아야 합니다.

이 법신·보신·화신은 하나의 부처님입니다. 끝도 가도 없이 우주를 다 포섭해 있는 그런 쪽으로 보아서는 법신 부처님입니다. 그리고 그 가운데 들어 있는 모든 자비·지혜·공덕·능력·행복, 이것은 보신 부처님입니다. 부처님 자리에는 행복도 다 충만합니다. 우리가 생각할 때는 부처님 자리에는 자비나 지혜는 있을지 모르겠지만 그 행복이야 우리가 만들어서 행복하게 사는, 좋은 사람 만나고, 무엇이 많이 생기고, 그래야 행복하지 않겠는가? 그러나 참다운 행복은 우주가 내가 되고 내가 우주가 되어서 어느 것도 부러울 것이 없을 때, 그때같이 행복스러운 것은 없습니다.

그런 행복이 이 보신 부처님 가운데 다 들어 있습니다. 자비도 사랑도 한도 끝도 없고, 지혜도 한도 끝도 없는 것입니다. 이런 자리를 깨달은 분들이 예수나 공자, 석가 아닙니까. 이런 분들의 사랑이나 자비는 한계가 없습니다.

이런 분들은 자기 부모를 죽인다 하더라도 원수가 될 수가 없습니다. 인연 따라서 잠시간 그 원수 같은 모양을 내는 것에 불과합니다. 그래서 그 우주에 가득한 생명의 광명이 바로 법신불인가 하면 그 속에 들어 있는 자비나 행복이나 지혜나 능력이나 이것이 보신불이고, 이 법신과 보신 그것을 근거로 해서 이루어지는 현상계 모두가 화신불입니다.

비유해서 말씀드리면 지금 끝도 가도 없는 바다에 있다고 생각합시다. 끝도 가도 없는 바다 자체는 법신에 해당하고, 바다에 가득 차 있는 물 그것은 보신에 해당하고, 그 바닷물에서 바람 따라 일어나는 크고 작은 그 많은 거품이나 파도는 화신에 해당합니다.

세존 부처님께서도 이런 비유를 많이 쓰셨습니다. 방금 말씀드린 바와 같이 법신은 그야말로 끝도 가도 없는 무량무변의 바다에 비유하고, 보신은 바닷물에 비유할 수가 있고, 화신은 바닷물에서 바람 따라 일어나는 천파만파, 천백억 개 그런 거품에 해당한단 말입니다.

또 하나의 태양에 비유할 때는 태양 전체는 법신불에 해당하고, 태양의 광명은 보신불에 해당하고, 태양 빛의 그림자는 화신불에 해당합니다. 이런 비유도 부처님께서 하셨습니다.

법신불은 모양이 있는 것이 아니라 텅 비어 있기 때문에 공空이라 하고 또는 아미타불로 배대配對해서 의미할 때는 아미타阿彌陀의 타陀에 해당합니다. 법신이라는 것은 어디에 국한되어서 있는 것이 아니라 무제한적으로 우주에 충만한 순수한 생명이기 때문에 공이라고 말하는 것입니다. 그리고 원만보신 노사나불, 이것은 그 한도 끝도 없는 법신에 들어 있는 자비나 지혜나 행복이나 하나의 성품이기 때문에 그때는 성性이라 하고 즉, 하나의 성품이란 말입니다. 이것은 우주에 들어 있는 하나의 내용을 말하는 것입니다. 그리고 아미타의 미彌에 해당합니다.

그리고 천백억 화신 석가모니불은 우주의 모든 현상, 나나 너나 일체 존재 현상계는 상이기 때문에 이제 공성상空性相의 상相에 대비합니다. 그와 동시에 아미타불에 붙이면 그때는 아阿에 해당합니다.

아미타불이라는 것은 밀교적인, 참다운 대승의 뜻으로 본다고 생각할 때는 법신과 보신과 화신을 다 합한 즉, 말하자면 삼신일불 하나의 부처님을 말합니다.

여러분들이 그냥 입으로 쉽게 외우시는 '아미타불'이 사실은 이와 같이 우주 모두를 다 포함하는 우주의 생명 자체입니다. 그러면 우리가 보통 염하는 관세음보살은 무엇인가? 무슨 보살, 무슨 보살… 굉장히 많이 있어서 부처님 이름도 하나만 있으면 좋을 것인데 하도 많으므로 우리가 곤란스럽습니다. 그리고 어떤 스님들한테 물어보면 부처님도 이름 따라 따로따로 있다고 말하는 분도 있습니다. 그러면 더욱 혼란스럽겠지요.

부처님은 하나의 물질이 아닙니다. 물질이 아니라 생명 자체이기 때문에 이 부처, 저 부처가 뿔뿔이 따로따로 있다고 생각할 때는 그것이 하나의 공간성空間性이 있는 물질이 되겠지요. 그러나 시공時空을 떠난 생명 그 자체이기 때문에 이 부처, 저 부처가 따로 있는 것이 아닙니다.

따라서 부처님 이름도 '약사여래藥師如來 부처님', '치성광여래熾盛光如來 부처님'… 그렇게 이름들이 많이 있지마는 그것이 따로따로 몸이 있는 것이 아닙니다.

부처님의 공덕이 하도 많지만 간단히 세 차원으로 나누면 이와 같이 법신·보신·화신인 것입니다. 그러나 세 차원에 다 못 들어갈 때는 약으로 해서 우리 중생의 병고를 다스리는 면에서는 약사여래, 또 하늘에 있는 별만을 의미할 때는 치성광여래, 이와 같이 이름이 붙는 것입니다. 그런 것이지 실은 부처님은 하나입니다. 무량무변의 끝도 가도 없는 생명이 어디 가서 몸이 있고 작고 크고 넓고 좁은 것이 있겠습니까. 그래서 관세음보살이나 지장보살도 따로따로 있는 것이 아닙니다. 역시 하나의 순수 생명 자리입니다.

중생의 영혼은 죽어서 어디로 갈 것인가? 영혼을 다스려서 인도하는 그러한 의미에서는 지장보살地藏菩薩, 자비로 우리 중생을 제도하시는 부처님을 볼 때는 관세음보살, 또 지혜로 우리 중생을 제도하는 면에서 볼 때는 문수보살文殊菩薩, 이렇게 생각하면 간단하고 좋지 않겠습니까.

따라서 여러분들이 어떻게 하시든지 평소에 관세음보살을 많이 외우셔서 관세음보살 하시기가 좋으신 분들은 관세음보살을 외우신다 하더라도 여러분들의 마음만은 이와 같이 삼신일불이라, 부처님은 바로 우주를 통괄해 있구나 생각하십시오.

마음을 여셔야 됩니다. 불교는 마음을 여는 공부입니다. 불자님들, 어려우시더라도 부처님 공부는 마음을 여는 공부입니다.

여러분은 그야말로 일기당천一騎當千이라, 모두 한 분이 천 분이나 만 분이나 제도濟度하실 분들입니다. 그렇기 때문에 이런 기회가 꼭 필요하다고 생각되어서 말씀을 드립니다.

앞서 삼신이 바로 부처인데, 그것은 바로 우리 마음입니다.

부처를 생각하실 때는 꼭 항시 '마음'을 염두에 두셔야 됩니다. 그리고 부처님 가운데 들어 있는 법신·보신·화신 그런 공덕이나, 내 마음 가운데 있는 공덕, 지금 더러는 남도 미워하고, 못난 짓도 하고, 그런 마음 가운데 들어 있는 법신·보신·화신이나 똑같습니다.

따라서 불교라는 것은 어디까지나 자각自覺입니다. 스스로 본래 부처임을 깨달아야 참다운 신앙인이 됩니다. 그렇지 못하면 겉신앙밖에는 못 됩니다. 참신앙이 되어야 자기를 구제하고 남한테도 구제의 소임을 다할 수가 있습니다.

방금 말씀드린 바와 같이 내 마음의 본래 자리가 바로 법신法身이고, 내 마음 가운데 들어 있는 자비나 사랑이나 지혜나 행복이 보신報身인 것이고, 또 내 마음의 공덕으로 이루어지는 우주만유宇宙萬有가 바로 화신化身입니다.

나와 우주는 절대로 한계가 있는 것이 아닙니다. 기본적인 문제를 꼭 확실하게 느끼셔야 됩니다. 아까 말씀드린 바와 같이 우리가 진리를 생각할 때는 항시 우주를 하나의 생명으로 봐야 됩니다.

다른 종교와 불교와의 차이는 무엇인가 하면 다른 종교는 뿔뿔이 봅니다. 나와 남이 둘로 있고 또는 다른 나라와 우리나라가 따로 있고 자연과 인간이 다르고 하지만 불교의 기본적인 대승사상은 절대로 나와 남이 본래로 둘이 아닙니다. 다만 우리 중생들은 지금 현상계의 겉만 보기 때문에 나와 남이 둘이라고 생각합니다.

자연과 인간도 우리가 본래에서 본다고 생각할 때는 하나의 생명입니다. 우리가 지금 자연보호 운동을 굉장히 맹렬히 하고 있지 않습니까. 자연 보존이라 하기도 하고 자연 정화라 합니다. 그러나 제아무리 큰소리치고 제아무리 그런 캠페인을 많이 한다 하더라도 "자연과 나와 뿔뿔이다.", "자연은 자연이고 나는 나다." 이렇게 생각할 때는 온전한 운동이 못 됩니다. 그러나 부처님 사상과 같이 자연과 나는 혼연히 하나의 생명이다, 이래야 자연이 온전합니다.

다만 일반 중생들은 겉으로 보고 성인들은 안으로 속으로 본질로 봅니다. 우리가 본바탕에서 볼 것인가 아니면 피상적으로 겉만 볼 것인가 하는 그 차이뿐입니다. 성인과 일반 중생은 거기에 차이가 있습니다. 성인들은 근본 바탕에서 보는 것이고 일반 중생들은 겉으로 봅니다. 그리고 불교는 우리 마음을 성자 마음과 같이 여는 것입니다. 성자 마음은 우주를 곧이곧대로 그대로 봅니다. 자연의 도리 그대로 보는 것이 성자의 마음입니다.

공자나 석가나 예수나 다 그렇습니다. 그분들이 시대에 따라서 그때그때 비록 표현의 방법은 다르게 했다 하더라도 그분들이 보신 줄거리가 다 똑같습니다.

그것은 우주를 하나의 생명으로 보았습니다. 그러기에 그분들 차원에서는 나와 남의 구분이 없습니다. 그러기에 성자들은 항시 무아無我, 무소유無所有입니다. 내가 따로 없고 또 내 것이라고 고집할 것이 없습니다. 그러기에 그런 분들은 자기 소유가 없습니다.

석가의 평생이나 공자나 예수의 평생을 보십시오. 자기 앞으로 무슨 소유를 남겼습니까. 그러나 우리 세간 사람들이 그렇게 다 살 수는 없습니다. 그러나 그분들을 우리가 표준으로 해야 합니다. 어느 땐가는 우리도 꼭 성자가 되어야 하는 것입니다.

우주라는 것은 종당에는 다 파괴가 되는 것입니다. 150억 년 이상이 되면, 그것은 현대물리학도 증명을 다 합니다. 파괴가 된다고 합니다. 그런 때는 자기 몸뚱이나 남의 몸뚱이나 어디나 남을 수가 없습니다.

우리 생명은 비단 인간 생명뿐만 아니라 소나 돼지나 또는 개나 그러한 축생도 한 생명입니다. 근본 자리에서는 그런 축생도 우리하고 똑같습니다. 무생물이나 생물도 근본 순수 에너지 차원에서는 똑같습니다.

따라서 지금 눈앞에 있는 고양이 한 마리나 개 한 마리나 또는 곤충이나 이런 것도 모두가 다 진화가 되어서 종당에는 사람이 되어야 하는 것이고, 그리고 사람보다 더 진화돼서 천상天上으로 올라가야 하는 것입니다.

불경佛經에 보면 다 나와 있습니다. 천지 우주가 몇백억 년 뒤에 파괴될 때에 우리 인간 존재나 중생들은 다 높은 천상에 올라가서 우주의 이 형체가 파괴되어도 그 비참한 꼴을 우리가 당하지를 않는다는 것입니다.

기독교 바이블을 잘못 해석한 사람들은 중생을 태운 채로, 믿는 자기들만 휴거로 해서 구제해 올라가고 다른 사람들은 심판審判을 받는다고 하지만 그런 것이 아닙니다.

참다운 성인의 우주관宇宙觀은 중생들이 닦으면 우리 사람보다 못한 중생들은 다시 사람으로 태어나고, 사람도 보다 금생에서 선량한 행동을 많이 해서 천상으로 올라가고, 그렇게 해서 모든 생명체가 순수한 천상에 올라갔을 때 우주가 파괴됩니다. 우주가 파괴되는 참화慘禍를 우리가 입지를 않는다는 것입니다.

아까 말씀드린 바와 같이 우리 마음이 바로 부처입니다. 심즉시불心卽是佛이라, 우리 마음의 본성품이 부처입니다. 이렇게 생각을 하면 또 잘 이해를 못 하신 분들은 우리 마음이라 하는 것은 욕심도 많고 남들을 미워도 하고 좋아도 하고 내 마음 내가 돌아보아도 하찮은 것인데, 이것이 어떻게 부처일 것인가? 하찮은 이것은 자기 곁에 뜬 그림자 같은 허망한 마음입니다.

우리 본심本心이 양지良知입니다. 우리 본심은 석가모니와 공자와 예수와 더불어서 절대로 둘이 아닌 것입니다. 우주를 사무쳐 보고 우주와 한 생명인 그 마음이 우리 마음입니다. 어떤 종교나 우리 마음을 성자의 마음같이 활짝 여는 것입니다. 따라서 그런 차원에서 볼 때는 마음이 바로 부처입니다.

그 가운데는 끝도 가도 없는 자리가 법신인 것이고, 그 가운데 들어 있는 자비·지혜·행복·능력이 원만한 그 자리가 바로 보신인 것이고, 이 법신과 보신을 근거로 해서 이루어지는 현상계의 내 몸뚱이나 당신 몸뚱이나 일체 존재 이것은 화신입니다.

이것을 다 합한 것이 결국 내 마음의 본체이고 부처님입니다. 또 다르게 말씀을 하면, 불교에 나와 있는 술어로 한도 끝도 없으나 우선 중요한 것만 여기다 발췌했습니다.

우선 '진여眞如' 바로 진리란 말입니다. 진여라, 또는 여래라,

진리라, 단지 진리라 하는 이치가 아니라, 바로 생명이기 때문에 부처님입니다. 바로 여래입니다. 바로 생명입니다.

우주는 모두가 다 생명 덩어리입니다. 다이아몬드나 금이, 다만 다이아몬드나 금으로 있는 것이 아니라 한 생명 덩어리입니다. 현대물리학이 그것을 증명합니다. 다이아몬드도 내내야 탄소炭素가 움직이고 있습니다. 그러면 탄소는 무엇인가? 탄소는 원자 핵核을 중심으로 해서 전자電子가 적당히 거기에 알맞게 돈단 말입니다. 그럼 원자핵은 무엇인가? 또 전자는 무엇인가? 이런 것을 현대물리학은 측정을 못 합니다. 왜 측정을 못 하는고 하면 부단히 변화무상變化無常하기 때문에 무엇인가를 알 수가 없습니다.

위치를 알려고 하면 속도를 모르는 것이고, 진동振動하는 속도를 알려고 하면 위치를 알 수가 없습니다. 그러기에 여러분들이 알고 있는 바와 같이 하이젠베르크(Werner K. Heisenberg)의 '불확정성不確定性의 원리'라, 물질도 저 끄트머리에 가서는 결국은 확실히 알 수 없단 말입니다.

그래서 현대물리학자는 "물질이라는 것은 본래 진동하는 것들이 이렇게 저렇게 모여서 하나의 모양만 낸 것이지 본래는 에너지(energy)뿐이다." 이렇게 말합니다. 그러기에 에너지가 곧 물질이고 물질이 바로 에너지란 그런 말씀이 현대물리학의 여실한 결론입니다. 현대물리학의 결론은 방금 말씀드린 바와 같이 물질이 바로 본래에서는 에너지뿐이란 말입니다.

우리 불교식으로 말하면 색즉공色卽空입니다. 공즉색空卽色입니다. 우리 중생의 그 제한된 탐욕심이나 분노하는 마음(瞋心)이나 또는 어리석은 마음(痴心)이나 그런 독스러운 마음, 그런 흐리멍덩한 마음에 가려서 우리 중생은 지금 겉밖에는 못 보는 것입니다.

그러나 성자의 밝은 눈으로 볼 때는 천지 우주의 겉, 이것은 움직여 가는 하나의 과정에 불과한 가상假相에 불과한 것이고, 그 본바탕은 모두가 다 순수한 에너지고 생명이고 바로 부처로 봅니다. 다행히도 우리가 지금 사는 세계, 좋다고 싸우고 궂다고 싸우고 서로 아귀다툼하는 사회, 이 사회 모든 것이 허망한 것이다. 이것을 지금 현대물리학이 증명을 합니다.

만법유전萬法流轉이라, 모든 것은 결국 움직이고 있습니다. 고정된 것은 아무것도 없습니다. 따라서 바로 부처님이란 말입니다. 부처님이고 또는 법성法性, 우주의 성품입니다. 내 마음이나 부처나 이것은 바로 우주의 성품입니다.

또 '중도中道'라, 조금도 치우침이 없습니다. 중도는 우리가 공부해 가지고서 뒤에 중도가 되는 것이 아니라 우리 마음의 근본 성품이 바로 중도입니다. 어디에도 치우침이 없습니다. 자비나 지혜나 사랑이나 행복이나 다 원만히 갖추고 있습니다.

물질에 치우침도 없고, 또 정신에 치우침도 없고, 모두가 다 마음뿐인데 물질은 우리 마음이 잠시간 모양을, 가상을 나툰 것에 불과합니다. 그렇기에 자취가 없으며 잡을 수도 없습니다. 물질과 정신은 본래 하나입니다.

그러기에 금강경을 보실 적에 일체유위법 여몽환포영一切有爲法如夢幻泡影이라, 우리 인간이 보는 '나'라는 상(我相), '너'라는 상(人

相), '중생'이라는 상(衆生相), 수명이 '길다 짧다' 하는 상(壽者相), 모두가 다 '꿈'이요, '허깨비'입니다. 사실은 있지가 않은 것입니다. 불교가 어렵다고 하는 것은 무엇인고 하면, 일반 사람들이 불교를 단순히 중생들이 보는 차원에서만 해석을 하기 때문입니다.

여러분들이 보통 바이블은 쉽다고 생각을 하겠지요. 그러나 그 당시에 예수님이 어렵게 말씀을 해서는 누가 못 알아듣습니다. 갈릴리 해안의 어부나 그런 사람들이 알아듣겠습니까? 베드로나 요한이라는 사람들이 어부인데, 따라서 소박하게 말씀하신 것입니다. 예수의 뜻도 똑같이 우리가 생각하고 느끼는 감투나 식욕食慾이나 이성욕異性慾이나 모두가 다 허망하다는 것입니다. 허망하다고 느껴도 우리가 참기가 어려운 것 아닙니까? 그런데 허망하다고 느끼지 못할 때는 그것만 가지고 싸웁니다. 감투 가지고 싸우는 추태가 지금 얼마나 많습니까?

따라서 우리가 종교를 공부하는 것은 당장에 성인은 못 된다하더라도 성인들이 말씀하신 것은 다 옳다고 믿어야 하기 때문인 것입니다. 그분들 말씀은 다 옳으니까 말입니다. 그분들 말씀은 다 우주의 도리를 말씀하신 것입니다. 그러기에 옳은 것입니다. 다소 약간의 차이가 있게 말씀하신 것은 그 시대 상황이나 또는 중생의 근기根機에 맞추어서 말씀(敎化)했기 때문에 차이가 있는 것이지 그분들 본래 뜻은 다 똑같습니다. 따라서 우리가 불경을 보나 논어를 읽으나 바이블을 보나 칸트의 철학서를 보나 허심탄회하게 보아야 합니다. 자기가 금생에 나와서 쥐꼬리만큼 배운 것, 학교에서 배우고 어디서 배우고 그런 선입관념을 배제하고서 허심탄회하게 생각할 때는 다 같아 버리는 것입니다.

지금은 그렇게 살 때입니다. 그래야 화해가 됩니다. 이슬람의 알제리에서 일어난 극렬주의자極烈主義者들을 보십시오. 프랑스의 비행기를 납치해 가지고서 사람들을 희생시키고 자기들도 죽고 하는 것을 보십시오. 그런 것이 모두가 다 이슬람 자기들만 옳다고 생각하기 때문입니다. 마호메트의 뜻이 거기에 있지도 않은 것인데, 마호메트도 위대한 성자입니다. 따라서 그의 가르침도 근본 뜻은 기독교와 똑같습니다. 다만 그때그때 시대 상황에 따라서 약간씩 표현을 달리했습니다. 그렇기 때문에 바이블을 보거나 불경을 보거나 가장 핵심을 보아야 합니다.

소승을 봐서는 다른 가르침하고 자꾸만 충돌이 생깁니다. 대승을 봐야만 불교도 하나가 되고 다른 종교하고도 하나가 됩니다. 따라서 '실상實相'이라, 부처라는 것은 바로 우주의 참다운 모습입니다. 우리 중생은 지금 가상만 봅니다. 아무리 공부를 많이 했다 하더라도 세간적인, 성인이 아닌 한에는 모두 가상을 보는 것입니다. 그래서 소크라테스도 먼저 "자기 무지無知를 알아라." 우리 범부는 자기 무지를 먼저 알아야 됩니다. 아, 내가 무던히 공부했는데 내가 무엇을 좀 봤는데 하면서 꼭 자기가 아는 것을 고집합니다. 그러면 다른 사람들도 그들대로 고집하기 때문에 피차 다투게 되겠지요.

우리 중생들은 지금 가상假相을 봅니다. 우리 중생들 자신이 성자인가 아닌가를 어떻게 판단할 것인가? 나한테 '나'라는 관념이 있고 욕심이 있고 또 기분 사나울 때 불룩거리고 하면 성인이라 할 수 있겠습니까?

우주 만유가 무엇인가? 죽어서 어디로 갈 것인가? 과거는 무엇인가? 이것을 모를 때는 성인이 아닙니다. 따라서 성인이 아닐 때는 항시 겸허해야 합니다. 이른바 이것이 소크라테스가 먼저 자기 무지를 알아라 했듯이 자기 부족을 먼저 알아야 합니다. 그래야 우리가 참다운 지혜를 구하게 되는 것입니다. 그래서 바로 실상이라, 우주의 참다운 모습이란 말입니다.

또는 '보리菩提'라, 참다운 지혜입니다. 보리는 지혜를 말하는 것입니다. 참다운 지혜입니다. 또는 '진아眞我'라, 참나입니다. 지금 우리 중생들의 '나'는 '망아妄我'입니다. 우리 범부의 '나'는 올바른 '나'가 못 되는 것입니다. 금생에 나올 때 가지고 온 자기 업장에다 금생에 나와서 쥐꼬리만큼 배운 것에 불과합니다. 그러나 부처를 성취한 성자의 '나'는 그때는 참다운 '나'입니다. 그래서 예수가 되고 석가가 되고 공자가 되고 그래야 이제 비로소 '진아'란 말을 붙입니다.

'열반涅槃'이라, 영원히 행복하다는 말입니다. 번뇌가 조금도 없이 우리 생명도 몸뚱이야 천 번 만 번 바뀌진다 하더라도 우리 생명 자체는 죽음이 없습니다. 우리 남편이 죽고 아내가 죽고 아들이 죽고 한다고 생각할 때는 누구나 다 슬퍼서 자기를 지탱하지를 못하지 않습니까. 이런 것은 생명이 자기 몸뚱이에 국한되어 있다고 생각하기 때문입니다. 그러나 우리 생명은 그런 것이 아닙니다. 예수가 십자가에서 조금도 아낌없이, 한 점의 회한悔恨도 없이 자기 몸을 바친 것은 무엇인가? 이것은 자기 생명이 자기 몸뚱이에만 있지를 않단 말입니다. 우리 생명 자체는 원래 죽음이 없는 것입니다.

그러나 전생前生에도 '나'라는 생명이 있었고, 또 내생來生에 죽은 다음에도 있습니다. 그러나 이 몸뚱이는 과거에 있었던 것도 아닙니다. 금생에 쓰는 이 몸뚱이는 과거에 있었던 것도 아니라 금생에 부모님의 연緣 따라서 잠시간 나와서 이와 같은 몸이 된 것입니다.

금덩어리보다 더 귀한 내 몸이 죽은 뒤에도 그대로 있을 것인가? 화장火葬하면 재가 되고 묻으면 썩어서 없어지지 않습니까. 죽은 다음에는 어디에도 이 몸뚱이는 흔적도 없습니다. 과거도 없고 미래도 없고 금생만 잠시간 부지하는데 금생마저도 잠시간 동안도 그 풍재風災라 화재火災라 지진地震이라 얼마나 고난이 많습니까?

남한테 배신당하기도 하고 사업에 실패도 하고 아프기도 하고 그러기에 부처님 말씀으로 인생개고人生皆苦라, 결국은 따지고 보면 고생뿐입니다. 고생의 물결 위에서 우리가 살다가 가는 것입니다. 그런데 열반이라, 비로소 작은 '나', 망령된 '나'를 떠나버려야 참다운 '나'가 돼서 영생永生으로 행복한, 몸뚱이야 죽든 어떻든 간에 우리는 항시 행복스럽단 말입니다.

이 자리에다 마음을 두고 살아야 앞서 허두에 말씀드린 바로 안심법문입니다.

'극락'이라, 다시 위없는 행복입니다. 극락은 저 극락세계가 어디에 별도로 따로 있는 것이 아니라, 우리 마음이 현상적인 눈에 보이는 그런 물질세계를 떠나서 참다운 정신세계, 순수한 마음으로 돌아갔을 때, 바꿔서 말씀드리면 성자가 되었을 때는 바로 그때는 어디나 다 극락입니다.

'주인공主人公'이라, 이렇게 되어야 참다운 주인공입니다. 민주주의도 참다운 주인공 자리를 중심으로 해야 합니다. 그런데 그 망령된 알 듯 말 듯한 사람들이 주인이 될 때는 자기도 혼란스럽고 남한테도 혼란을 일으키기만 합니다. 따라서 어디까지나 성자의 가르침을 중심으로 해야 참다운 민주주의가 됩니다.

'묘각妙覺'이라, 다시 위없는 깨달음입니다. 그냥 알 듯 말 듯한 깨달음이 아니라 다시 위없는, 불교 말로 하면 아눅다라삼먁삼보리阿耨多羅三藐三菩提입니다. 이른바 그야말로 무상정변지無上正遍智입니다. 위없는 가장 평등하고 궁극적인 보편적인 가르침이 바로 묘각이고 부처님 지혜입니다.

이런 것이 바로 부처고 우리 마음입니다. 이렇게 훌륭한 마음인데 우리가 한 80년도 못 사는 짧은 인생 가운데서 이렇게 훌륭한 마음을 계발하는 일은 뒤로 제쳐 버리고서 그 엉뚱한 것 때문에, 감투를 제아무리 높이 써 봐도 그것은 별것이 아니지 않습니까.

요새 그 일본의 고베 지진을 보십시오. 참화를 당한 3천여 명 가운데는 위대한 사람도 많이 있을 것입니다. 부자도 많이 있고 학자도 많이 있고, 그렇지만 그런 참화가 그 사람들한테만 있는 것이 아니라 우리한테도 언제 올지 모릅니다. 우리 인생이라는 것이 정말로 다른 허드레 짓을 할 수가 없단 말입니다.

저는 예수님 말씀 가운데에서 굉장히 좋아하는 말씀이 있습니다. 예수가 자기 제자들을 거느리고 요단강을 건너서 제도하러 나갈 때입니다. 그때 제자 한 사람이 예수께 "주여, 저는 지금 저의 아버지가 돌아가셨는데 아버님 장례를 모시고 주를 따르겠습니다." 그러니까 예수 말씀이 "죽은 자는 죽은 자 스스로 장례케 하고 그대는 나를 따르라." 성자가 되는 길이라는 것은 자기 아버지 장례를 모실 그런 시간 여유도 사실은 없는 것입니다. 그와 같이 급한 것입니다.

당장에 하늘이 무너져 벼락 치고 지진이 일어나고 땅이 무너지면 그때는 경각에 오늘 목숨이 내일 갈지 모르지 않습니까? 우리가 교통사고를 당해 보면 금방 몇 시간 뒤에 목숨이 어긋날지 모르지 않습니까?

그런데 부처가 못 되고서 부처의 길을 모르고 죽는다고 생각할 때는, 그때는 죽어서는 금생에 닦은 대로 갑니다. 욕심 많으면 욕심 많은 대로 아귀餓鬼로 가 아귀 귀신이 되는 것이고, 성내기를 좋아한 그런 사람들은 싸움 좋아하는 아수라阿修羅 세계로 가는 것입니다. 또는 사리 분별을 잘 못 하는 사람들은 어리석은 돼지나 소가 되는 것입니다.

우리가 생각할 때는 보통 상식적으로 말할 때는 돼지나 개는 씨가 따로 있지 않은가? 우리 불교에서는 그렇게 안 봅니다. 삼계윤회三界輪廻라 자기가 지은 대로 돼지가 되고 개가 되고 소가 되고 사람도 되고 천상 가고 하는 것입니다.

우리 중생들이 나쁘게 배우고 잘못 살고 잘못된 버릇 때문에 돼지가 되고 소가 되고 나쁜 사람이 되고 하는 것입니다.

법신·보신·화신, 삼신일불은 불교의 대승 경전에는 그때그때 많이 있습니다. 특히 밀교에는 더욱 많이 있습니다. 그리고 삼신일불의 체계는 어디서 인용을 했는고 하면은 용수 보살龍樹菩薩, 용수 보살은 제2의 석가라 하는 분입니다. 대승불교는 주로 용수 보살 때 추천되었습니다. 용수 보살이 낸 책 가운데 『보리심론菩提心論』이라는 책이 있습니다.

그런데 『보리심론』 책 가운데서, 그 당시에 인도 사회에서 용수 보살은 석가가 돌아가신 약 250년 뒤에 나온 분입니다. 따라서 예수보다는 한 300년 앞서 나오신 분이지요. 그런데 용수 보살이 낸 『보리심론』이라는 책은 그 당시 왕자나 대신들, 학자들, 그 당시 최고 엘리트한테 설한 수도법문修道法門입니다.

여러분들께 지금 보리방편문菩提方便門을 나누어 드렸습니다.

그 가운데 보면 앞서 말씀드린 체계도 있습니다. 보리방편문의 맨 허두에 마음 심心 자가 있지요. 그다음 것은 한글로 쉽게 풀이한 것입니다. 그 뒤에는 앞서 말씀드린 삼신일불 아미타불 체계를 그대로 옮긴 것입니다.

그 대의大意는 무엇인가 하면, 한 말씀으로 드리면 바로 "우리 마음이나 또는 우주 만유의 모든 것의 근본 성품이 부처다. 그 부처의 대명사가 아미타불이다." 그런 뜻입니다. 제가 다시 한 번 더 말씀드립니다. 잘 모르시는 분들이 계실는지 모르니까.

이것은 용수 보살의 『보리심론』에 있는 것인데 그 당시에 가장 최고 엘리트한테 하신 수도법문입니다. 그 개요가 무엇인가 하면 우리 마음이나 산이나 내(川)나 태양이나 일체 존재의 근본

성품이 부처고, 그 부처의 대명사가 나무아미타불 또는 관세음보살이고 모든 부처님이다 하는 것입니다.

부처님의 이름이 많은 것은 무엇인고 하면, 부처한테 들어 있는 공덕이 하도 많기 때문에 일일이 개념적으로 표현을 못 해서 그 공덕 따라서 이름을 붙인 것입니다. 지혜로운 면으로 해서 문수보살文殊菩薩, 자비로운 면으로 해서 관세음보살觀世音菩薩, 우리 중생의 영혼을 다스리는 면으로 해서 지장보살地藏菩薩 그러는 것이지, 이 부처 저 부처가 뿔뿔이 있지가 않습니다.

그래서 이 삼신일불, 법·보·화法報化 삼신이 하나의 부처님입니다. 이것은 불교 사상 가운데서 핵심적인 사상입니다.

❦

## 삼위일체三位一體[9]

| 천주<br>天主<br>(god) | 성부<br>聖父<br>(Holy Father) | ·············· | 하나님 | 조물주<br>造物主<br>(Creator) |
| --- | --- | --- | --- | --- |
| | 성신<br>聖神<br>(Holy Spirit) | ·············· | 성령<br>聖靈 | |
| | 성자<br>聖子<br>(Holy Son) | ·············· | 예수<br>(Christ) | |

지금 세계적으로 18억 인구가 믿고 있는 기독교 사상의 핵심

---

9) 삼위일체三位一體(trinity): 크리스트교의 정통 신조. 325년 니케아(Nicaea)공의회에서 교회의 정통 신조로 확정함.

은 삼위일체三位一體입니다. 불교는 한 10억쯤 믿고 있는데 기독교는 18억쯤 믿고 있습니다. 만약 우리가 10억쯤 믿고 있는 불교인하고 18억 믿고 있는 기독교인하고 또 10억이 훨씬 못되는 이슬람하고 그 세 종교가 서로 옥신각신 싸운다고 생각을 해 보십시오. 지금 보스니아나 체첸이나 그런 데는 주로 이슬람과 기독교의 싸움 아닙니까.

그렇다고 생각을 할 때에 우리 인간은 참 그야말로 걷잡을 수 없는 무시무시한 비극입니다. 이 종교의 싸움은 결국 문화, 문명의 싸움입니다. 기계나 전자로 만든 무기 싸움이 아니라 앞으로는 문명의 싸움입니다.

어느 종교가 가장 위대한가? 가장 위대한 정보가 내내야 종교와 철학이 아닙니까. 세계를 주름잡는 종교가 바로 기독교, 불교, 이슬람교입니다.

따라서 우리가 싫든 좋든 간에 세계 삼대 종교의 핵심을 알아서 그 공통점을 알아야지 그렇지 못하고서는 자기 마음도 편치 못하고 자기 가정도 잘못 다스리고 아들이나 딸들이 기독교 믿고 무슨 교 믿고 할 것인데 우리가 어떻게 설득을 하겠습니까. 억지로 할 수가 있습니까? 그러면 그냥 도망치고 말겠지요.

우리는 지금 무서운 시대에 살고 있습니다. 우리 아들과 딸들이 참 무서운 사람들입니다. 배우기는 많이 배웠지만 무엇인가 갈피를 잘 못 잡고 있습니다. 따라서 우리네 어른들이 정말로 세계 삼대 종교의 핵심을 알아야 합니다. 지금은 우리가 싫든 좋든 간에 그래야 합니다. 그렇지 못하면 싸움판입니다.

삼위일체, 이것은 예수가 애초에 만든 것이 아니고, 앞서 말한 삼신일불도 부초님께서 초기에 말씀하신 것이 아닙니다. 차근차근 우리 중생들의 지혜가 발달되니까 중생들의 혼란스러운 마음을 붙잡기 위해서 하나의 체계를 세운 것입니다.

이 기독교의 삼위일체는 서기 325년 제1회 니케아(Nicaea)회의 및 제1회 콘스탄티노플 공회의에서 채택된 「니케아 콘스탄티노플 신조」 및 「아타나시우스 신조」에 의하여 기독교 핵심 교리로 확립되었습니다. 기독교 주교라든가 또는 신부나 학자들이 모여서 혼란스러운 기독교 학설을 체계화시킨 것입니다. 그것이 이른바 삼위일체입니다. 그래서 니케아공의회라면 유명합니다. 기독교는 가끔 이와 같이 교리가 혼란스러울 때 공의회를 엽니다. 공의회에서 비로소 삼위일체를 책정했습니다.

그것은 성부聖父, 성신聖神, 성자聖子로 뿔뿔이 있는 것이 아니라 원래는 하나다, 이른바 성부, 성신, 성자, 삼위가 한 몸이란 말입니다. 지금 이 삼위일체설을 가장 역설하는 데가 몰몬교입니다. 앞서 말씀드린 바와 같이 '나'나 '석가'나 '부처님'이나 본래 둘이 아닙니다. 우리 중생은 지금 겉만 보고 삽니다. 겉으로 볼 때는 나는 나요, 너는 너요, 석가모니는 석가모니고 부처는 부처요 그러겠지요. 그러나 근본 성품, 본질적으로 볼 때는 다 하나입니다. 그렇듯이 기독교의 삼위일체도 성부 즉, 우주를 다스리고 섭리하는 하나님과 그 하나님 가운데 들어 있는 우주 가운데 들어 있는 이른바 성령聖靈이 성신입니다.

끝도 가도 없는 우주의 생명이 하나님입니다. 그 가운데 들어 있는 신비로운 모든 것을 다 갖춘, 무소불능無所不能하고 무소부재無所不在라, 어디에나 있고 능하지 않음이 없는 만공덕萬功德이 성령입니다. 그리고 이 성부와 성신에 붙어서 오염되지 않은 사람 즉, 성자가 예수입니다.

예수님도 요단강 하단에서 40일 동안 금식기도禁食祈禱를 모시고 마구니(魔鬼)와 싸워서 비로소 성자가 되었습니다. 그 전에는, 과거 전생에는 좋은 일 많이 해서 업장이 가벼웠다 하더라도 하나의 범부였습니다.

석가모니께서도 6년 고행苦行 끝에 마지막 보리수하菩提樹下에서 팔만 마구니와 싸워 대각大覺을 성취하고 부처님이 되신 것입니다. 그 전에는 우리와 똑같은 범부입니다. 대각을 성취한 후 부처님입니다.

그렇듯이 예수 역시 범부 중생인데 요단강 하단에서 모든 번뇌를 다 조복調伏받고 깨달아서 천지 우주의 도리와 하나가 됐습니다. 참답고 신성한 우주의 아들이 되었던 것입니다.

명실공히 석가모니釋迦牟尼, 달마達磨, 서산 대사西山大師와 같은 성인들은 다 부처입니다. 우리 중생도 욕심을 내고 진심을 내고 어리석은 이 모양 이대로는 부처라고 감히 할 수가 없으나 본래에서 볼 때는 이 못난 이대로 부처입니다.

우리는 이렇게 느껴야 합니다. 이렇게 못나고 못생기고 더러는 남한테 사기를 할 수도 있는 것이고 사기를 당하기도 합니다. 용수 보살 같은 제2의 석가란 분도 출가하기 전 궁중에 들어가서 궁녀를 희롱하다가 하마터면 죽을 뻔했습니다. 간신히 역사

力士들의 칼날을 피해 살아났습니다. 그때 반성하기를 "욕심이라는 것이 이렇게 나를 망치는구나! 다른 사람들은 다 잡혀 맞아 죽었는데" 말입니다. 이렇게 발심해서 출가하여 제2의 석가라 할 정도로 위대한 성인이 되었습니다.

따라서 우리가 과거를 더듬어 보면 어느 누구나 다 심란한 때가 많이 있습니다. 저 같은 경우도 한 오십 년 가까이 중 생활을 했습니다. 그러나 제가 자의로 반성할 때 과거에 조금 더 부지런하고 순수했으면 하는, 그런 한심스러울 때가 많이 있었습니다.

누구나 다 그러는 것입니다. 그런데 우리가 지금 이 모양 이대로 자신을 생각할 때는 한심스럽지만 부처님 차원에서 본다고 생각할 때는 똑같이 하나님 아들이고 또 화신 부처님입니다.

왜 그런고 하면 일체유심조一切唯心造라, 천지 우주라는 것은 모두가 다 물질로 된 것이 아니라 순수한 에너지, 순수한 마음으로 되어 있습니다.

내 몸이 물질이고 내가 지금 끼고 있는 반지도 물질이고 이 펜도 물질이고 한데 왜 물질이 아니라고 하는 것인가? 내 몸이나 내 패물이나 내 연필이나 이런 것도 다 원자로 되어 있습니다. 어느 것이나 원자로 안 되어 있는 것이 없습니다. 그러면 원자는 무엇인가?

원자 이것은 중성자中性子, 양자陽子, 전자電子 또는 중간자中間子, 그런 하나의 소립자素粒子로 돼 있습니다. 소립자 그것은 무엇인가? 그러니까 현대물리학에서는 모든 물질 구성의 가장 작은 알갱이가 양자, 중성자, 전자 아닙니까?

전기 에너지가 있으므로 전등이 빛을 내겠지요. 그런데 전자나 중성자나 양성자나 그런 차원에서는 측정을 못 합니다. 현대물리학은 측정을 못 합니다. 왜 측정을 못 하는가 하면 일정한 공간성空間性이 없단 말입니다.

전자는 정밀한 현미경을 놓고 본다 하더라도 모양이 안 보입니다. 움직이는 것만 보이지, 일정한 모양을 알 수가 없습니다. 그러기에 하이젠베르크의 불확정성의 원리라, 일체 물질이라는 것은 확실한 것이 없습니다.

아인슈타인의 상대성이론相對性理論이라, 절대시간·절대공간이 없다는 것 아닙니까. 따라서 시간성·공간성을 갖고 있는 것을 우리는 물질이라 하므로 절대물질은 없다고 보아야 옳겠지요. 상대성이론에서만 보면 물질은 상대적으로는 존재하고 절대적으로는 없다고 볼 수 있습니다. 그러나 불교 차원에서 보면 상대적으로도 물질은 찰나 찰나 천류遷流하고 있으므로 그것을 존재라고 말할 수는 없습니다.

결국 현대물리학은 물질의 근원에 들어가 물질이 아님을 증명하고 있습니다. 다만 에너지만 빙빙 돌아서 어떻게 진동하는가? 진동의 특성 여하에 따라서 전자라 양자라 하는 것이지 일정한 모양이 없습니다. 부단히 변화해 간단 말입니다.

이런 것들이 모여서 산소, 수소, 탄소가 되곤 합니다. 또 그것들이 모여서 다이아몬드가 되고 사람 몸뚱이가 됩니다. 산소, 수소, 탄소 그것들이 적당히 모여서 세포를 구성했습니다.

그런데 일체 물질을 구성한 근본 알맹이는 항시 움직이고 있어서 무엇인가 모르는데 그런 것들이 또 모여서 된 우리 몸뚱이 이것도 일정한 실체가 없는 무상한 것입니다. 그러기에 내 것이라고 볼 수도 없습니다. 내 몸 가운데는 지금 세포가 움직이고 있습니다. 세포가 순간도 머물지 않고 변화무쌍합니다. 신진대사에 지나지 않는 세포들의 집합체를 지금 '나'라고 합니다.

우리 중생은 겉만 보니까 내 몸이 이렇게 잘나게, 또는 못나게 보이고 그럴는지 모르겠지만 성자가 볼 때는 본바탕을 보므로 그 못나고 잘난 몸뚱이가 모두 다 부처님으로 보입니다.

순수 에너지가 바로 불성佛性이고 부처님입니다. 성품으로 본다고 생각할 때는 불성이라고 말하는 것이고, 생명이기 때문에 부처님 그러는 것입니다. 두두물물이 순수 에너지 불성이요, 바로 부처님입니다. 우주의 성품으로 말할 때는 법성, 그럽니다.

그렇게 모양이 없는 것이 인연 따라서 잠시간 모양같이 보이는 것입니다. 우리 중생 눈으로 잘나고 못나고 보이는 것이지 성자가 볼 때는 본래 모양이 없는 그 자리, 천지 우주에 훤히 빛나는 광명불성光明佛性 그 자리를 바로 봅니다. 때문에 그 자리에서 보면 잘난 사람이나 못난 사람이나 설사 독사毒蛇라도 모두 광명으로 빛나 보입니다.

우리 중생들이 "나는 못났다.", "나를 배신한 저놈은 죽여야 한다." 이런 것도 역시 겉만 봐서 그렇습니다. 잘난 사람, 못난 사람 모두가 다 근본 바탕에서 영원적永遠的인 차원에서 본다고 생각할 때는 다 부처님입니다. 그러기에 위대한 사람들은 남을 단죄를 못하고 심판을 못하는 것입니다.

여러분들 『톨스토이 전집全集』을 보십시오. 우리 범부는 남을 단죄하고 나쁜 놈, 좋은 놈이라고 할 자격이 없는 것입니다.

예수님이 마지막 십자가 위에서도 원수를 위해서 기도를 드리고 자기를 핍박한 사람들을 위해서 기도를 모시고 있지 않았습니까. 그런 것이 뭔고 하면 우주를 하나의 생명으로 보니까 그렇습니다. 그런 분들한테는 원수가 원수로 보이지 않습니다.

우리 중생들이 내가 있고 네가 있고 하니까 나한테 삐딱한 사람은 원수고 싫고 하는 것이지 성자의 눈으로 본다고 생각할 때는 그렇게 안 보이니까 원수가 있을 수 없고 미운 사람이 있을 수가 없습니다.


❦

## 진리眞理는 본래 하나

저는 기독교의 '삼위일체'나 불교의 '삼신일불'이나 똑같다고 생각하는 사람입니다. 다른 종교도 마찬가지입니다. 진리는 본래 둘이 아니라고 생각하는 사람입니다. 그러나 지금 기독교는 성자 하면 예수만 성자고 다른 사람들은 성자가 아니라고 생각합니다. 그러기에 다른 종교도 함부로 하고 다른 사람도 함부로 할 수 있는 그런 소지가 있습니다.

불교 진리로 본다고 생각할 때는 석가모니 부처님뿐만 아니라 도둑놈이나 누구나 모두가 다 본래로 화신불입니다.

본래 기독교 사상 역시 예수의 본뜻대로 예수만 성자인 것이 아니라 천지 우주에 있는 모든 현상계, '나'나 '너'나 도둑놈이나 나쁜 놈이나 모두가 다 원래는 성자입니다. 다만 예수나 석가나 그런 분들은 깨달은 성자이고 스스로 성자인 줄을 분명히 아는 성자이고 다른 사람들은 본래는 다 성자인데 번뇌에 가리어져서 미처 깨닫지 못한 성자입니다.

만약 예수만 성자고 다른 사람은 성자가 아니다, 그래 놓으면 결국 다른 사람하고 자기하고 구분할 수밖에 없겠지요. 그러므로 다른 종교를 배격도 하고 허물이 생깁니다. 따라서 기독교도 앞으로는 꼭 예수님의 본뜻대로 예수만 성자가 아니라 누구나 다 한결같이 성자다, 이렇게 되어야 합니다. 지금 우리 한국 기독교인 가운데서도 강 목사(강원용姜元龍—편집자)나 안 교수(안병무安炳武—편집자) 같은 분들은 다 그렇게 생각합니다.

우리는 지금 무서운 시대를 살고 있습니다. 이 다변화된 사회에 그냥 그렁저렁 살 때가 아닙니다. 세계화하지만 우리가 정신적으로 철학적으로 하나의 도리를 알아야 참다운 세계화가 됩니다.

따라서 우리는 세계적으로 가장 중요한 종교인 불교, 기독교가 이와 같이 똑같음을 확인했습니다. 이슬람도 내내야 똑같은 것인데 기독교 신앙에 좀 미치지 못합니다. 따라서 우리가 앞으로 그들을 인도引導하고 가르쳐서 참다운 종교로 만드는 것이 모두를 회통會通하는, 모두를 하나로 보는 진리의 수행자가 할 일입니다.

나무아미타불.

# Ⅱ. 우리 생각이 창조의 신이다

# 육즉불六郎佛

육즉불에 들어가기 전에 먼저 금번 법회용으로 준비한 '순선안심탁마법회純禪安心琢磨法會' 유인물 구성에 대해서 함께 살펴보도록 하겠습니다. 여기 요약해 놓았습니다.

맨 처음에는 부처님이라 하는 것은 어떠한 것인가 하는 불타론佛陀論을 위주로 하고, 그다음에 연기법緣起法에다 가장 역점을 두었습니다. 그리고 불교와 기독교의 관계를 윤곽만 더듬어 보고자 합니다.

❦

## 연기법緣起法과 동체대비同體大悲

우리가 연기법을 안다고 생각할 때는 바로 부처를 아는 것입니다. 부처님 말씀대로 "연기법을 알면 나를 아는 것이고 연기법을 모르면 부처란 나를 모른다." 그런 말씀을 하셨습니다. 그럴 정도로 연기법은 불교의 대강령大綱領입니다. 실은 연기법이라 하는 우주의 대법大法 위에 불교가 이루어져 있습니다. 연기법이 바로 우주의 대법입니다. 따라서 우주가 바로 인연, 연기이므로 다른 종교나 다른 철학도 표현을 좀 달리한다 하더라도 모두가 연기법에 포섭되고 특히 불교는 연기법으로 체계가 돼 있는 것입니다.

우리가 보통 동체대비同體大悲라는 말을 많이 쓰지 않습니까. 불교에서 '동체대비'라는 것은 남하고 나하고 같은 몸이기 때문에 참다운 사랑과 참다운 자비가 나온다는 그런 의미가 아니겠습니까. 불보살佛菩薩은 일체 중생을 동일체로 관찰하기 때문에 대자비심大慈悲心이 나오는 것입니다.

어째서 다른 사람이 나와 같을 것인가? 분명히 현상적인 세계에서는 뿔뿔이 있는 것인데 왜 한몸, 한마음인 것인가? 이것에 대해서 명확한 답을 내린 것이 이른바 바로 연기법입니다.

이 우주는 진여불성이라 하는 참다운 생명 자체로 이루어져 있습니다. 생명 자체는 둘이 있는 것도 아니고 또 분열되어 있는 것도 아니고 우주 자체가 바로 한 덩어리 생명입니다. 이것은 물질이 아니기 때문에 나눌 수가 없습니다.

한계가 없는 우주가 부처님 덩어리입니다. 하나님 덩어리입니다. 따라서 거기서 인연 따라 잠시간 이렇게 저렇게 전변무상轉變無常한 모양만 나투는 것입니다. 그러나 근본은 같다 하더라도 한 번 모양을 나투면 뿔뿔이 다르지 않겠는가? 이렇게 보통은 의심을 품습니다.

그러나 물질이 아니기 때문에 불교의 어려운 말로 원융무애圓融無礙한, 조금도 한계가 없는 순수 생명이기 때문에 바늘구멍만큼 작은 현상적인 존재나 히말라야 산같이 큰 존재나 부처님의 정기精氣라는 뜻에서는 원래 차이가 없다는 것입니다. 이것은 상대가 되지 않습니다.

왜 그런고 하면 우주는 빈틈도 없이 부처님, 진여불성이란 한 생명만으로 충만해 있기 때문에 어떻게 구분할 수가 없는 것입니다. 그런 데서 나한테 있는 불성佛性이나, 너한테 있는 것이나 예수한테, 공자한테, 석가모니한테 있는 불성이나 다 똑같습니다. 다만 계발하고 못 하고 하는 그 차이뿐입니다.

그러기에 석가모니 부처님 말씀도 아시이성불我是已成佛이라, 나는 이미 부처를 성취한 사람이라는 뜻입니다. 석가모니 부처님께서 나는 이미 부처를 성취한 사람이고, 여시당성불汝是當成佛이라, 앞으로 그대 역시 필히 부처가 될 사람이다, 이렇게 차이만 있을 뿐이지 원래 갖추고 있는 진여불성이라 하는 생명 자리는 호리毫釐도 차이가 없습니다. 어두워서 겉으로는 나같이 보이고 남같이 보인다 하더라도 우리가 근본 성품 자리, 근본 본질에서 본다고 생각할 때는 똑같습니다.

넓은 바다에서 바람 따라 천파만파千波萬波 파도가 친다 하더라도 똑같은 물이듯이 진여불성이라 하는 순수한 생명 자리에서 나온 '너'나 '나'나 일체의 존재는 털끝만큼도 차이가 없습니다.

진여불성을 깨달은 분이 도인道人이고 진여불성을 깨닫지 못하면, 분별지로 제아무리 많이 안다 하더라도 도인이 아닙니다. 생명 자체를 깨달아 체증體證해야 도인입니다. 따라서 그 자리를 성취한 분들은 그때는 나와 남을 구분할 수가 없습니다. 나한테 들어 있는 것이나 너한테 들어 있는 것이나 조금도 차이가 없는 진여불성이 들어 있으므로 어떻게 남을 무시하고 다르게 구분

지어서 대할 수가 있겠습니까?

동체대비라는 말은 그런 자리에서 나온 말입니다. 따라서 참다운 도덕道德이라는 것도, 우리가 이제 자기 이웃을 자기 몸같이 사랑해야 참다운 도덕이 이루어지지 않겠습니까? 그런데 우리 중생들은 나와 남을 구분하기 때문에 아무리 남을 돌본다 해도 항시 자기가 중심이 돼 있습니다. 누구한테 재물을 보시하고 어디다 봉사를 하나 항시 자기라는 전제가 돼 있고 자기라는 흔적이 사라지지 않습니다.

이른바 상相을 떠나지 못한다는 말입니다. 보통은 쉽게 상을 떠난 무주상보시無住相布施라, 이런 말을 누구나 합니다. 그러나 사실은 우리 중생한테는 언제나 위선僞善이 깔려 있습니다. 자기라는 것을 미처 못 떠났기 때문에 위선을 쉽게 떨쳐 버릴 수가 없습니다.

'나'나 '너'나 모든 존재의 근본 생명 자리, 그 자리를 체험을 해 버려야 비로소 위선을 떠납니다. 그렇기 때문에 사실은 견성오도見性悟道를 하지 못하면 조금 양심이 더 있고 덜 있고 하는 상대적인 차이뿐이지 온전히 상을 떠나서 조금도 흐림 없는 베풂은 할 수가 없습니다.

그리고 지금 기독교나 가톨릭 계통에서도 하고 있는 한마음 한몸 운동, 그런 것도 참 굉장히 좋은 운동이지요. 그러나 그들로 해서는 한마음이나 한몸을 제대로 해석을 못 합니다. 모두가 하나님이 창조했고, 한 번 창조한 사람들은 뿔뿔이 있고, 하나님과 나는 완전히 다른 존재이고, 이런 이론 체계로 해서는 한마음이나 한몸이 성립이 될 수가 없습니다. 그저 상대적으로, 될 수록 나와 남을 구분하지 않고서 남을 돕는다는 그런 의미인 것이지 불교와 같이 바로 철학적으로 온전히 나와 남이 본래로 둘이 아니다, 이렇게는 안 됩니다.

## 무아無我의 구조화

우리가 "내가 없는 무아無我라." 이렇게 말하면 보통은 다 본래 나와 남이 구분이 있고 내가 분명히 존재하는데 부처님께서 '나' 가 없다는 그런 말씀은 이웃을 사랑하게 하고 평화와 화해를 위해서 그렇게 말씀을 했겠지? 이렇게 천박하게 생각하는 분들도 있습니다.

그러나 불교의 전문 술어로 본래로 무아입니다. 인연 따라서 잠시간 모양만 달리했기 때문에 생명 자체에서 본다고 생각할 때에는 본질적으로 본래로 무아의 구조화가 되어 있습니다. 본래로 '나'가 없고 네가 없는 그런 오직 하나의 생명이 다만 현상적으로 모양을 나툰다 하더라도 모양이 실지로 있는 것이 아니라 앞에서도 말씀드린 바와 같이 가상假相만, 그림자만 나투고 있습니다.

『수심결修心訣』에 이런 말씀이 있습니다. 범부미시凡夫迷時라, 범부는 미혹되어 참다운 지혜가 없어서 거꾸로 봅니다. 범부가 미혹했을 때는 사대위신四大爲身이요, 지·수·화·풍 사대로 이루어진 이 몸뚱이 이것을 내 몸, 내 것이라고 생각합니다. 그리고 망상위심妄想爲心이라, 잘못 생각하고 이래저래 스스로 망상하고 무지로운 이것을 내 마음이라 생각한단 말입니다.

우리가 진여불성의 자리, 우리 생명의 고향 자리, 그 마음자리를 증명 못 했을 때, 다 이것은 전도몽상顚倒夢想입니다. 거꾸로 뒤바꿔서 보는 것입니다. 실지로 있는 실상은 없다고 보고, 실지로 없는 가상은 있다고 봅니다.

앞서 세 가지 차원으로 소견을 말씀드렸습니다만 우리 중생은 망견妄見으로 보고서 고집을 합니다. 그러나 성자가 되어야 사실을 사실대로 봅니다. 사실을 사실대로 본다고 생각할 때에는 본래로 나와 남이 둘이 아닙니다. 사실 본래 우주 구조 자체가 나라고 내세울 것이 없는 것입니다. 그런 것을 우리 중생들이 바탕을 못 보고서 겉만 보기 때문에 나와 같이 보고 너와 같이 보는 것입니다.

우리 이 몸뚱이는 한순간도 머물지 않고 신진대사해서 시시각각 변화하고 있는데, 자기라는 존재가 한순간도 같은 존재가 없는 것인데, 그것을 보고 어떻게 우리가 실지로 있다고 하겠습니까?

성자들은 본질을 보기 때문에 욕심을 내려야 낼 수가 없고 탐심을 내려야 낼 수가 없고 남하고 싸우려야 싸울 수가 없습니다. "억지로 싸우지 마라.", "남한테 베풀어라."라고 하는 것은 이래서 하는 것이 아니라 벌써 철학적으로 기본적인 도리를 바로 알고 깨달았기 때문에 자동적으로 저절로 남을 사랑하고 남한테 베푸는 것입니다.

따라서 앞으로 어느 면에서나 바르게 살기 위해서는 '자동적으로' '저절로 바로 서는' 형태가 되어야 참말로 위선이 없는 참다운 화평和平, 참다운 민주화 사회가 되고 그렇지 않겠습니까? 그래서 지금 요약된 유인물의 구성은 앞서 말씀드린 연기법을 주로 했습니다. 연기법에서 풀어 나가야 모두가 술술 다 풀립니다.

부처님이나 도인들이나 과거 선지식들의 비유를 본다 하더라도 우리가 연기법을 바로 안다고 생각할 때에는 여룡득수如龍得水입니다. 용이 제아무리 올라가고 싶어도 물이 없으면 올라갈 수가 없지요. 그러나 연기법을 바로 안다고 생각할 때에는 우리 공부가 순풍에 돛단배나 용이 물을 얻어서 승천하는 거나 같단 말입니다.

호랑이가 제아무리 힘이 세고 날뛰고 한다 하더라도 역시 언덕이 있어야 하룻밤에 몇백 리고 몇천 리를 갈 수 있듯이, 연기법이 있어야 연기법으로 해서 모두를 술술 다 순수하게 풀어 나갈 수가 있습니다. 이것은 부처님 말씀에도, 조사어록에도 다 나와 있습니다.

그리고 지금 논쟁이 되고 있는 돈오돈수頓悟頓修와 돈오점수頓悟漸修 그런 문제를 제가 무엇이 옳다 그르다 하며 여기다 기록을 해 놓은 것이 아니라, 조사 스님들, 과거의 도인들 또는 경에 있는 중요한 대목을 여기에 소개만 해서 해답은 여러분 스스로가 내리도록 그렇게 했습니다.

그렇기 때문에 나중에 『육조단경六祖壇經』이라든가 『능엄경楞嚴經』 등 여러 경전 또는 『보조普照(國師)어록』을 보시면 여러분 스스로가 충분히 해답을 내릴 수가 있도록 돼 있습니다. 이번 3일 동안에 시간이 부족하면 여러분들이 그렇게 생각을 하시고 나중에 보셔도 그냥 아실 수가 있습니다.

❀

## 염불은 부처가 부처를 생각하는 것

염불念佛과 참선參禪 문제는 굉장히 중요한 문제입니다. 보통 우리 불교인도 "염불은 하근중생下根衆生, 즉 근기 낮은 사람들이 하고, 참선은 근기가 높은 사람들이 한다." 이렇게 소박하게 생각을 합니다. 그러나 그것은 부처님 말씀이 아닙니다. 부처님 말씀도 아닐뿐더러 정통 조사 말씀도 아닙니다.

왜 그런고 하면 염불은 우리가 본래로 부처인데 그 부처가 부처를 생각한단 말입니다. 내가 참나를 생각하는 것이 염불입니다. 부처 가운데는 끝도 가도 없는 신비神祕 부사의不思議한 생명의 공덕이 거기에 충만해 있는 것입니다. 그런데 우리 중생들이 자기 마음에 들어 있는 무량공덕을 생각하고, 무량공덕의 이름을 외우고 그렇게 하는 그것이 방편方便 공부가 될 수 있습니까?

다만 염불을 "아미타불이나 부처님은 저 밖에 어디 계신다. 극락세계에 부처님이 계신다." 이렇게 할 때는 그것이 방편 염불이 됩니다. 그러나 앞서 우리가 배우지 않았습니까. 참염불 그것은 시심시불是心是佛 시심작불是心作佛이라, 본래 우리가 부처이기 때문에 이 마음으로 부처를 성취하고 이 마음이 바로 부처입니다. 욕심도 부리고 못난 이 마음, 이 마음의 본성품이 바로 부처입니다.

따라서 본래 부처가 부처를 생각하는 그 공부가 어떻게 해서 그것이 방편이라든가 낮은 차원의 공부가 되겠습니까? 사실 어떠한 공부나 주문呪文을 외우거나, 화두를 참구하거나, 염불을 하나, 기도를 모시나, 모두가 다 사실은 부처를 생각하는 것입니다. 부처가 눈에 안 보이니까 이렇게 저렇게 방편을 내세우는 것이지 본래 부처가 없다면 불교가 어디에서 나왔겠습니까?

천지 우주가 바로 하나의 법신 부처님이고 그대로 충만해 있는 생명의 광명입니다. 때문에 염불은 부처를 대상적으로 밖에서 구할 때 이것이 낮은 공부 방식이라고 할 수가 있는 것이지 그렇지 않고서 "내 마음의 본성품이 바로 부처요, 우주의 본래 면목이 바로 부처다." 이렇게 생각하시고 염불을 하실 때에는 사실 가장 가까운 공부입니다.

우리 심리학에서 자기암시自己暗示라는 것은 가사 "내가 나쁜 놈이다. 나는 아무 힘도 없다. 나는 시험만 보면 매번 떨어진다." 이렇게 자기비하를 한다고 생각할 때에는 그 사람은 꼭 떨어지고 맙니다. 내가 별로 아프지도 않은데 의사가 잘못 오진誤診을 해서 "당신은 무슨 병입니다." 그렇게 한둘이 아니라 몇이서 그래 놓으면 정말로 아파 버립니다. 이것이 이른바 자기암시 아닙니까?

우리의 참다운 자기가 누구입니까? 참다운 자기가 부처란 말입니다. 따라서 "나는 본래 부처다. 그러므로 나는 무한공덕을 본래 갖추고 있다." 이렇게 생각하는 것이 가장 위대한 자기암시입니다.

우리가 생각해 봅시다. "부처가 어디 있는가?" 이렇게 생각하는 것과 "내가 바로 부처다." 이렇게 생각하는 것 가운데 무엇이 옳습니까? 석가모니 부처님이나 위대한 도인들이 안 나왔으면 모르거니와 그분들이 다 증명하시고 구구절절이 말씀을 하셨지 않습니까.

달마達磨 스님 그리고 혜가慧可 스님 말씀이나, 육조혜능惠能 대사 말씀이나, 그냥 직설直說로 바로 말씀했단 말입니다. 비었으면 "비었다", 부처면 "부처다" 그리고 『육조단경』에서도 '심즉시불心卽是佛', '시심시불是心是佛', '시심작불是心作佛', 우리의 마음이 바로 부처라는 그런 말씀이 한두 군데가 아닙니다.

매번 달마 스님과 혜가 스님의 일화를 소개해 드렸습니다마는 우리 마음이 어디가 별도로 모양이 있는 것이 아닙니다. 우리 마음이 좋고 궂고 어디 있는 게 아니라 다만 우리가 버릇을 잘못 붙였기 때문에 스스로 괴로워할 뿐입니다. 그런데 그 '마음자리' 그 마음이 바로 부처라고 부처님께서 분명히 말씀하셨으니 그렇게 믿으면 됩니다. 그러나 중생들은 부처가 지금 보입니까? 자기는 못나게 보이고 이상한 사람도 있고 나쁜 사람도 많이 있곤 하니까. "아! 저따위 사람들한테 무슨 부처가 있을 것인가?"

이렇게 생각합니다.

　우리가 자기 아들딸한테나 친구한테나 그 사람을 가장 잘 대접하는 것이 다른 데 있지 않습니다. 그 사람을 본래대로 부처같이 보고 최선을 다해서 기도하는 것입니다. 어느 누구나 그렇게 먼저 부처님같이 봐 놓고서 "다만 인연 따라서 내 아들로 태어났구나. 저 사람도 본래는 부처인데 인연 따라서 잠시간 나쁜 행동을 보일 뿐이구나." 하고 생각해야 합니다.

　부처님의 은혜에는 열 가지가 있습니다. 실은 무량한 은혜가 있지만 그 가운데서 하나가 은승창열은隱勝彰劣恩이라, 부처님의 은혜가 많지만 부처님의 좋은 점은 숨기시고 나쁜 점을 우리한테 보인 은혜입니다. 도둑놈이나 그런 사람들도 본래는 부처인데 부처란 좋은 점을 지금 가리고서 도둑이라는 나쁜 걸로 해서 우리에게 보입니다.

　그래서 아들을 대하나 딸, 남편, 아내, 누구를 대하든지 간에 먼저 "아! 저 분도 본래 부처다." 이렇게 생각해 놓고서 그다음에는 "인연 따라서 이루어지다 보니 아들딸이 되고 남편이 되었구나." 그래야 관계가 바르게 섭니다.

　이것이 이른바 법계연기法界緣起, 또는 여래장연기如來藏緣起입니다. 연기법으로 본다는 말입니다. 연기법이기 때문에 본래 무아無我고, 본래 무아이기 때문에 사실 내 소유도 없는 것입니다. 지금 자기가 큰 빌딩을 가지고 있고 또는 막대한 재벌가가 된다 하더라도 마음만은 탈탈 다 털고 살아야 합니다. 그래야 괴롭지가 않습니다. 최선을 다해서 우리가 기업도 경영하고, 장사도 잘하고, 남한테 베풀기도 하고, 그래야 사회도 풍요롭게 되고 그렇겠지요. 그래서 최선으로 한다 하더라도 본래 이것은 나도 내 것이 아닌데, 내 몸뚱이도 내 것이 아닌데 저따위 것들이 무슨 내 소유일 것인가?

다만 이것은 우주의 모든 존재, 모든 인간들의 공유물인데 내가 지금 관리하고 있다, 그러니까 최선으로 관리해야 내가 인간으로서 내 책임을 다하겠구나, 이렇게 생각하는 것이 우리 불자로서, 기업인으로서 자기 사업에 대해서 가지는 바른 태도입니다.

이렇게 되어야 비로소 우리 인간 세상에 참다운 평화가 옵니다. 그렇지 않고서 연기법으로 보지 못하고서 그냥 세간적인 지혜로 분별시비分別是非로 본다고 생각할 때에는 우리 인류 사회에 갈등과 반목反目, 전쟁과 부패, 여러 가지 비리非理 같은 것이 도저히 끊일 새가 없습니다. 정도의 차이일 뿐인 것이지 그것은 한도 끝도 없습니다.

그래서 그렇게 저는 염불을 강조했습니다. 해서 참선을 하신 과거의 선지식善知識이라든가 부처님께서 하신 말씀들을 인용해 가지고서, 내가 원래 부처인데, 내 이름 내가 부르는데, 사실 나무아미타불이나 관세음보살이나 그런 이름이 바로 내 진짜 이름입니다. 김 아무개, 박 아무개 그것은 금생에 작명가나 부모가 붙인 가짜 이름입니다. 내 진짜 이름은 바로 '부처'입니다. 그렇기에 우리가 아침에 쇳송을 들어 보면 알 수 있듯이 아미타불이 어디 한두 군데 있는 것이 아니라 일십일만 구천오백一十一萬九

千五百 동명동호아미타불同名同號阿彌陀佛이라, 한도 끝도 없이 아미타불뿐이란 말입니다.

이름도 같고 호도 같고, 성자가 본다고 생각할 때에는 두두물물頭頭物物이, 그런 데 가서 '두두물물'이란 말씀이 해당됩니다. 이것이나 저것이나 모두가 다 부처님이고 아미타불이란 말씀입니다. 인생이란 마음 한 생각 돌이키면 참 행복뿐입니다. 그렇게 보면 이 세계가 바로 그대로 극락세계입니다. 다 아미타불인데 극락세계가 안 될 수가 있습니까.

신앙생활이라는 것은 우리를 바꿔 가는 것입니다. 우리 마음도 바뀌고 우리 행동도 바뀌는 것입니다. 1년이나 2년이나 부처님 믿고 변신하지 않으면 믿은 보람이 없지요. 부처님이 되고자해서 부처님이 되어 가는 그런 쪽으로 우리가 조금씩 조금씩 바뀌어져야 합니다. 우리 근기가 약해서 단박에 비약적으로 바뀌어지지는 못한다 하더라도 한 걸음 한 걸음 바뀌어져야 신앙인으로서 보람이 있는 것입니다. 그렇게 되면 자기도 모르는 가운데 자기만 좋은 것이 아니라 천지신명天地神明이 다 지킵니다. 우리는 이러한 천지신명이 지킨다는, 이른바 호법신장護法神將이 지킨다는 것을 꼭 명심하셔야 됩니다.

우리가 불佛·법法·승僧, 삼보만 믿어도 삼십육부 선신三十六部善神들이 우리를 다 지킵니다. 오계五戒만 지켜도 오 오는 이십오라, 이십오 선신二十五善神이 우리를 지킨단 말입니다.

천지 우주라는 것은 우주의 도리, 우주의 법도에 따르기 때문에 신장이나 하늘에 있는 천신天神들이나 모두가 다 우주의 법도를 지키는 것입니다. 그렇기 때문에 우리 인간이 우주의 법도를 따른다고 생각할 때에는 또 그런 신장들이나 천신들이 우리를 가호加護합니다. 그래서 염불과 참선이 본래로 둘이 아니라는 그런 쪽으로 제가 정리를 했습니다. 저만 그런 것이 아니라 과거 위대한 사람들이 다 그러했습니다. 원효元曉 스님, 의상義湘 스님 또는 보조普照 국사, 서산西山 대사, 태고太古 대사 모두가 그리했습니다. 이조 13대 종사의 글을 다 봤습니다만 그분들 글도 역시 다 그렇습니다. 조금도 집착이 없단 말입니다.

참선과 염불이 둘이 아닙니다. 참선할 때도 우리 마음이 진여불성 자리에 입각해 있으면 참선이 되지만 그냥 덮어놓고 "이 뭣고" 한다고 참선이 되는 것이 아닙니다. 원래 화두 나올 때 그 자체가 본래면목 자리를 참구하고자 해서 나온 것이기 때문에 우리가 어떤 화두를 들든지 간에 분명히 본래면목 자리를 놓치지 말아야 하는 것입니다. 그래야 바른 참선이 됩니다.

따라서 우리가 염불도 부처님이 저 밖에 어디 계신다, 이렇게 생각해서는 참선이 못 됩니다. 그러나 내 마음이 바로 부처이고 천지 우주가 그대로 진여불성이다, 이렇게 하면서 염불할 때는 그것이 바로 참선입니다.

기독교의 하나님을 우리가 참구할 때도 하나님을 저 밖에서 생각할 때는 그것은 참선이 못 되겠지요. 그러나 내 마음이 본래 하나님이고 천지 우주는 하나님 기운으로 충만해 있다, 하나님은 무소부재無所不在라 안 계신 데가 없다, 이렇게 생각하고 "오! 주여" 할 때는 그것도 참선입니다.

참선이 꼭 불교에만 있는 것이 아닙니다. 우리가 본래면목을 떠나지 않으면 다 참선입니다. 이렇게 되어야 종교도 비로소 화해가 되고 그렇게 되어야 자기 마음이 넓어지곤 합니다.

본래 우주 구조 자체가 바로 진여불성에서 온 것인데 진여불성을 안 여의고 생각한다고 할 때에는 모두가 술술 풀이가 됩니다. 그리고 끄트머리에 가서는 우리 공부를 북돋울 수 있는 게송偈頌, 즉 말하자면 불교 시詩를 몇 구절 넣어서 마무리를 잡았습니다. 하기 때문에 우리가 이런 것만 생각하시면 사실은 그냥 보기만 하셔도 쭉쭉 같은 도리로 일관되어 있습니다.

오늘 저녁에는 '육즉불六卽佛' 이것 풀이만 하시도록 하십시다. 이것 풀이만 해도 한두 시간은 걸립니다.

❀

## 육즉불六卽佛[10]

이것은 굉장히 중요합니다. 이것이 천태지의天台智顗 선사, 선사의 천태 철학이 불교 철학으로는 제일 높은 철학입니다. 때문에 적어도 불교 학도면 꼭 천태학天台學을 거쳐야 한다는 그런 말씀도 있습니다.

---

10) 육즉불六卽佛: 육즉불에는 ① 리즉불理卽佛 ② 명자즉불名字卽佛 ③ 관행즉불觀行卽佛 ④ 상사즉불相似卽佛 ⑤ 분진즉불分眞卽佛 ⑥ 구경즉불究竟卽佛을 말함.

참선 법문이나, 무슨 법문이나 하나의 체계로 공부할 때는 천태 학문이 필요합니다. 천태 스님의 여러 저서 가운데도『마하지관摩訶止觀』은 어렵기도 하지만 하나의 위대하고도 체계적인 작업입니다. 이것은 지관법에 있는 하나의 법문입니다.

육즉불六卽佛이라, 여섯 단계가 바로 부처란 말씀입니다.

맨 먼저 리즉불理卽佛이라, 원리로 봐서 부처란 말씀입니다. 다음이 명자즉불名字卽佛이라, 다만 이름만 부처입니다. 부처란 이름만 좀 들었지 부처의 옆에는 조금도 가지 못했단 말입니다. 우리가 불교인이라 하더라도 공부를 않고 그냥 지내면 이름만 좀 들었을 뿐이지 조금도 결심도 못하고 부처님께 한 걸음도 못 가 있습니다.

그다음은 관행즉불觀行卽佛이라, 실지로 우리가 닦아서 차근차근 부처가 돼 간단 말입니다. 부처란 생각도 하고 부처의 경계도 관찰하고 염불도 하고 화두도 참구하고 그렇게 공부를 해 나가는 단계입니다. 이것이 이른바 관행즉불입니다. 그러니까 지금 애써 공부하는 사람들은 세 번째 단계인 관행즉불에 해당되는 것이지요.

그리고 공부가 좀 익혀져서 네 번째 가서 상사즉불相似卽佛이라, 거의 닮아 있는 부처란 뜻입니다. 부처가 확실히는 못 되었지만 거의 비슷한 부처입니다. 모든 면에서 신통도 못 하고 하지만 해석하는 데는 조금도 어긋남이 없습니다. 마음이 바뀌지고 또 도리에 대해서 밝아서 말입니다.

그다음에는 분진즉불分眞卽佛이라, 비로소 우리가 닮은 정도에서 용맹정진을 거듭해 가지고서 참말로 진여불성을 증명하는 단계입니다. 진리를 증명했습니다. 증명은 했으나 완벽한 단계는 아직 못 됩니다. 차근차근 진리가 더욱더 익어져서 우리가 습관성習慣性을 녹이고서 불교 말로 보임수행保任修行이라, 그래서 완벽한 부처가 되어 가는 것입니다. 그래 가지고 완전한 부처가 될 때까지 이른바 구경각究竟覺, 조금도 흠축이 없이 번뇌는 다 떨쳐서 자기 성취도 완벽하고, 다른 사람에게 완벽하게 법문도 하고, 제도도 하고, 이런 경지가 이른바 구경각을 성취한 바로 부처란 말입니다.

따라서 우리는 항상 자기 공부를 점검해야 합니다.

### 리즉불理卽佛[11]

맨 처음에 리즉불이라, 본래가 부처이기 때문에 우리가 불교라는 말 한 번 안 들어도 이슬람을 믿든 또는 과학을 하든 상관없이 내내야 부처는 부처란 말입니다. 본래는 다 부처입니다.

그와 같이 이치로 봐서는 누구나 다 부처인 단계입니다. 이것은 불교인이 되고 안 되고 상관이 없습니다. 아무튼 모든 사람이 다 이치로 봐서는 부처입니다. 즉 말하자면 다만 불성만을 갖추고 있을 뿐입니다. 원래 갖추고 있으니까 뱀이나 곤충이나 다 갖추고 있습니다. 그래서 리즉불 단계는 모두가 다 갖추고 있습니다.

---

11) 리즉불理卽佛: 다만 불성佛性을 갖춘 자者─외범外凡.

### 명자즉불名字卽佛[12]

그러나 그다음에 명자즉불이라, 이름이나 문자로 해서 우리가 부처입니다. 이것은 우리 본래면목은 다 부처다, 우주의 모든 존재의 근본 성품은 다 부처다, 우리가 어떻게 해서든 번뇌만 다 녹이면 부처가 된다, 그렇게 이치로만 좀 알고 부처의 이름을 좀 외울 정도입니다. 다만 불성이란 뜻이나 이름을 해석할 정도입니다.

이 리즉불 단계와 명자즉불 단계를 불교 전문 술어로 외범外凡이라, 외래범부라 합니다. 이 외범은 불교의 문중에 온전히 들어온 것이 아닙니다. 다만 이름만 들어서 상식적으로 알 뿐이기 때문에 그것은 외도 범부입니다. 따라서 이름만 듣고 조금도 자기 수행을 안 한 분들은 외도 범부의 부류에 속해 있는 셈입니다.

### 관행즉불觀行卽佛[13]

그다음에 관행즉불이라, 이렇게 되어야 비로소 불교 수행을 한다고 볼 수가 있지요. 이것은 사가행四加行, 가행이란 우리의 노력을 가속화해서 온 힘을 경주해서 공부한다는 말입니다. 이른바 불교 말로 하면 가행정진加行精進입니다.

우리가 겨울철에 공부할 때 즉, 가행정진을 할 때에는 시간을 훨씬 더 많이 할애해서 쉬지 않고 밀어붙입니다.

지금 나한테 있는 내 본품성은 부처다, 부처가 되는 것보다

---

12) 명자즉불名字卽佛: 다만 불성이란 명名을 해解한 자─외범外凡..
13) 관행즉불觀行卽佛: 사가행위四加行位(난煖·정頂·인忍·세제일법世第一法)─내범內凡.

더 위대한 길은 없다, 이렇게 한 번 알고 이해한 다음에는 자기의 온 힘을 경주해서 부처가 되기 위해 노력 정진한단 말입니다. 이것이 이른바 가행위加行位입니다. 이 가행위도 역시 네 가지 차원이 있습니다.

이른바 사선근四善根이라, 우리의 공부함에 따라서 착한 성품은 차근차근 더 깊어집니다. 맨 처음에는 별것도 아니었다가 참선도 많이 하고, 염불도 많이 하고, 불경이나 바이블도 많이 읽고 그러다 보면 차근차근 우리의 품성은 더 고상해집니다.

첫째 단계가 난법煖法, 이것은 따뜻할 난煖 자입니다. 두 번째가 이마 정頂 자, 정법頂法입니다. 다음이 참을 인忍 자, 인법忍法 단계고, 마지막 네 번째가 세제일법世第一法이라, 이 세계에서는 가장 높은 법이란 뜻입니다.

이 네 가지가 즉, 말하자면 우리의 착한 품성입니다. 이것은 미처 성인이 되기 전에 우리 범부 중생들이 닦아 나아갈 때 그 닦아 나아가는 품성의 정도를 말하는 것입니다.

제일 낮은 것이 난법인데, 난법은 우리가 참선도 많이 하고, 염불이나 주문도 많이 외우고 이렇게 하다 보면 자기도 모르는 가운데 몸도 마음도 시원해 온단 말입니다. 여러분들께서는 대체로 그런 경계를 다 느껴 보셨겠지요.

몸도 마음도 시원해서 별로 부담을 느끼지 않는 단계로 불교 전문 술어로 말하면 그때는 경안輕安이라, 몸도 마음도 가뿐하단 말입니다. 그렇게 되어야 이제 난법이라 하는 품성이 비로소 발휘가 되었다고 보는 것입니다.

그런데 사람들이 근래에는 이런 네 가지 법에 대해 별로 말을 잘 안 해요. 원래 불경에 다 있는 것입니다. 앞으로 차근차근 올라가는 법을 알아야 "내가 지금 어디만큼 갔구나." 점검을 할 수 있습니다. "단박에 성불해 버린다." 이렇게 말씀하는 분들이 더러 있으니까 우리가 이런 과정을 무시해 버립니다.

'난법' 이것은 우리가 바로 믿어 가지고서 우리 몸도 마음도 가뿐할 정도로 어떠한 고행도 충분히 할 수 있구나 하는 그런 용맹심도 나고 이렇게 되어야 난법이 나한테 발득發得이 되었다 할 수 있습니다. 불교 전문 술어로 발득이라는 말을 씁니다. 이미 내 업장이 녹아져서 선정의 맑은 지혜가 얻어졌단 말입니다.

이런 단계에서도 오히려 공부를 놓치지 않고 더욱더 가행정진하면 정법이라, 그때는 맑아진 기운이 더욱더 맑아 옵니다. 온 전신이 마치 전기에 감전된 것처럼 찌르르할 정도로 아주 개운합니다. 그러면 자기 몸에 대해서 아무 무게도 느끼지 않습니다. 이 정도 되면 불식不食이라 해서 안 먹어도 되는 경지입니다.

이렇게 자기 품성이 더 고상하게 되어 가다가 인법忍法이라, 인법에 가서는 그런 맑은 기운이 후퇴를 않습니다. 정법에서는 그렁저렁 살아 버리면 쑥 내려간단 말입니다. 내려가 후퇴하지만 한 번 그런 맑은 기운을 오랫동안 경험하고 지속적으로 우리 몸에 딱 배어 버리면 후퇴를 않습니다. 그것이 참을 인忍 자 인법입니다.

이 단계에서도 공부를 그만둬 버리면 항시 그 자리에서 제자리걸음밖에 안 되겠지요. 그러나 용맹정진이라, 더욱더 애써 공부를 하고 마음을 애써 닦으며, 장사를 한다거나 다른 사업을 하거나 집에서 밥을 먹거나 항시 부처님한테 우리 마음을 가 있게 한단 말입니다. 이렇게 한다고 생각할 때는 자기도 모르는 가운데 공부가 한 차원 올라가서 그때는 세제일법世第一法입니다. 도인이 미처 못 된 단계에서는 이것이 제일 높은 단계입니다.

세제일법이 되면 이때는 부처님의 광명光明을 봅니다. 부처님은 바로 우주에 충만해 있는 생명의 자비 광명입니다. 빛입니다. 불성광명은 눈부신 태양 광선과 같은 그런 빛이 아니라 청정광명清淨光明입니다. 생명의 빛, 진리의 빛입니다.

요한복음 14장에도 광명이란 말씀이 있습니다. "나는 빛이요, 나는 길이요, 나는 생명이다." 기독교 복음서의 이 '나'라는 것은 우리 불교적인 의미로 볼 때는 '참나', 참다운 '나'라는 뜻입니다. '참나'는 광명이고 진리고 그야말로 하나의 순수 생명입니다.

성인聖人들의 진리 말씀이 이렇게 똑같은 걸로 이루어진다고 생각할 때 굉장히 크게 환희심을 주고 희망을 갖게 합니다. 지금 '내 문중', '네 문중' 하고 싸우는 사람도 있습니다만 될수록 각 종교 간의 문호를 타파해야 됩니다.

진리만 가지고서 진리만을 말해야지요. 하나님도 바로 진리고 부처님도 바로 진리입니다. 부처님, 하나님은 바로 우주에 충만해 있는 생명이요, 빛입니다. 그렇기 때문에 우리가 부처님을 생각하면 자기도 모르는 가운데서 자기 얼굴도 밝아 온단 말입니다.

우리 불자님들 깊이 생각하십시오. 우리가 그러한 부처님을 생각하고, 우리 마음이 정화되면 자기도 모르는 가운데 자기 몸 전체가 광명으로 차근차근 비쳐 옵니다. 자기도 모르는 가운데 자기 몸에 부처님의 광명이 가까이 온다고 생각할 때는 다른 나쁜 것이 침범을 못 하는 것입니다. 그렇기 때문에 천지신명이 지킨다는 것입니다.

이렇게 공부가 되어서 우리 마음에서 자기도 모르는 가운데 환한 빛을 보는 것입니다. 실제로 눈을 감아도 그 환한 빛은 보이는 것입니다.

이런 단계가 되면 그때는 세제일법이라, 도인은 미처 못 되었지만 이 인간 세상에서는 가장 높은 지위 즉, 말하자면 성자聖者가 못 되었어도 현자賢者, 현인賢人입니다. 이런 자리에서는 나쁜 짓을 하려고 해도 못 하는 것입니다. 벌써 정화가 되었단 말입니다. 환골탈태換骨奪胎가 되어 가는 것이고 자기 생리生理가 바뀌지는 것입니다. 그러나 저마다 그냥 쉽게 바뀌질 수는 없습니다. 그러나 우리는 이런 한계를 아서서 앞서 말씀드린 바와 같이 열심히 공부해서 난법상에서 자기 몸도 마음도 시원스럽고 조금도 부담이 없는 그런 것을 느끼셔야 됩니다.

그렇게 되면 잔병은 떨어지고 맙니다. 우리가 좌선할 때 다리가 아파서 거북한 것도 역시 이 난법상이 이루어질 때쯤 사르르 풀려 오는 것입니다. 참 묘한 것입니다. 부처님의 가르침이나 예수님 가르침이나 다 신비에 차 있습니다. 이는 우리 중생의 분별시비나 중생의 생각을 초월해 있는 것입니다.

이렇게 시원해 오다가 정법상에서는 더욱더 맑아 옵니다. 더욱더 맑아 와서 어렴풋이 빛이 비춰 옵니다. 그다음 인법상이 되면 빛이 더욱더 밝게 비춰 오고 그러다 세제일법이 되면 그야말로 훤한 빛이 비춰 옵니다. 그렇게 되면 별로 후퇴가 없습니다.

따라서 이 관행즉불, 우리가 부처님을 생각하고 화두를 참구하고, 실제로 기도를 모시고, 기도나 참선이나 다 똑같습니다. 부처님만 떠나지 않으면 다 하나입니다. 참선인 동시에 염불이고 다 같은 것입니다.

지금은 우리가 이것저것 구분해서 피차 그런 것 때문에 서로 의義가 상하고 불화스럽게 될 아무런 이유도 없습니다. 본래 근본 자리에 우리가 마음만 두고 산다고 생각할 때는 가장 위대한 공부가 됩니다.

따라서 그렇게 해서 사선근, 난법이라, 우리 마음과 몸이 정화되어서, 마음과 몸이 둘이 아니기 때문에 마음이 맑아지면 몸도 정화가 됩니다. 더 맑아지면 그야말로 시원하고 맑은 기운과 가벼운 기운이 느껴지고, 그때는 정법이라, 삼계三界로 말하면 욕계欲界의 끄트머리입니다. 욕계 정천입니다.

우리 보통 사람들은 그냥 욕계 내에서 첨벙거리고 지냅니다. 욕심의 바다 가운데 빠져서 헤어나지 못하고 고생만 받습니다. 그러나 그런 것을 다 꿈같이 생각하고 욕심을 내서는 안 됩니다. 그렇다고 해서 아무 일도 하지 않아야 한다는 것이 아니라 최선을 다해서 각자 책임은 다해야 하겠지요. 가사 우리가 음식점을 하면서 남한테 밥을 판다 하더라도 "모든 사람들이 내가 파는 음식을 먹고 마음이 정화되고 건강하게 되어서 빨리 부처가 되소서! 빨리 천국에 가소서!"이렇게 한다고 생각할 때에는 그것이 큰 공덕이 됩니다. 그러나 꼭 내가 돈 벌어서…, 저 사람들 맛있게 먹든 말든…, 그러면 결국 죄만 짓지요. 어떤 분야나 어느 직업이나 마찬가지입니다. 장사를 하든지 무엇을 하든지 간에 나와 남이 더불어서 똑같이 빨리 부처가 되고자 하는 간절한 소원이 담겨 있으면 다 옳은 것입니다.

### 상사즉불相似卽佛[14)

그다음은 상사즉불相似卽佛이라, 부처와 꼭 닮아 있단 말입니다. 우리가 금생에 태어나서 비록 성불까지는 미처 못 간다 하더라도 적어도 부처님의 가르침, 빤히 길이 다 나 있는 것을 알 수는 있습니다. 우리가 성불의 길을 새로 개척하는 것이 아니지 않습니까. 그 무수한 도인들이 난행고행難行苦行 해 가며 못 먹고, 못 입고, 못 자고 이렇게 해서 훤히 길을 내 놨습니다. 우리는 지금 그 길도 못 따라간다고 생각할 때에는 참 억울한 일입니다. 그 길을 따라가는 게 그렇게 어려운 게 아닙니다. 사실은 제일 쉬운 길입니다.

우리 모두가 꼭 승려가 될 필요는 없습니다. 아내가 되든, 남편이 되든, 자기의 위치는 어디가 되든 상관이 없습니다. 다만 내 생명의 근본 자리가 바로 부처님이고 하나님이다, 그것은 석가나 예수나 나나 똑같습니다. 그렇기 때문에 어떻게 계발할 것인가? 본래로 나나 누구한테나 무한한 공덕이 갖춰져 있습니다.

---

14) 상사즉불相似卽佛: 육근청정위六根淸淨位·무간정위無間定位—내범內凡.

대천재인 예수나 석가나 그런 분들도 나하고 본래로 역량이 똑같다, 이렇게 분명히 믿는 그것이 자기암시가 되어서 우리 업장이 녹아지고 우리를 차근차근 부처의 길로, 영생해탈의 길로 인도를 하는 것입니다.

그래서 적어도 여기까지, 구경각까지는 못 간다 하더라도 거의 닮은 정도는 되어야 사람 몸 받은 가치가 있지 않겠습니까? 부지런히 공부하시기 바랍니다.

우리는 이 사바세계에 나와서 개나 소나 돼지로 안 태어나고서 또 지옥으로 안 떨어지고 사람으로 태어났습니다. 그리고 다행히도 한국에 태어났고 부처님을 믿게 되었습니다. 한국 불교가 세계 불교 가운데서 제일 빛납니다. 이건 틀림없다고 저는 생각합니다. 하나의 인간으로 해서 정말로 불교 말로 백천만겁난조우百千萬劫難遭遇입니다. 우리가 백만 생 동안 헤매다 다행히도 어쩌다 하필이면 한국에 태어나고 부처님 믿게 되었단 말입니다. 사업이 잘 안 되고, 무엇을 하다 실패하고, 자기 마음대로 안 되어도 우리가 한국인으로서 한국의 참불교를 믿는 그것만 가지고도 이미 행복을 가지고 있습니다.

따라서 이 관행즉불, 정작으로 우리가 닦아 나아가는 그것과, 닦아서 거의 부처와 닮아 있는 그런 지위, 이때는 육근청정이라, 우리의 눈이나 귀나 코나 입이나 몸이나 머리 모두가 청정한 기운이 돈단 말입니다. 청정기풍淸淨氣風입니다.

아직 부처가 못 돼 놔서 완전한 청정은 못 되었겠지요. 그러나 오염은 받지 않습니다. 이런 정도가 되면 독을 먹여도 독살을 시킬 수가 없는 것입니다. 약간 무얼 함부로 먹여도 뱃병도 안 납니다.

육근청정六根淸淨이라, 우리의 안이비설신의眼耳鼻舌身意, 우리 눈이 밝아지고, 귀도 밝아지고, 후각도 밝아지고, 촉각도 맑고 이와 같이 육근청정이 됩니다.

아직 온전한 것은 아니어도, 부처님 공부라는 것은 내 몸도 좋고 다 좋은 것입니다. 이렇게 공부한다고 생각할 때에는 자기 집안에서도 아들이나 딸이나 남편이나 다 자기를 숭배한단 말입니다. 침범할 수가 없는 것입니다. 자기 아내나 남편도 되지만 공부해서 부처를 닮아 갈수록 누가 침범을 못 하는 것입니다.

저절로 산신山神도 숭배하고, 어느 산에 척 들어앉으면 그야말로 산신도 굽어보고서 지켜 줍니다. 사람 정기精氣가 우리 마음 아닙니까. 산 정기는 산신입니다. 집 정기가 택신宅神이고 물 정기가 용왕입니다. 모두가 다 본래로 부처입니다. 부처가 별한테가 있으면 치성광여래熾盛光如來입니다. 부처가 태양에 있으면, 불성 기운이 태양에 있으면 관세음보살입니다. 불성 기운이 달에 있으면 대세지보살大勢至菩薩입니다. 그러는 것입니다.

천지 우주는 모두가 부처님 기운이 여기가 있고, 저기가 있고 그래 가지고서 이래저래 현상적인 것으로 나타납니다. 그러나 근본은 다 똑같단 말입니다.

그래서 이 '관행즉불' 정작으로 닦아 나가는 우리 수행 과정, 이렇게 해서 난법상, 우리 마음이나 몸도 개운하고, 더 개운해서 정법상, 빛이 어렴풋이 빛나고, 또 후퇴가 없을 정도로 더욱

더 맑고 개운하고(忍法相), 그러다가 더 나아가서는 훤한 빛이 나온단 말입니다.(世第一法) 그때는 눈이 흐릿한 사람도 눈이 밝아지고 그러는 것입니다.

이렇게 되면은 육근청정이라, 우리 눈이나 귀나 코나 입이나 몸이나 정신 모두가 청정하게 되어서 그때는 무간정無間定입니다. 무간정은 무엇인고 하면 없을 무無 자, 사이 간間 자, 참선이라는 정定 자, 나쁜 생각이 우리한테 낄 수가 없습니다. 사이에 낄 수가 없습니다. 자나 깨나 앉으나 서나 항시 좋은 생각만 이어 간단 말입니다. 도인들이 나쁜 짓을 하려야 그때는 할 수가 없는 것입니다.

상사즉불相似即佛, 이 자리는 아직은 미처 도인이 못 되었다 하더라도 나쁜 생각이 낄 수 없습니다. 그러나 아직은 진여불성을 훤히 볼 정도는 못 됩니다.

나쁜 생각은 낄 수 없으니까 무간정이라, 조금도 나쁜 생각이 들어가지 않는 하나의 그야말로 참삼매에 들어가 있습니다. 그러나 관행즉불과 상사즉불의 단계는 내범內凡으로 아직은 범부입니다. 성자가 아닙니다.

성자란 것은 범부를 초월해서 분명히 우주의 진여불성 자리를 체험해야 성자입니다. "인간이 태어난 보람은 성자가 되는 것이 가장 최고의 가치입니다." 금생에 못 되면 그냥 마는 것이 아니라 본래가 부처이기 때문에 몇만 생이 걸리더라도 꼭 성자가 되어야 하는 것입니다. 학식도 부족한 나 같은 사람이 무슨 성자가 될 것인가? 이렇게 우리가 자기 비하를 할 필요가 조금도 없습니다. 이것은 지식이 많고 적고 상관이 없습니다. 자기 마음이 얼마만큼 선량한가 그것에 달린 것입니다. 우리가 성자가 안 되고 배길 수가 있는 것이 아닙니다. 본래 꼭 성자가 되어야 하기 때문에 금생에 게으름 부리면 내생에 가서 더욱더 부지런히 해야 되는 것이고, 금생에 욕심부리고 죄 많이 지으면 내생에 가서 오욕을 다 떼 내야 하고 그만큼 고통을 받는 것입니다. 몇만 생을 두고라도 필연적으로 성자가 되는 것입니다.

### 분진즉불分眞即佛[15]

다섯 번째 가서 분진즉불이라, 진리를 증명한다 했는데 여기서도 차근차근 올라갑니다.

보살 십지로 말하자면 보살 초지初地에서 이지二地, 삼, 사, 오, 육, 칠, 팔, 구, 십지十地까지 성인지聖人地까지 올라갑니다. 같은 성인도 그 습관성을 온전히 녹인 분인가? 좀 많이 녹인 분인가? 그 습관성을 녹인 정도에 따라서 일지, 이지…, 그와 같이 구분을 하는 것입니다. 그러다가 십지에서는 온전히 녹여서 그때는 그야말로 참불지佛地로 구경각究竟覺을 우리가 성취합니다.

우리가 여기에 도달하는 것이 물론 어렵겠지요. 어려우나 본래가 부처이기 때문에 우리한테는 벌써 이 자리가 갖춰져 있습니다. 갖춰져 있다고 분명히 믿고서 염불도 하고 화두도 하고 그래야 공부가 빠른 것입니다. "나는 아직 멀었다." 이렇게 공부해서는 자기암시가 되지 못하고 그렇기 때문에 부정적인 생각 때

---

15) 분진즉불分眞即佛: 보살 초지初地에서 십지十地까지―성위聖位.

문에 공부가 더딘 것입니다. 따라서 "본래 내가 부처다." 하는 그 생각이 굉장히 중요합니다.

이렇게 도인들이 위차位次를 말씀해 놓은 것은 이런 자리를 우리가 빨리 알아 가지고서 이 자리가 바로 자기 본래면목이니까 이 자리에다 마음을 두고서 공부를 하라는 그런 의미가 다 포함된 것입니다. 우리는 어느 순간도 스스로 자기 비하라든가 포기할 필요가 없습니다. 우리가 거지가 된다 하더라도, 아파서 금방 죽는다 하더라도 우리는 역시 본래가 부처이기 때문에 성불할 가능성이 있습니다.

그리스 신화의 영웅 프로메테우스가 제우스신을 속인 죄로 꽁꽁 묶여 코카서스 큰바위 위에 놓입니다. 사나운 독수리들이 날아와서 프로메테우스의 눈과 간장을 쪼아 먹습니다. 그러나 때마침 헤라클레스의 구원을 받게 됩니다.

하나님을 진정으로 믿는다고 생각할 때에는 그런 사람도 구제를 받습니다. 몸뚱이는 허깨비인 것입니다. 어느 순간도 우리가 부처님을 믿고 영생불멸하는 생명 자체를 믿는다고 생각할 때는 구제를 받습니다.

지금 한국에서 돈오돈수頓悟頓修만을 주장하는 분들은 이와 같이 보살 초지에서 이지, 삼지…, 이렇게 올라가는 것을 부정을 합니다. "돈오頓悟라는 것은 성불成佛만이 돈오인 것이지, 다른 것은 아직 견성見性도 못 된다." 이렇게 그분들이 말씀합니다만 사실은 부처님 경전을 뚜렷이 보고 조사어록을 착실하게 본다고 생각할 때는 이것은 다 한계가 있습니다. 같은 성인도 똑같은 정도가 되는 것이 아니라, 성인도 근본 번뇌는 다 없애 버려서 성인이 되겠지만 습관성은 미처 못 여의어 있단 말입니다.

가사 사과의 예를 들어 본다고 할 때 사과가 비배肥培 관리를 잘해서 꽃이 피고 열매를 맺었지만 아직 갓 설은 사과는 먹을 수가 없지 않습니까. 그것은 상당히 오랫동안 시일이 지나고 익어야 비로소 사과 구실을 합니다.

그와 똑같이 우리가 근본 번뇌를 떼어 버리고서 성자가 되었다 하더라도 아직은 습관성이 남아 있습니다. 금생의 습관성은 빨리 끊어 버릴 수 있다 하더라도 과거 전생의 습관성, 우리 인간은 어느 누구나 과거 전생에 지옥으로, 아귀로, 또는 축생으로 다 거쳐 왔단 말입니다. 하기 때문에 과거 무수한 생 동안에 지어 내려온 습관이 잠재의식 속에 꽉 차 있습니다. 즉 과거로부터 묻어 나온 그런 번뇌는 우리가 쉽게 뗄 수가 없습니다.

그렇기 때문에 우리가 진여불성은 증명했다 하더라도 상당히 오랫동안 두고두고 이른바 보임수행保任修行이라, 여기서 비로소 보임수행이란 말이 나오는 것입니다. 보임수행은 견성見性이나 견도見道한 뒤에, 차근차근 이지로 삼지로 올라간다는 말입니다.

육조단경의 맨 마지막 부촉품付囑品에 "그대들이 만약 부처의 일체종지一切種智라, 부처의 조금도 흠축 없는 지혜를 알려고 생각할 때는 마땅히 일상삼매一相三昧와 일행삼매一行三昧를 닦을지니라." 이런 말씀이 있습니다.

육조단경 그러면 참선법으로 해서는 보배 같은 경經 아닙니까. 그리고 같은 경에서도 부촉품은 결론적인 것입니다. 돈황본

敦煌本에는 없고, 덕이본이나 다른 본에서는 다 있습니다만 부촉품에 가서 어떤 말씀이 있는고 하면은 앞서 말씀드린 바와 같이 육조 스님께서 우리 중생한테 말씀하시기를 "그대들이 만약 부처의 무량지혜無量智慧를 얻으려고 한다면 마땅히 일상삼매와 일행삼매를 닦을지니라." 하셨습니다.

일상삼매一相三昧는 무엇인고 하면은 천지 우주가 오직 다 부처뿐이라는 그러한 의미가 일상삼매입니다. 천지 우주가 다른 것이 없이 하나의 부처뿐입니다. 우리 중생은 그렇게 안 보이지요. 그러나 성자가 본다고 생각할 때에는 조금도 구분 없이 우주를 하나의 도리로 봅니다. 우주를 하나의 도리로 보는 이것이 일상삼매입니다.

우리가 본래는 그와 같이 부처이기 때문에 다 갖추고 있는 것인데, 금생에도 우리가 잘못 배우고, 잘못 생각하고, 잘못 듣고, 잘못 버릇 붙이고, 이것 때문에 그렇게 안 보인단 말입니다. 또는 과거 전생의 나쁜 버릇 때문에 본능적으로 그와 같이 보이지 않는 것입니다.

우리가 과거 전생의 업장이 없다고 생각할 때는 극락세계에 벌써 다 가 버렸겠지요. 업장이 가벼우면 천상에도 가 버리고, 사람 정도밖에 업장이 안 되기 때문에 사람으로 태어났습니다.

그래서 우리가 인간 차원에서 업장을 녹여야 합니다. 우리 죄를 없애야 합니다. 그렇게 하기 위해서는 본래가 하나이기 때문에 "천지 우주는 오직 하나의 부처뿐이다." 이렇게 생각하는 이것이 일상삼매입니다.

그러면 일행삼매—行三昧는 무엇인가? 우리가 "모두가 오직 하나의 부처뿐이다." 이렇게 일상삼매를 한다 하더라도 금방금방 또 우리 마음에 변화가 일어납니다. 우리가 다 경험하지 않았습니까. 이것저것 생각하고 순식간에 생각이 다른 데로 달아나고 만단 말입니다. 이런 데서 불교 말로 "우리 범부는 모도범부毛道凡夫라", 마치 터럭이 바람이 없이도 항시 움직이고 있는 것과 같단 말입니다. 그와 똑같이 우리 중생 마음은 항시 움직이고 있습니다.

그래서 부처님의 그 소중한 법문, "모두가 다 오직 부처뿐이다." 이렇게 생각한다 하더라도 그 생각이 지속이 잘 안 됩니다. 지속이 안 되면 우리 버릇은 녹일 수가 없습니다. 우리가 염주를 헤아리고, 철야정진도 하고, 정근精勤도 하고, 참선도 하고, 그러는 것은 다 지속을 시키기 위해서 그런단 말입니다. 백일 동안 기도하는 것도 모두가 다 지속을 시키기 위해서 합니다. 우리 참선하는 스님들이 앉아서 90일 동안 결제結制하는 것도 모두가 다 바른 생각을 지속시키기 위해서 하는 것입니다.

그래서 "천지 우주가 오직 부처뿐이다." 이 생각을 빈틈없이 지속시키는 것이 일행삼매입니다. 한 일— 자, 행할 행行 자, 일행삼매—行三昧란 말입니다.

부처님 법문은 통틀어서 대의가 무엇인가? 그렇게 말하면 일상삼매와 일행삼매입니다. 이것이 생소하므로 여러분들이 기억하시기가 곤란스럽겠지요.

다시 바꿔서 말씀드리면 "모든 것이 오직 하나의 생명이다.",

"오직 하나의 부처뿐이다." 이것이 일상삼매입니다. "천지 우주는 부처 아님이 없다." 이렇게 생각하는 것이 일상삼매인 것이고, 그리고 그런 생각을 지속시키는 것이 일행삼매입니다. 염주를 헤아리고 그런 것도 모두가 부처라는 생각을 지속시키기 위해서 그러는 것입니다. 그냥 덮어놓고 이름만 부르는 게 아닙니다.

그럼 부처님은 무엇인가? 부처님은 아까도 말씀드린 바와 같이 바로 우주에 충만해 있는 생명의 광명입니다. 생명의 빛입니다. 내 몸에도 충만해 있고, 이 공간 속 어디에도 충만해 있습니다. 다만 우리 중생은 어리석어서 그 빛이 안 보입니다. 공부가 되면 된 만큼 우리는 그 빛과 가까워집니다. 그러다가 우리 업장이 녹아지면, 우리 마음이 정화가 되면 정말로 그 빛이 정작 보인단 말입니다.

### 구경즉불究竟卽佛[16]

그러다가 묘각妙覺이라, 다 성취해 버리면 그때는 우리가 이젠 자기 스스로 빛이 되어 버린단 말입니다.

아미타불이란 바로 무량광불無量光佛입니다. 끝도 가도 없는 생명의 광명입니다. 아미타불이라는 것은 우주에 충만해 있는 생명의 광명이란 뜻입니다. 하나님도 마찬가지입니다.

앞서도 말씀드렸습니다만 요한복음서나 마태복음서의 중요한 대목에서도 다 그렇게 나와 있습니다. "나는 빛이요, 나는 진

---

16) 구경즉불究竟卽佛: 묘각妙覺 또는 대각大覺─성위聖位.

리요, 나는 생명이다." 예수님이 말씀하신 '나'라는 것은 '참나'를 의미합니다. 부처님인 나, 하나님인 나, 이것이 참나란 말입니다. 기독교인들도 예수하고 우리 중생하고 같다고 생각해야 됩니다. 그래야 예수님의 뜻에 따르는 것입니다. 그래서 우리가 "나무아미타불"을 외우나 "관세음보살"을 외우나 우주에 충만해 있는 부처님의 광명을 상상하셔야 됩니다. 그러면 빨리 광명을 보게 됩니다. 본래가 광명이기 때문입니다.

우리 인간이란 것은 어둠과 광명의 싸움입니다. 남 미워하는 것은 어두운 마음입니다. 욕심내는 마음도 벌써 어두운 마음입니다. 남을 사랑하고 베풀고 자비심을 내면 이것은 벌써 밝은 마음입니다. 한평생 동안 광명과 어둠과의 싸움입니다. 그 광명으로 가는 길을 보다 촉진시킨단 말입니다. 보다 더 가속화시킵니다. 이렇게 하기 위해서 우리가 염불을 하고 주문을 외우고 하는 것입니다.

팔만장경八萬藏經을 다 더듬어 봐도 모두가 이 두 뜻으로 귀일歸一이 됩니다. 아까 말씀드린 바와 같이 일상삼매와 일행삼매란 두 뜻으로 귀일이 됩니다. 모두가 부처 아님이 없다는 생각, 그와 동시에 그 생각을 밥을 먹으나, 길을 가나, 운전대를 잡으나 항시 그 생각을 놓치지 않는다는 말입니다. 그렇게 하면은 본래가 부처인지라 걸음걸음 부처가 되어 갑니다.

육조단경의 마지막 대문에 있습니다. "그대들이 만약 부처의 무량공덕無量功德을 성취하려고 생각할 때에는 마땅히 일상삼매一相三昧와 일행삼매一行三昧를 닦을지니라." 마치 땅에다가 종자를 뿌려서 오랫동안 잘 가꾸고 있으면 저절로 열매 맺어 가듯이 우리가 본래 부처이므로 그와 같이 일상삼매와 일행삼매를 오랫동안 닦고 있으면 저절로 부처가 되어 간단 말입니다. 끝내는 열매를 맺어 성불하는 것입니다.

우리 몸뚱이 금생에 하직하고 가는 마당에도 가장 큰 자산은 물론이고 아무것도 못 가지고 갑니다. 자기 몸뚱이도 가지고 못 가는데 다른 무엇을 가지고 가겠습니까. 자기 남편하고 같이 가겠습니까? 누구와 같이 가겠습니까? 다만 우리가 공부한 것, 그 부처님 공부만 가지고 갑니다. 업業을 지어 놓으면 그 업을 가지고 갑니다.

※

## 게송偈頌

그냥 보셔도 아시겠습니다만 제가 설명을 좀 드리겠습니다.

유심정토 유심현唯心淨土唯心現
자성불타 자성개自性佛陀自性開
억모자종 봉자재憶母子終逢自在
염향인자 대향래染香人自帶香來
— 영명연수 선사永明延壽 禪師

'유심정토 유심현'이라, 정토淨土란 것은 극락세계를 말합니다. 극락세계가 어디에 있는고 하면 천지 우주가 다 진여불성으로 되어 있기 때문에 우리 마음이 오직 극락세계란 말입니다. 이 마음이 어두워지면 지옥이 되고, 이 마음이 맑아지면 극락입니다. 우리 마음으로 극락을 만듭니다. 오직 우리 마음의 그러한 순수한 상태, 이것이 정토이기 때문에 유심현이라, 우리 마음으로 정토를 창조한다는 말입니다.

본래는 다 정토인데, 우리 마음이 어두워서 잘못 보다가 마음이 정화되면 스스로 마음으로 정토를 이룩한다는 것입니다.

'자성불타 자성개'라, 부처가 어디 있는가 하면 내 자성, 내 본래면목이 바로 부처입니다. 때문에 다른 걸로 부처가 못 되고서 내 스스로 부처가 될 수밖에 없는 것입니다. 누가 우리를 부처가 되게 해 줄 수는 없습니다.

내 본래면목, 나한테 원래 부처가 갖추어져 있는 것이기 때문에 내 스스로 닦을 수밖에는 없는 것입니다.

'억모자종 봉자재'라, 이 세상에서 가장 순수하고 가장 깊은 사랑은 역시 어머니와 자식입니다. 어느 사랑 어떤 사랑 하지만 어머니와 자식같이 순수한 사랑은 없지 않습니까. 어머니가 자식을 생각하고 자식이 어머니를 생각하듯이, 우리의 참다운 근본은 부처님 아닙니까. 우리 중생들이 부처님 생각하는 것이 마치 어머님이 자식을 생각하고 자식이 어머님 생각하듯이 그렇게 한다고 할 때는 자비롭게 언제나 같이 만난단 말입니다. 내가 본래 부처거니 부처를 생각하면 부처가 안 되겠습니까? 부모님과 자식 간은 10겁이라, 열 겁이란 것은 무량 세월입니다. 무량 겁 동안 서로 자식이 되고 부모 되고 해서 만나는 것입니다. 부부간도 그렇고 말입니다. 따라서 우리가 이와 같이 어머니가 자식을 생각하고 자식이 어머니 생각하듯이 부처님을 생각한다고 할 때는 자재롭게 언젠가, 설사 금생에 못 되면 내생에 가서 꼭 부처가 됩니다.

'염향인자 대향래'라, 마치 우리가 향을 지니고 있으면 스스로 향기가 풍기듯이, 우리가 부처님 이름을 외우고 부처님 생각하고 있으면 자기도 모르는 가운데 우리한테서는 부처님 냄새가 풍깁니다. 우리가 부처가 되어 갑니다.

이것은 영명연수永明延壽 선사, 이분은 참선 법안종法眼宗의 제3대 조사입니다. 이분은 그야말로 부처 같은 분입니다. 자기 평생 청정하니 맑게 사신 분입니다.

'유심정토 유심현' 하니, 오직 마음이 본래 정토거니 우리 마음을 닦음으로 해서 비로소 스스로 정토를 이룩하고, '자성불타 자성개'로다, 우리 자성이, 우리 본래면목이 본래 부처거니 우리 스스로 부처를 성취할 수밖에 없습니다.

'억모자종 봉자재'라, 어머니와 자식이 서로 사랑하고 서로 그리워하듯이 우리가 부처님을 흠모하고 동경한다고 생각할 때 우리가 언제 어느 곳에서나 자유자재로 부처님을 만날 수밖에 없습니다.

'염향인자 대향래'라, 그것이 마치 우리가 향을 지니고 있으면 향내가 스스로 풍기듯이 우리가 부처님을 생각하면 그만큼 부처님 기운이 빛나 온다는 것입니다.

　게송은 불교의 시詩인데 다음은 장경혜릉長慶慧稜 선사께서 깨닫고 읊은 시입니다. 장경혜릉 선사 이분도 중국 당나라 때의 위대한 선사입니다. 설봉 스님의 법제자인데 굉장히 공부를 열심히 하신 분입니다. 이분은 12년 동안이나 자기 스승도 방문하고 또 제방도 방문하면서 어떻게 열심히 공부를 했던지 좌복을 12개나 떨어지게 했습니다.

　하루 종일 앉아 있으니까 좌복이 빨리 떨어질 수밖에 없었겠지요. 좌복이 그와 같이 많이 떨어질 정도로 열심히 공부를 많이 했습니다. 그러나 공부가 안 통한단 말입니다.

　본래가 부처라 하더라도 부처가 되는 것이 쉬운 길은 아닙니다. 저 같은 사람도 지금 천리만리입니다. 이분도 위대한 선사이지만 그렇게 12년 동안이나 자기 스승한테나 제방에 다니면서 그냥 좌복이 12개나 떨어질 정도로 공부를 많이 했습니다. 하나 말이 안 통한단 말입니다. 이른바 확철대오를 못 했다는 것입니다.

　그런데 어느 날 문에 친 발을 걷는 순간, 발을 걷고서 풍광을 보는 순간 마음이 확 트였습니다. 우리가 깨닫는 순간은 찰나인 것입니다. 자기가 깨닫는 순간까지 어려운 것이지 깨닫는 순간은 찰나입니다. 그렇게 깨닫고 읊은 게송입니다.

　야대차의 야대차의也大差矣也大差矣

　권기염래 견천하捲起簾來見天下

유인문아 해하종有人問我解何宗
염기불자 벽구타拈起拂子劈口打
— 장경혜릉 선사長慶慧稜 禪師


'야대차의 야대차의', "큰 차이로다. 큰 차이로다!" 깨닫기 전의 자기와는 큰 차이가 있습니다. 우리가 생각할 때는 견성오도見性悟道한 사람이나 범부나 비슷하지 않은가? 모양이나 얼굴이나 별 차이가 없지 않은가? 그러나 정신적인 의미에서는 굉장히 큰 차이가 있습니다.

'권기염래 견천하' 하니, 발(無明)을 걷으니 온 천하가 다 보인단 말입니다. 온 천하가 막힘이 없단 말입니다. 발을 걷는 순간에 깨달아 버리니까 이제 막힘이 없다는 것입니다.

'유인문아 해하종'을, 어떤 사람이 나한테 당신의 깨달음은 어떠한 것인가? 당신의 종지는 무엇인가? 이렇게 물어 오면 '염기불자 벽구타'라, 불자는 총채로, 이것은 먼지떨이도 되고, 또 큰스님들이 위의를 풍기기 위해서 들기도 합니다. 총채로 그 사람의 입아가리를 냅다 짜개 버린단 말입니다. 당신의 깨달음이 어떠한 것인가? 당신의 종지가 어떠한 것인가? 이렇게 누가 나한테 물어 온다면 총채로 그 사람의 입아가리를 때려서 날려 버린다는 말입니다.

이 말은 깨달음이 쉽게 그냥 말로 해서 얻을 수 있는 것이 아니란 말입니다. 그 생명을 걸고서 죽을 등 살 등 모르고 공부해서 그렇게 된 것인데 그냥 분별시비로써 알아 버리려고 합니다.

도인들이 무슨 말을 하려고 하면 그 '방'을 하고 내리치고 하는 것도 다 그것입니다.

깨달음이라는 것은 고생고생해 가며 오랜 세월 동안에 그렇게 얻어서 그와 같이 본래면목을 통한 것인데 그냥 말 몇 마디로 알아 버리려고 합니다. 따라서 똑같이 참구자득參究自得이라, 어느 누구나 다 똑같이 참구해서 혜릉慧稜 스님 모양으로 좌복을 몇 십 개나 떨어뜨리고, 신명身命을 걸어야 비로소 얻을 수 있는 것을 그냥 당신이 깨달은 것이 무엇입니까? 이와 같이 말로 알려고 하면 화가 나겠지요.

청산불착 취시해靑山不着臭屍骸
사료하수 굴토매死了何須掘土埋
고아야무 삼매화顧我也無三昧火
선전절후 일퇴시先前絶後一堆柴
— 석옥청공 선사石屋淸珙 禪師

이것은 석옥청공 화상의 게송입니다. 고려 말엽 태고 스님께서 중국에 들어가서 법을 받으신 선사가 석옥청공 화상입니다. 청공 화상이 열반에 드실 때 읊은 게송입니다.

'청산불착 취시해'요, 그 푸른 산은 이 냄새나는 시체를 붙이기를 좋아하지 않는다, 맑고 푸른 산이 썩어 문드러지는 시체 묻는 것을 좋아하겠습니까? 지금 사람들은 명당을 찾아서 묻고 옮기고 하지만 푸른 산도 하나의 생명인데 다 썩어 가는 몸뚱이 파

묻는 것을 좋아하지 않는단 말입니다.

그러니 '사료하수 굴토매'로다, 내가 죽어서 하필이면 꼭 땅에 묻혀야 할 것인가? 그 맑고 푸른 산도 냄새나는 내 시체를 붙이기를 싫어하는데 내가 죽어서 하필이면 꼭 산에 묻혀야 할 것인가?

그러나 '고아야무 삼매화'라, 내가 나를 돌아보니 내 몸을 태울 만한 삼매의 불이 없구나!

저는 가끔 얘기를 합니다만 과거의 위대한 도인들은 자기가 공부를 해서 자기 삼매의 불로 스스로 몸을 태웠습니다. 그런 분들이 한둘이 아닙니다. 부처님 당시부터서 육조혜능 스님까지 그분들 가운데서 대체로 7할 정도는 모두가 화광삼매火光三昧라, 자기 몸의 심장에서 불을 내어 스스로 몸을 태웠던 것입니다.

다른 스님들도 할 수 있었지만 인연 따라서 안 하셨고, 정말로 삼명육통三明六通을 할 수 있는 참다운 깨달음에 있어서는 자기 마음대로 자기 몸에서 불을 내는 것입니다. 자기 몸에서 바람을 내려면 바람 내고, 불을 내려면 불을 내는 것입니다.

저 같은 사람도 그런 경계는 아직도 천리만리이기 때문에 부끄럽게 생각하고 지금 죽음이 온다고 생각할 때는 이런 스님 모양으로 한탄하는 노래나 부를 수밖에 없겠지요.

나를 돌아보니 삼매로 내 몸을 태울 불이 없단 말입니다. '고아야무 삼매화'라, 내가 나를 돌아보니 내 공부가 아직은 선정이 부족해서 삼매의 불이 없다는 것입니다.

'선전절후 일퇴시'로다, 다만 지금 곧 있다가 사라질 이 몸뚱이와 화장할 나무 한 무더기만 앞에 있구나! 시체를 화장하고 나면 다 사라지고 말겠지요. 선전절후先前絶後라는 뜻은 지금은 있지만 곧 잠시 뒤에 없어진다는 말입니다.

우리가 꼭 삼매의 불을 내어서 자기 몸뚱이를 보란 듯이 중생한테 보일 필요는 없겠습니다만 적어도 공부를 잘했다 하면 이런 정도는 되어야 하지 않겠습니까. 요새같이 신앙심이 부족할 때 정말로 그렇게 의젓하게 열반에 들어서 자기 심장에서 불을 내어 화장할 수 있다면 중생들의 신심을 얼마나 북돋을 수 있겠습니까. 그렇기 때문에 지금은 꼭 그런 정도의 참선을 많이 한 분들이 나와야 한다고 생각합니다.


설만세계화設滿世界火
필과요문법必過要聞法
요당성불도要當成佛道
광제생사류廣濟生死流
―『대무량수경大無量壽經』


그다음에는 대무량수경에 있는 법문입니다.

'설만세계화'라도, 설사 온 세계가 불로 가득 차 있다 하더라도, '필과요문법'이라, 꼭 반드시 통과해서 법을 들을지라! 요要자는 '꼭'이라는 뜻으로 풀이가 됩니다. 반드시 통과해서 꼭 법을 들어라, 그냥 놀러 가듯이 법을 듣는 것이 아니라, 온 세계가 불로 가득 차 있을지라도, 그러면 가다가 못 가고 불에 타 죽을 수도 있겠지요. 그래도 꼭 통과해서 법을 들을지니라!

'요당성불도'라, 요긴할 요要 자는 굉장히 중요하게 쓰입니다. '꼭'이란 말도 되고 '한사코'라는 뜻도 되는 것입니다. 한사코 마땅히 불도를 성취해서, 한사코 부처가 되어서, '광제생사류'라, 생사에 헤매는 모든 중생을 널리 제도해야 하느니라! 이런 뜻입니다. 설령 온 세계가 훨훨 타오르는 불로 가득 차 있을지라도 반드시 통과해서 불법을 듣고 그래서 한사코 우리가 부처를 성취하여서 무량 중생을 제도하라는 그런 의미입니다.

이것으로 마치겠습니다. 대단히 감사합니다.

나무아미타불.

# 삼시교판三時教判

삼시교판三時教判이라, 석가모니 부처님의 설법을 '49년설說'이라 합니다. 더러는 45년설도 있으나 부처님이 30세에 깨달았다고 보면 보통 49년설이 정설이 됩니다. 부처님께서는 법문을 한꺼번에 하신 것이 아닙니다. 그때그때 중생 근기에 따라서 하신 것입니다.

그전에도 말씀을 드렸습니다만 인도라는 나라는 지금도 10억이 넘는 인구를 수용하고 있는 큰 나라이고 땅덩이도 넓은 나라이기 때문에 그때 당시는 교통이 아주 나빠서 석가모니 부처님께서 80평생을 사셨지만 부처님이 금생에 태어났다는 것을 아는 사람은 3분의 1도 못 되었다고 합니다. 지금이야 어디서 위대한 사람이 태어났다 하면 금방 알고는 합니다만 석가모니같이 위대한 성인이 인도에 태어나서 80년 동안 지냈지만 3분의 1도 몰랐다고 합니다. 따라서 부처님 법문을 제대로 소화하는 사람들은 아주 극소수가 되었겠지요. 그래서 부처님의 초기 법문은 아주 쉽게끔 어느 누구나 알아들을 수 있을 정도로 말씀하신 법문입니다.

애초에는 부처님께서 신중神衆들이나 고급 영靈이나 그런 중생들한테 화엄경華嚴經을 법문하셨다고 합니다. 화엄경 법문은 석가모니께서 깨달은 그대로 아주 에누리 없이 말씀하신 고도의 법문입니다. 그러니까 아무도 못 알아듣는단 말입니다. 신장이

나 알아듣지 우리 인간은 통 못 알아듣습니다. 때문에 할 수 없이 차원을 낮추어서 일반 사람들한테는 낮은 법문을 하셨습니다.

## 제일시교第一時敎[17]

나도 있고 너도 있고, 있는 것은 있고 없는 것은 없다, 우리 중생들이 느끼는 그런 차원에서 중생 시각에 맞추어서 하신 법문이 제일시교第一時敎입니다.

따라서 보통 우리가 아는 것은 제일시교, 좋은 일도 하고 나쁜 짓도 하고, 앞서 업감연기業感緣起에서 말씀드린 바와 같이 나쁜 짓하면 거기에 상응된 벌을 받고 좋은 일하면 그만큼 정화가 되고 행복이 온다. 그런 정도의 법문들은 모두가 제일시교에 해당되는 법문입니다.

이것을 있을 유有 자, 유교有敎라 합니다. 결국 우리 중생들이 보는 것은 있다 하는 세계 아닙니까. 내가 있고 네가 있고, 산이 있고 뭣이 있고, 하는 세계가 우리 중생들이 보는 세계고 그리고 거기에 맞는 가르침이 유교입니다. 유교 이것은 아함경 등 소승경이 유교에 해당합니다. 따라서 우리 인간이 보는 대로 "있다", "없다" 하는 그런 차원의 유교有敎, 이것은 대승大乘이 못 됩니다.

---

17) 제일시교第一時敎, 유고有敎: 실재한 아我가 있다는 망집妄執을 깨뜨리기 위하여 아我는 공空하나 사대오온四大五蘊 등의 제법은 실유實有하다 함. 아함경阿含經 등의 소승경小乘經이 해당된다.

이것은 소승小乘에 불과한 것입니다. 그러나 부처님이 하신 말씀은 비록 소승경이라 하더라도 그 내용 가운데는 다 대승이 갈무리되어 있는 것입니다.

문자로 해서 표현은 안 했다 하더라도 다 깨달은 우주의 만유를 제대로 온전히 통달한 부처님 차원의 말씀이기 때문에 중생이 불쌍해서 중생에 걸맞게끔 낮은 법문을 했다 하더라도 그 내용에는 대승 법문이 다 깔려 있습니다. 그렇게 이해를 하셔야지 "소승 법문에는 대승은 전혀 없고 소승뿐이다." 그래 버리면 또 허물이 됩니다.

아무튼 아함경 같은 그런 경은 초기에 부처님께서 일반 대중들한테 설하신 법문이기 때문에 부처님 육성 같고 동시에 우리 수행 면에서는 아주 중요한 법문이 많이 들어 있는데 지금 와서 이쪽 대승권에서는 좀 소홀히 합니다.

불교는 대승권, 소승권이 있습니다. 대승권은 중국, 한국, 일본 이런 나라가 대승권이지요. 소승권은 저쪽 스리랑카 또는 네팔이라든가, 동남아 지방에 있는 불교는 대체로 소승권이라 합니다. 그래서 소승권들은 주로 아함경 같은 경을 합니다. 소승권에서의 허물이 무엇인가 하면 앞서 누누이 말씀한 바와 같이 "우리 생명이 본래로 부처다." 이런 말은 소승권에서는 못 합니다. 그러니까 소승권에서는 안심법문安心法門이란 말씀이 없습니다. 우리가 소승과 대승을 구분하여 보았을 때 스리랑카나 동남아에서 온 불교는 수행 면에서는 중요하기도 하고 모양은 좋게 보이지만 불교로 봐서는 소승권이기 때문에 안심법문 못 됩니다. 항시 갑갑합니다. "본래 모든 것이 바로 부처다." 이런 소식을 그들은 모른단 말입니다.

대승은 거기에 대해서 가장 근원적인 본체를 딱 드러냅니다. 본래적인 형이상학 그런 것이 대승권에서는 완전히 다 들어 있습니다. 너무나 거기에 치우쳐 "본래 부처니까 아무렇게나 살아도 무방하지 않겠는가?" 또 그런 사람들도 있습니다. 그래서 대승권에서는 계율에 어긋나는 행동을 함부로 하는 분이 있습니다. "술이나 고기나 그런 것도 먹어서 무방하지 않겠는가?", "본래 때 묻지 않은 것이고 본래가 부처인데 그것이 뭐 허물이 될 것인가?" 이렇게 말입니다. 어떤 아주 특별한 경우에 먹기는 먹는다 하더라도 그렇게 합리화시켜 먹어서는 안 됩니다.

부처님께서 소승경에서 우리한테 말씀하신 것은 의미가 있습니다. 우선 우리가 고기 먹는 것만 두고 본다 하더라도 고기를 먹어서 이른바 단백질은 좀 많아지고 스태미나는 나아질는지 모르겠지만 사실은 그걸로 해서 우리 세포는 더욱 오염되는 것입니다. 돼지나 소나 닭이나 그런 축생들은 사람보다는 진화가 훨씬 덜된 동물들 아닙니까. 불교 말로 하면 업장이 훨씬 더 무거운 것입니다. 업장이 무거운 세포가 내 몸 세포로 들어온단 말입니다. 따라서 좋을 턱이 없습니다. 다행히도 현대 병리학자들은 이 문제를 다 밝히고 있습니다. 이른바 문명병인 당뇨병, 고혈압, 심장병들이 훨씬 많아진다는 것입니다.

성자가 하신 말씀은 지금 인류 과학자들이 미처 다 밝히지는 못했다 하더라도 우리 신앙인들은 일단 의의가 있다고 생각해야 됩니다. 왜냐하면 성자는 모두를 내다봅니다. 과거를 환히 내다보는 이른바 숙명통宿命通, 또는 미래를 내다보는 천안통天眼通을 하십니다. 우주의 모든 것을 다 꿰뚫어 보는 것입니다.

천안통은 미래 세상을 다 알고 동시에 이 현세를 모두 다 꿰뚫어 보는 것입니다. 또 남의 마음을 다 꿰뚫어 보고, 일체 세간의 음성을 다 듣는 것이고, 가령 개가 멍멍 짖으면 저 개가 무슨 생각을 하고서 짖는가? 그걸 다 안단 말입니다.

또는 신여의통身如意通이라, 이른바 신족통神足通입니다. 신여의통은 쉽게 말하면 축지법縮地法입니다. 마음을 먹으면 순간에 천리만리 가 버립니다. 그와 동시에 모양을 바꿔서 중생한테 다른 모습으로 나투는 것입니다. 중생이 불쌍하면 중생한테 극락세계의 훤히 빛나는 모양을 그대로 다 보일 수도 있는 것입니다. 예수님께서 그 많은 사람 수대로 빵을 기적적으로 만들어 내놓곤 하신 것이 모두가 거짓말이 아닙니다.

성자의 경계라는 것은 무시무시한, 우리가 상상할 수 없는 부사의不思議한 힘이 있는 것입니다. 종교는 물질세계를 초월한 부사의한 힘이 있는 것입니다.

종교를 믿는 분들이 물질세계만 가지고서, 즉 눈에 보이는 세계만 가지고서 종교를 믿는다고 생각할 때 그것은 종교의 가장 중요한 본체를 없애 버리는 것입니다. 종교는 결국 형이상학적인 문제입니다. 물질을 떠난 것은 우리가 볼 수가 없습니다. 성자들은 훤히 보고 느끼지만, 우리가 불성佛性이 보입니까. 여래如來가 보입니까.

불교를 믿는 분들도 눈에 보이는 세계만 긍정하려고 합니다. 우선 중생제도 하려면 무슨 빌딩 많이 짓고, 물질적으로 혜택을 많이 주고, 물론 그런 봉사 사업도 필요는 합니다. 필요하긴 하나 그것이 더 큰 것은 아닙니다. 우리 마음을 구제하는 일이 더 급선무입니다.

기독교식으로 말하면 하나님의 은총을 받게 하는 것이지 물질로 배부르게 하는 것이 아니란 말입니다. 그런 것은 공산주의 사회에서도 사회복지사업으로 할 수 있는 것이지요.

종교가 종교인 점은 우리의 정신 구제에 있습니다. 거기다 덧붙여서 힘이 닿으면 유치원도 짓고, 뭣도 하고 다 좋겠지요. 그러나 가장 큰 것은 설사 유치원도 못 짓고, 노인정을 못 짓는다 하더라도 정신 구제하는 일이 제일 급하고 큰일입니다.

이렇게 부처님께서 말씀하신 법문의 한계를 우리가 알아 두어야, 그래야 자기 점검을 하는 데 크게 도움이 됩니다.

❦

## 제이시교第二時敎[18]

처음에는 우리 중생 차원에서 "있다", "없다" 하는 이른바 유교有敎, 우리 중생의 유무를 따지는 그런 경계를 가르치는 것이

---

18) 제이시교第二時敎, 공교空敎: 소승중小乘衆의 실법實法의 집착執着을 파破하기 위하여 제법공諸法空의 리理를 설설함. 제부諸部의 반야경般若經.

고, 그다음은 공교空敎라, 공교는 참 해석하기가 어렵습니다. 공교를 해석 못 하면 반야般若를 모르는 것입니다. 반야바라밀般若波羅蜜을 모르면 중도中道를 알 수가 없습니다.

따라서 우리는 혼신의 힘을 다해서 공교를 알아야 합니다. 공교를 알아서 정말로 무상無常이 우리 몸에 배어야 합니다. 무상이 몸에 배어야 그래야 우리 행동이 빗나갈 수가 없지 않겠습니까.

이 공교를 말씀한 경이 반야경般若經입니다. 반야경은 600부입니다. 제법諸法이 공空이라, 모두가 다 본래로 공이라, 오온五蘊이 개공皆空이라, 색色이 공空이라, 이런 것을 말씀하신 부처님 경전이 600부입니다. 이렇게 방대한 것입니다.

왜 그런가 하면 일반 사람들이 있다는 것에 아주 집착돼 있는 그런 마음을 풀어서 모두 다 해방시켜야 할 것인데, 해방시키려면 본질대로 진실 그대로 말씀해야 할 것인데 사실 그대로 말하다 보니까 모두가 다 비었다는 그 말씀을 안 할 수도 없습니다.

이렇게 생각하면 어째서 있는 것 보고 비었다고 할 것인가? 이것을 우리 불교인들이 알기가 어렵습니다. 불교인 아닌 사람들뿐만 아니라 불교인들도 불교를 제법 아는 소리를 하지만 말씀을 들어 보면 결국 공도리空道理를 잘 모르고 있습니다.

왜 공空일 것인가? 우리가 연기법緣起法을 배우지 않았습니까. 연기법이란 인연 따라서 모두가 다 잠시간 모양을 낸단 말입니다.

사실 실존적으로 있는 것이 아니라 강물 속에 비친 달그림자 같이 우리 중생들이 사실로 착각하여 있다고 집착하는 세계가 중생계입니다.

　휘영청 밝은 달이 강물 속에 비친다고 생각할 때에 분명히 물 속에 달이 있어 보이지요. 그러나 사실은 있지가 않은 그림자이 듯이 우리 중생이 나라고 생각하고, 너라고 생각하고, 밉다고 생각하고, 좋다고 생각하는 이것이 틀림없이 물속에 비치는 달 그림자와 같다는 것입니다. 사실은 있지가 않은 것입니다.

　앞서도 누누이 말씀을 했습니다만 우리 중생이 있다고 생각 하는 것은 인연 따라서 잠시간 흘러가는 흔적에 불과합니다. 흔 적을 잡을 수가 있습니까? 얻을 수가 있습니까? 오늘 다르고 내 일 다른 것입니다.

　우리의 어제 마음 오늘 마음이 같지가 않습니다. 마음은 순 간, 찰나도 머물지 않습니다. 변화무쌍합니다. 우리 몸뚱이도 항상 이대로 같지 않은가? 몸뚱이도 역시 순간순간 신진대사 해 마지않습니다. 일 초의 몇억 분의 일도 같지 않습니다. 따라서 우리가 연기법으로 본다고 생각할 때는 "인연 따라서 잠시간 모 양을 나투었다." 이렇다고 생각할 때는 물질이란 공간성도 없고 시간성도 없고 인과도 없는 것입니다. 물질이 있어야 인과도 있 겠지요.

　연기법이기 때문에, 나중에 나오는 법문에도 있습니다만 인 연소생법因緣所生法 아설즉시공我說卽是空이라, 인연 따라서 일어나 는 법은 결국 모두가 다 비었다는 것입니다. 우리가 비었다는 것을 생각할 때는 '인연생'이라는 말을 꼭 염두에 두어야 합니 다. 인연 따라서 잠시간 이루어졌단 말입니다. 인연생이기 때문에 우리가 정확히 본다고 생각할 때는 비어 있는 것인데, 우리 중생이 흘러가는 것을 잘 파악을 못 하니까 실제로 있다고 고집합니다.

반야심경을 몇천 번 외운다 하더라도 이 공도리를 모르면 반야심경을 모르는 것입니다. 오온개공五蘊皆空이라, 색즉공色即空이라, 내 의식意識도 공이요, 소리도 공이요, 맛도 공이요, 다 공이라 했지 않습니까. 어째서 공일 것인가? 인연생이기 때문에 바로 공입니다. 실제로 있지가 않은 것입니다. 인연 따라서 있는 것같이 보일 뿐입니다.

젊은 나이에는 사무치게 느끼기가 좀 곤란스럽겠지요. 나이가 육십이 되고 칠십이 되면 "젊은 시절의 청춘도 별것이 아닌 것이고 몇 년 안 지나면 무덤에 들어가겠구나.", "죽어지겠구나.", "죽어지면 또 뭐가 남는가? 아무것도 없지 않은가?"

이렇게 인간의 경륜經綸으로 해서 느낄 수가 있다 하더라도 그냥은 잘 못 느낍니다. 자기 청춘이 항시 있다고 생각하고 자기 예쁜 얼굴이 항시 그대로 있다고 생각합니다. 누구나 무상을 느껴야 신앙의 문에 참답게 들어올 수가 있습니다. 무상을 못 느끼면 신앙의 문에는 못 들어옵니다. 왜냐하면 내 몸뚱이 그대로 있고, 내가 좋아하는 사람 그대로 있고, 항시 이별도 없고, 재산도 차근차근 불어나고, 이렇게만 생각하다가는 깊은 신앙에 못 들어옵니다. 기본적인 범주에서만 뱅뱅 돈단 말입니다. 복福이나 빌고 하는 정도밖에는 안 됩니다.

내 생명의 본질을 내 스스로 밝혀서 참답게 내가 나를 알고,

우주의 도리를 참답게 밝혀서 알려고 생각할 때는 싫든 좋든 간에 공의 도리를 알아야 합니다. 무상의 도리를 알아야 합니다. 그래야 무상하지 않은 참다운 생명을 우리가 추구하고 구하려고 애를 쓰는 것입니다.

기독교 바이블에도 "먼저 하나님 나라와 그의 의를 구하라. 그러면 모든 것은 그대에게 주어지리라." 했습니다. 먼저 근본적인 진리를 구하면 다른 것은 따라옵니다. 일반 중생들은 그냥 부스러기만 구하려고 생각합니다. 부스러기는 사실 있지도 않은 것입니다. 그것은 그러니까 허물어지기가 알맞지요. 있다가는 없고 없다가는 있고 그러는 것 아니겠습니까.

먼저 생명 자체, 생명의 본체인 영생불멸한 도리를 우리가 참으로 구할 때는 다른 것은 적당히 다 우리한테 갖추어지는 것입니다. 자기 스스로 남한테 봉사하고 남한테 바치고 하려는 경우 같으면 몰라도 정말로 우리가 영원적인 진리에 따라서 행동한다고 생각할 때는 필요한 만큼은 다 갖추어집니다.

공도리, 이른바 반야지혜般若智慧, 참다운 반야의 지혜가 있어야 우리 공부가 순풍에 돛단배가 됩니다. 우리가 공도리를 모르고 항시 "있는 것은 있고, 없는 것은 없고" 이렇게 생각할 때는 우리 공부는 항시 빡빡합니다. "이렇게 아끼는 이 몸뚱이 이대로 공이다." 이렇게 느껴 버려야 합니다. "금쪽같이 아끼는 이 몸뚱이 이대로 공이다." 이렇게 느껴야 공부가 되는 것이지, "이 몸뚱이 이대로 소중하다"고 생각할 때는 자기 가족만 소중하고 가까운 사람만 소중하고 이렇게 되겠지요.

그런 정도로는 참다운 도덕도 성립이 안 되는 것입니다. "참다운 도덕은 진리에 따라서 진리에 맞추어서 모든 것이 다 허망무상하다." 이렇게 알아야 참다운 도덕이 확립됩니다. 도덕은 참다운 철학이 있어야 참다운 도덕이 됩니다.

이렇게 비었다는 것을 저는 항시 말씀드립니다만 다행히도 그것을 현대물리학이 증명을 합니다. 현대물리학은 모든 물질의 기본적인 작은 알갱이가 전자電子나 양성자陽性子나 중성자中性子, 그런 것이라고 합니다. 그런 것은 우리가 측정할 수가 없습니다. 어떤 물질도 전자나 양성자나 중성자로 구성 안 된 것은 없습니다. 산소나 수소나 다 그렇습니다. 그러면 모든 물질이 전자나 양성자나 중성자나 이런 것들이 어떻게 모여 있는가? 결합 여하에 따라서 산소가 되고 수소가 되고 무엇이 되고 그럽니다. 그런 것들이 모여서 분자가 되고 성분이 되고 우리 세포가 되고 다 그러는 것 아닙니까?

따라서 어떠한 것이고 모두가 다 기본적인 조그마한 알갱이는 내내야 전자, 양성자, 중성자입니다. 그런데 모두를 구성한 물질의 근본, 이들 알갱이는 위치나 운동량을 동시에 정확히 측정할 수가 없습니다. 측정할 수 없다는 것은 결국은 무엇인가 모른다는 말입니다. 이것이 이른바 '하이젠베르크'의 불확정성의 원리입니다. 그런 위대한 천재들은 그야말로 훌륭한 물리학자이면서 철학자입니다. 대천재가 평생 동안 연구한 결과입니다. 그렇게 전자현미경을 놓고, 또 그렇게 어려운 고등수학과 사고思考로 풀어 봐도 결국은 물질의 알맹이는 측정할 수 없는, 무엇인지 알 수 없는 불확실한 존재입니다.

가장 기본적인 것이 무엇인가를 모르다 보니 그들로 이루어진 것 역시 무엇인지 모릅니다. 다만 물리적인 차원의 기본은 장場 에너지다, 그러나 오늘날 현대물리학에서는 에너지의 본질에 대해서는 해답을 못 내립니다. 그 에너지가 왼쪽으로 진동하면 양성자가 되고, 에너지가 오른쪽으로 진동하면 전자가 되는 것입니다. 소위 금진좌선자기金塵左旋磁氣요, 금진우선전기金塵右旋電氣입니다. 순수 장 에너지가 어떻게 진동하느냐에 따라서 음양陰陽이 생겨나는 것입니다.

주역에서는 음양이 나오는 우주의 순수한 정기精氣를 태극太極이라 하지 않습니까. 우주의 정기가 어떻게 진동하는가에 따라서 전자가 되고 양자가 되고 음이 되고 양이 됩니다. 이러는 것이지 고유한 물질은 없습니다. 물질이 없다고 생각할 때는 벌써 공空입니다.

현대물리학이 물질이라는 것은 "본래 에너지의 진동뿐"이다, 이렇게 결론을 내렸습니다. 우리가 어떻게 번복을 시키겠습니까. 수많은 우수한 과학자, 철학자들이 다 결론을 내린 것이고 또한 동시에 부처님께서 다 밝혀 놓고 옛날 성인들이 다 밝힌 것입니다. 그리스의 플라톤도 역시 '현상계現象界'와 '이상계理想界'라, 참다운 이상계만 존재하는 것이고 현상계 이것은 존재하지 않는다, 하나의 그림자에 불과하다 했습니다.

어느 철인들이나 대체로 그렇게 말씀했습니다. 칸트 같은 대천재도 물物 자체는 우리 인간이 알 수 없다, 이것이 제법諸法이

공空이라, 모두가 다 비었다는 부처님의 도리입니다.

따라서 우리 중생들은 괴로워하고 슬퍼하고 좋아하고 하는 것이 모두가 다 있다는 차원에서 슬퍼하고 괴로워하고 그러는 것입니다. 싸움이나 아귀다툼이나 전쟁이나 다 그렇습니다. 있다고 생각하는 그것 때문에 그렇습니다. 없다고만 생각해 버리면 그런저런 것 다 풀려 버립니다. 그래서 반야사상般若思想, 반야지혜般若智慧를 안다고 생각할 때 우리 공부는 순풍順風에 돛단배와 같습니다.

이 몸뚱이 다 빈 것이거늘 고행 좀 하면 무슨 상관 있겠는가, 내 몸뚱이 본래 빈 것인데 덜 먹이면 무슨 상관이 있는가, 생명이란 것은 본래로 공체空體이기 때문에 좀 덜 먹고 더 먹고 상관이 없는 것입니다. "꼭 몇 칼로리를 먹어야 된다." 이렇게 우리가 있다는 것에 착着을 하니까 그런 것을 채우려고 막 먹는 것이지 본래가 비어 있다고 생각할 때는 사실은 우리 몸무게도 본래 없기 때문에 이대로 저 하늘로 올라갈 수도 있는 것입니다.

본래가 빈 것이기 때문에 사실은 본래 무게도 없는 것입니다. 본래 물질이 아니기 때문에 무게가 없다고 봐야겠지요. 무게가 없는 것이기 때문에 도인들은 마음먹기에 따라서 하늘로 훌쩍 날아갈 수가 있단 말입니다.

현대물리학적으로 생각을 해도 신통神通을 할 수가 있는 것입니다.

불교를 믿는 분들도 신통 그러면 "그것은 재주나 부리는 것이지 참다운 도가 아니다." 이렇게 말하는 사람도 있습니다. 그러나 아함경이나 기타 부처님 경전을 보면 '삼명육통三明六通'이나 '신통'이라는 말씀이 하여튼 수천 군데가 넘습니다. 성자의 말씀은 조금도 거짓이 없습니다.

이 공 소식을 알기가 어렵기 때문에, 우리 중생이 있다고 집착하는 그 번뇌를 쳐부수기가 하도 어렵기 때문에 600부나 되는 부처님 경전에서 공 소식을, 이것도 비고 저것도 비고, 금강경만 보아도 아상我相인 '나'라는 상도 없고, 인상人相인 '너'라는 상도 없고, 중생상衆生相도 없고, 또 수자상壽者相도 없다고 설파했지 않습니까.

우리가 내 목숨은 80년이다, 70년이다 그러지만 그런 연한年限도 역시 물질이 있다고 전제할 적에 그런 시간도 있는 것이지 물질이 없다고 생각할 때에 무슨 시간이 있겠습니까.

"비었다"는 것을 여러분들이 항시 느끼십시오. 느끼시고 마음이 괴롭고 지칠 때는 "내 몸뚱이도 본래 빈 것이고", "생명은 본래 무게가 있는 것도 아니고", "생명은 본래 꼭 칼로리만 가지고 사는 것도 아니다." 이렇게 생각을 하십시오.

저번에 신문을 보니까 인도의 어느 수행자는 120일 동안 물만 마시고 살았어요. 120일 동안 옆에 있는 사람들이 그것을 모두 증명을 했습니다. 인간이라는 것은 본래 부처이기 때문에 잠재력은 우리가 정말로 마음만 굳게 먹으면 부사의한 힘을 다 내는 것입니다. 그러나 "나는 이것밖에는 아니다.", "나는 꼭 얼마를 먹어야 된다.", "하루 세 끼 먹고 간식도 먹어야 내 체중을 유지한다.", "고기는 얼마를 먹어야 된다." 이렇게 생각하는 사람들은 결국은 빈 소식을 알 수가 없지요. 그렇게 믿으니까 그렇게 안 먹으면 허기가 지고 영양실조가 안 될 수가 없습니다.

❧

## 제삼시교第三時敎 = 중도교中道敎[19]

제삼시교는 삼시교 가운데 마지막 시교인데 중도교라고도 합니다. 부처님께서 다 비었다고만 해 버리면 그때는 너무나 허망하단 말입니다. 부처님 가르침은 허망한 것이 아니지 않습니까. 우리가 생각한 것은 모두 비어 있는데 참다운 알맹이는 결국 부처님입니다. 이른바 중도교입니다.

천지 우주는 그냥 아무것도 없이 빈 것이 아니라 바로 진여불성으로 충만되어 있습니다. 부처님의 성품, 하나님의 성품이 우주에는 가득 차 있습니다. 우주는 하나님이 섭리攝理하시고 부처님이 섭리하시는 것입니다.

잘못 아시는 분들은 기독교는 비과학적이고 현대에는 맞지 않는다, 그렇게 말하지만 현대와 같이 이렇게 개명한 시대에도 17-18억 인구가 믿고 있습니다. 예수가 가신 지 2000년 세월 동안에 무수한 사람들이 믿어 왔습니다. 진리가 아니면 믿었겠습

---

19) 제삼시교第三時敎, 중도교中道敎: 소승小乘의 유집有執과 보살의 공집空執을 아울러 파破하기 위하여 비공비유非空非有의 중도中道를 명明함. 해심밀경解深密經, 화엄경華嚴經, 법화경法華經, 열반경涅槃經.

니까.

그러나 예수님께서 단순 소박하게 말씀해 버렸기 때문에 그것이 이론적으로 체계가 별로 안 서 있기 때문에 사람들이 알기가 곤란스러운 것이지 진리상으로 봐서는 모든 진리가 하나입니다. 우리는 따라서 어느 성자의 말씀이나 다 존중하고 숭앙을 해야 합니다. 지금은 다 그럴 때입니다.

화엄경, 법화경, 열반경, 이런 경전들은 "천지 우주는 모두가 다 중도실상中道實相이다, 진여불성이다." 이렇게 가르칩니다.

그러나 부처님 가르침을 아함경만 보신 분들은 있다 없다 하는 그런 소식만 말하니까 꼭 그것만 집착해 가지고서 그것만이 옳다고 생각합니다. 또 반야심경, 금강경같이 모두가 비었다고 가르치는 경만을 주로 보신 사람들은 모두는 비었으니까 허망하지 않은가, 허망한 쪽으로만 생각합니다.

그렇기 때문에 여러분들도 부처님 공부를 하실 때는 꼭 이 중도 사상, 본래 부처님께서 조금도 에누리 없이 진리를 우리에게 보여 주신 그 도리를 가르친 화엄경, 법화경, 열반경, 이런 경들을 보셔야 우리 마음이 허무에 물들지 않습니다. 그래야 마음의 번뇌만 끊어 버리면 이대로 다 진여불성 중도실상이며 이 세상도 이대로 극락세계일 수가 있는 것이고, 우리 마음도 바로 안심하는 안심법문이 되어서 조금도 괴로움을 느끼지 않는 것입니다.

이러한 삼시교를 부처님 비유담으로 '삼수도하三獸渡河'라고 합니다.

삼수도하란 세 마리의 짐승이 냇물을 건넌단 말입니다. 토끼와 말과 코끼리, 셋이 내(川)를 건너가는데, 토끼는 몸집이 가벼워서 냇물 위에 둥둥 떠서 방정맞게 건너갑니다. 말은 덩치가 토끼보다는 크고 무게가 있으므로 잠기기도 하고 뜨기도 하면서 불안스럽게 건너갑니다. 그러나 코끼리는 덩치가 훨씬 더 크기 때문에 뚜벅뚜벅 강바닥에 발을 디디면서 안전하게 건너갑니다.

그래서 유교는 모든 것을 중생의 상식 차원에서 "좋다 나쁘다", "있다 없다" 이런 것만 따지는, 마치 토끼가 내를 건너가는 격입니다. 우주의 진리가 깊고 심심미묘한데 깊은 진리까지는 음미를 못 하고 그냥 피상적으로 흘러갑니다. 그리고 말은 조금 덩치가 크므로 가끔 깊이 잠기기도 하지만 또 역시 미처 바닥을 음미하지는 못합니다. 그것은 '공교空敎'라, 다 비었다는 소식만 안단 말입니다. 우리 중생이 본 것이 비었지 참으로는 진여불성으로 충만되어 있는 것입니다. 코끼리는 뚜벅뚜벅 진리의 바닥을 다 딛고 건너갑니다. 때문에 코끼리가 건너는 것을 중도교에 비유합니다.

화엄경·법화경·열반경, 그런 가르침은 모두가 중도교의 가르침입니다. 그래서 여러분들이 바쁘셔서 어느 세월에 이와 같은 경들을 다 보시겠습니까. 그러나 못 보신다 하더라도 이 중도교의 도리를 아시게 되면 보신 것이나 똑같습니다. 앞서 말씀드린 바와 같이 부처님께서 하신 최후의 가르침은 모두가 다 중도실상의 가르침입니다.

첫 시간의 안심법문에서 말씀드린 보리방편문菩提方便門의 "우리 마음이 부처다.", "내 마음의 본질이나 우주 만유의 본바탕이 부처 아님이 없다." 이렇게 하신 것도 중도의 법문입니다. 그렇기 때문에 간단한 법문 같지만 그 하나 가운데 상식을 초월하고 부처님이 하시고 싶은 그 말씀을 그대로 표현한 가르침입니다.

저는 신도님들이 오시면 반야심경을 드립니다. 반야심경을 드리는 이유가 뭐냐 하면 너무나 상식에만 끌려서 항시 "있다 없다" 하는 그런 일상적인 가르침에만 머물러 버리기 때문입니다. 이른바 세속적으로 "있다 없다" 하는 저속한 데만 머물러 버린다는 말입니다. 따라서 그것을 타파하려면 "모두가 다 비었다"는 가르침을 알아야 합니다. 반야심경에 있는 오온개공五蘊皆空이라, 지수화풍地水火風 사대로 이루어진 색온色蘊도 공이요, 수상행식受想行識의 사온四蘊도 공이다, 따라서 육진 경계인 색色도 공이요, 소리(聲)도 공이요, 냄새(香)도 공이요, 맛(味)도 공이요, 내 감촉感觸도 공이요, 내 뜻으로 짓는 제법諸法도 공이다, 이런 법문으로 해서 우리가 공 소식을 먼저 알아야 합니다.

그러나 또 반야심경만 봐 놓으면 그야말로 모두가 다 공인 줄만 알고 참으로 진정한 알맹이는 잘 모릅니다. 그래서 반야심경으로 해서 우선 우리 마음의 허망한 상을 다 쳐부수고 그다음에는 중도실상, 참다운 부처님의 가르침인 진여불성 자리, 본래 부처님 자리를 알아야 합니다.

이 자리를 우리가 확실히 알아야 하기 때문에 『보리방편문』을 드립니다. 여러분들이 집으로 돌아가실 적에 듬뿍듬뿍 가지고 가셔도 됩니다. 『반야심경』, 『보리방편문』 말입니다.

제법공도리, 반야사상 또는 중도사상, 참다운 반야바라밀은 공과 중도가 같이 어울려 있어야 참다운 반야바라밀이 됩니다. 우리가 법문을 할 때에 항시 '마하반야바라밀다심경摩訶般若波羅蜜多心經'을 봉송하지 않습니까.

마하반야바라밀.

# 유식삼성唯識三性

'유식삼성唯識三性'[20]입니다. 오직 유唯 자, 알 식識 자, '식識'은 의식意識이란 식과 똑같은 뜻입니다. 그러나 여기 있는 식, 이것은 우리 의식만의 식이 아니라 의식보다도 더 깊은 이른바 말나식末那識입니다. 또 그 바탕은 아뢰야식阿賴耶識입니다. 그다음 깊은 식은 암마라식菴摩羅識입니다. 그러고 보면 모든 식의 근본 바닥은 부처(佛)입니다.

우리 마음 바탕은 다 부처가 되어 버립니다. 불교는 여기까지 알고 보면 알기가 참 쉬운 것입니다. 우리가 지금 쓰고 있는 이 마음의 바닥은 '말나식'이라는 그런 마음인 것이고, 그 마음이 또 '아뢰야식'이라는 모든 종자를 갈무리하는 그 마음인 것이고, 그 바탕이 도 '암마라식'이라는 청정한 마음입니다. 또 그 바탕이 부처님이라, 이른바 불성佛性입니다. 그래서 유식唯識이라 할 때, 이것은 곧 다 통해서 천지 우주 모두가 다 오직 식뿐이다, 이런 도리입니다. 이때 유식은 물질이나 정신이나 어느 것이나 다 포함됩니다. 천지 우주가 모두가 다 오직 '식'뿐이라는 이런 뜻입니다.

유식삼성이라, 모두가 식뿐인 것인데 이것도 역시 나누면 세 차원이 있습니다. 식을 다 아는 사람이 따지는 것과 우리 인간의

---

20) 유식삼성唯識三性에는 ① 변계소집성遍計所執性 ② 의타기성依他起性 ③ 원성실성圓成實性이 있다.

의식밖에 모르는 사람이 따지는 것과는 차이가 있습니다. 그에 앞서서 삼계三界가 유심唯心입니다. 욕계欲界나 색계色界나 무색계無色界나, 우리 중생이 태어나고 죽고 하는 그렇게 흘러가는 세계가 삼계 아니겠습니까.

삼계도 역시 오직 마음뿐입니다. 마음 잘못 먹으면 나쁜 데 태어나고, 마음 잘 먹으면 좋은 데 태어나고, 그러나 실은 나쁜 데나 좋은 데나 모두가 식뿐입니다. 식물이고 무생물이고 자연계고 모두가 다 오직 마음뿐입니다.

우리가 생각할 때 "단단한 금이나 은, 이런 금속은 유심이 아니지 않은가?" 이렇게 생각하지 마십시오. 앞서 제가 말씀드린 바와 같이 금이나 은도 역시 내내야 금의 원소, 은의 원소로 되어 있습니다. 그들 역시 전자나 양성자나 중성자나 그런 걸로 된 것이고 따라서 어느 것이나 따지고 보면 결국은 모두가 에너지일 뿐입니다. 장場 에너지의 본질, 마음 즉, 유심뿐입니다.

현대물리학이 나와서 굉장히 편리합니다. 물리학이 "모든 물질은 다 에너지다." 이렇게 부처님의 '색즉공'을 제대로 말해 주고 있습니다. 그 근본 바탕을 다 말한 것은 아니라 하더라도 우선 공도리는 말해 주고 있습니다. 따라서 공도리만 알아도 굉장히 살기가 편합니다. 그냥 직속으로 가뿐하게 들어가는 것입니다. 분명히 안다고 생각할 때는…

우리 몸뚱이 간수하고 지내기가 얼마나 어렵습니까? 옷도 기왕이면 좋은 옷 입어야 하고, 멋도 내야 하지, 음식도 영양가가 있어야 하지, 집도 살면서 이리저리 돌봐 주어야 하지 않습니까. 저같이 다 포기하고 지내다 보면 자기 몸뚱이에도 별로 관심을 안 두니 참 편합니다.

있으면 먹고 없으면 그만이지요. 그런데 지내다 보면 어느 분이 생각한다고 뭘 갖다주셔서 그걸 좀 먹어 놓으면 몸이 무겁습니다. 지금 우리 인간만이 음식에 너무나 골이 빠져 있습니다. 천상에 올라가면 음식이 없습니다. 귀신도 냄새만 맡습니다.

우리 생각으로 인간이 전부인 줄 알지만 인간은 저 지옥보다는 훨씬 높고 짐승보다 높고 아귀 귀신보다는 높다 하더라도 천상에 비해서는 저 밑이란 말입니다. 인간이 절대로 만물의 영장이 아닙니다. 우리 상식으로 생각해서 만물의 영장이지 영혼의 차원에서 보면 인간보다 훨씬 높은 것이 많습니다. 따라서 그런 높은 세계는 음식이 필요치가 않습니다.

색계에만 올라가도 남녀 이성도 없습니다. 어느 사람들은 "사람으로 태어났으면 남녀가 다 각각 쌍쌍인데 귀하게 살 것이지 중 돼서 뭐 할 것인가?" 그렇게 생각하는 사람들은 어느 세계나 다 남녀 양성이 있다고 생각합니다. 사실은 욕계 내에만 남녀가 있습니다. 색계 이상은 남녀가 없습니다. 하물며 극락에서는 어디 남녀가 있겠습니까. 극락이라는 것은 그야말로 마음을 깨달은 성자만 지내는 세계입니다.

그런 세계가 분명히 있습니다. 우리 중생들은 눈에 안 보이는 것은 다 부인해 버리지만 부처님 말씀은 사실을 사실대로 말씀하신 것입니다. 그래서 욕계, 색계, 무색계, 모두가 다 마음뿐입니다. 무색계에 올라가면 마음만 존재합니다. 모양도 없고 색계는 욕심도 없고 우리 몸은 훤히 빛나는 광명光明뿐입니다.

인간 세계만이 이와 같이 오염된 몸뚱이가 있습니다. 오염된 것을 많이 먹으므로 항시 오염될 수밖에 없겠지요.

최초에 우리가 인간으로 태어났을 때는 인간의 몸에서도 광명이 나왔습니다. 그래서 비행자재飛行自在라, 천지를 왔다 갔다 하면서 지냈습니다. 마음만 먹으면 가 버린단 말입니다. 그러나 지구에 내려와서 이것저것을 먹다 보니 오염되고 무게가 생겨났습니다. 그러다 남녀 차이가 생기곤 했습니다. 애초에는 남녀 차이도 없었습니다. 먹다 보니까 대사(신진대사)할 필요 때문에 조금씩 조금씩 남녀 성性이 구별된 것입니다. 색계 이상 올라가면 남녀가 없습니다.

그런 까닭에 신부나 수녀나 비구나 비구니가 그렇게 독신으로 지내는 것입니다. 남녀 양성兩性이 꼭 결합해서 같이 부부가 돼야 한다는 그런 것은 없는 것입니다. 그렇게 부부가 되어도 좋고 안 되면 더욱 좋고 말입니다.

## 변계소집성遍計所執性21)

천지 우주의 성품이 모두가 다 식으로 되고, 마음으로 되고 한 것인데 그것도 역시 차원에 따라서 구별하면, 번뇌에 때 묻은

---

21) 변계소집성遍計所執性…정유리무情有理無…실무망유實無妄有…유有.

우리 중생이 쓰는 마음은 변계소집성遍計所執性이라 합니다. 편遍을 '변'으로도 발음합니다만 음으로만 썼습니다.

변계소집성이라, 이것은 무슨 뜻인고 하면 우리 중생은 사실을 사실대로 보지 않고서 치우치게, 모든 것을 두루 치우치게 집착한다는 것입니다. 변계遍計라는 것은 모든 것을 치우치게 이리저리 억측을 한다는 의미입니다.

갑甲이 보면 밉지도 않은데 을乙이 볼 때는 밉단 말입니다. 별로 예쁘지 않은 사람도 자기 어머니나 아버지가 보면 예쁘게 생각됩니다. 이와 같은 것은 모두가 치우치게 보는 것입니다. 치우치게 봐서 집착하는 성품을 가리켜서 변계소집성이라 합니다. 따라서 변계소집성, 이것은 중생들 차원에서 나온 것입니다. 우리 중생들이 사물의 실상을 못 봅니다. 사물의 실상은 곧 불성 아닙니까.

우리가 있다고 보는 것은 다 빈 것이고, 참다운 실상은 불성인데 진여불성에서 봐야 바로 보는 것인데, 우리 중생은 바로 보지 못하니까, 업장이 가리게 되어 고집해서 본다는 것입니다.

자기한테 좀 베풀어 주면 좋은 것이고, 자기한테 해코지하면 별로 안 좋고 그래 가지고 항시 꽁하게 생각합니다. 그러면 이것은 변계소집성遍計所執性입니다. 이런 것은 따지고 보면 '정유리무情有理無'라, 우리 중생의 망령된 마음에 이렇게 보이는 것이지 원래는 없는 것입니다.

여러분들이 남을 미워할 때나 지나치게 좋아하실 때도 꼭 이런 것을 생각하십시오. 이것은 우리 중생의 잘못 보는 그 망령된 마음에 있는 것이지 즉, 정情에 있는 것이지 원래 우주의 도리에 있는 것이 아닙니다. 그러기에 성인들은 남을 좋아하고 싫어하고 하는 것이 없지 않습니까. 정유리무의 범부 소견이라, 진리를 모르는 우리 범부의 하나의 견해에 불과합니다.

부처님 가르침은 그때그때 우리 스스로의 생활을 반조返照하고, 돌이켜 봐서 바른길을 나가기 위해서 하신 경책 말씀인 것입니다.

우리 중생은 이와 같이 자기 스스로 잘못 보고 집착하여 느끼는 것입니다. 이런 것은 방금 말씀드린 바와 같이 중생의 망령된 마음에서 비로소 있다고 하는 것이지 진리에는 본래 없는 것입니다. 우리가 좋다 궂다 하는 이런 집착은 어두운 범부의 소견일 뿐입니다.

불교는 가장 심오한 하나의 철학입니다. 여러분들께서도 그리 생각하시고, 제가 아무리 쉽게 말씀드리려 해도 쉽게 말할 수도 없고, 특히 저는 말주변이 없기에 우리 눈에 안 보이는 세계를 옮기는 것이 되기 때문에, 그렇게 쉽게 하면 또 말이 안 되고, 그래서 제 말씀이 어렵더라도 이것은 하나의 인생관적인 철학적인 문제이므로 해득은 각자 하셔야 된다고 생각합니다.

부처님 법은 참으로 우주의 보배입니다. 지금 세계의 석학들 누구나가 말하고 있습니다. 앞으로 세계 인류를 구제하고, 동서양 진영이 화합하고, 21세기를 참답게 이끈다고 생각할 때는 부처님 가르침이 아니면 안 된다는 것을 누구나 말을 합니다. 그런데 그런 위대한 부처님 가르침의 핵심은 과연 무엇일까?

다른 가르침이나 다른 철학에서는 역설하지 못한 가장 궁극적이고 가장 보편적인 가르침이 이른바 중도中道입니다. 중도가 되어야 참답게 부처님 가르침을 우리가 빌린 것이 되는 것이고 동시에 그래야만이 세계의 문화 현상을 하나로 합할 수 있는 것입니다. 앞으로 인류가 잘못하면 국가 간에 문화의 골이 더 깊어질 수가 있습니다.


## ❀
## 의타기성依他起性[22)]


다음에는 좀 더 차원이 높은 의타기성依他起性이라, 다른 것에 의지해서 즉, 인연 따라서 이루어진 성품입니다.

나라는 것도 인연 따라서 잠시간 이루어지고 또 내가 미워하는 마음도 인연 따라서 이루어지고 이 세상에 인연 없이 이루어진 것은 아무것도 없습니다. 모두가 인연생因緣生입니다. 그리고 인연 따라서 잠시간 존재하는 것입니다. 나라는 존재나 너라는 존재나 태양계나 무엇이든 다 인연 따라서 잠시간 이루어진 것은 허깨비같이 가짜로 모양을 나툰 것입니다.

저번 신문에 보니까 수억 광년의 은하계 속에서 별들이 충돌하여 하나의 빛으로 화해 버렸다고 합니다. 우리 지구도 몇백억 년이 지나면 하나의 광명으로 화해 버리는 것입니다. 허망하단

---

22) 의타기성依他起性…여환가유如幻假有…공空.

말입니다.

　소중한 내 몸뚱이나 그대 몸뚱이나 내 집이나 모두가 다 가짜
로 잠시간 중생의 망식에 있어 보이는 것이지 실제로는 있지가
않다는 것입니다. "가짜로 잠시간 인연 따라서 존재하는 것이
있다." 이렇게 생각할 때는 설사 집이 무너진다 하더라도 원래
가짜로 있는 것 허망한 것이니까 무방하지 않겠는가, "집이 없
어지면 수행자같이 모처럼 내 공부 한 번 해 보겠구나." 이렇게
생각할 수도 있는 것이고 말입니다.

　러시아의 대문호 톨스토이는 훌륭한 백작으로 여러 사람들을
많이 지도했습니다. 그러나 자기 뜻대로라면 자기 집의 농노農奴
를 다 해방시키고 토지를 다 나누어 주고 싶은데 자기 아내가 반
대한단 말입니다. 백작부인 입장에서는 식구도 많으므로 역시
반대할 만도 하지요. 그러나 톨스토이는 도저히 합당하지 않았
습니다.

　본래 무소유無所有가 아닌가, 나라는 것도 본래 없는데 내 소유
가 어디에 있는가? 농토農土는 농민들이 짓는 것이지 왜 내가 가
지고 있을 것인가? 이렇게 해서 항시 아내와 싸웠단 말입니다.
아내는 놓치지 않으려 하고 자기는 남한테 다 분배해 주려 했습
니다. 그러다가 겨우 87세가 되어서야 비로소 자기 아내한테 편
지를 써 놓고 집을 나섰습니다. "당신이 나한테 당부한 것은 당
신 차원에서는 다 옳았다. 그리고 나는 당신을 사랑한다. 그렇
더라도 나는 진리를 더 사랑하기 때문에 내가 죽음에 임박해서
정말로 무소유, 아무것도 없이 다 버리고 진리만 따라간다." 이

렇게 써 놓고 오직 진리에 대한 갈망으로 집을 떠났던 것입니다.

아내한테 마지막 하직의 글을 남겨 놓고 집을 홀로 나와 눈보라 속을 헤매다 결국 쓰러져 죽지 않았습니까. 톨스토이 역시 진리를 믿고 스스로 집을 나와서 하나의 수행자가 되어서 죽었던 것입니다. 남들이 볼 때는 불행하다고 생각할지 모르지만 그러나 자기 마음속으로는 행복스러웠겠지요. 그분한테는 죽음이 없으니까 말입니다. 위대한 분들은 그와 같이 다 통합니다. 어떠한 경우도 손해가 없습니다. 진리로 해서 인생의 무상無常을 느끼고, 자기 몸뚱이가 아프면 아픈 대로….

여러분, 「보왕삼매론寶王三昧論」(염불삼매보왕론)을 보셨습니까? 「보왕삼매론」에 보면 아프면 아픈 데서 배우고, 곤란하면 곤란한 데서 배우고, 배신하면 배신당하는 데서 배우고, 만사萬事에서 배웁니다. 모두가 다 인연 따라서 이루어진 이것은 허깨비같이 가짜로 잠시간 있는 전변무상轉變無常의 소지입니다.

모두가 변화해 마지않는 무상한 존재입니다. 너무 행복한 사람들은 무상을 모릅니다. 부모님 덕을 많이 받고 자란 아이들은 무상을 모르기 때문에 항상 우쭐합니다. 그러므로 사회에 나아가서 감투를 쓰게 되면 어쩔 줄 모르고 당황을 하지요. 그러나 시험에 떨어져도 보고 부모가 학비를 못 대줘서 고생도 해 보고 그런 사람들은 "세상이 내 마음대로 안 되는 것이구나." 하고 허무를 좀 느끼고 무상을 알아차립니다.

어느 누구나 실패를 해 봐야 무상을 느끼고 고생을 해 봐야 인생을 좀 느낍니다. 자기 영혼이 보다 더 성숙되는 것입니다. 성숙이 되어야 비로소 진리에 눈뜨는 것입니다. 그렇기 때문에 어떠한 불행도 우리한테 불행으로 끝나지 않고서 우리 인간을 보다 더 영생해탈永生解脫로, 성불의 길로 인도하는 길잡이가 되는 것입니다.

따라서 우리는 무엇이 되고 안 되고 그런 것에 대해서 너무 집착을 할 필요가 없습니다. 그때그때 최선을 다하면 됩니다. 아버지는 아버지의 도리, 어머니는 어머니의 도리, 자식은 자식의 도리, 기업 하면 사업의 도리에 최선만 다하면 됩니다. 잘되고 못되고는 인연에 맡기시면 됩니다.

❖

## 원성실성圓成實性[23)]

원성실성圓成實性입니다. 이것 역시 앞서 진여연기眞如緣起나 중도中道에서처럼 원만하게 이루어진 참다운 우주의 실상입니다. 인연 따라서 된 것은 허망하기 때문에 공空이지만 우주의 참다운 모습은 다만 공인 것이 아니라 결국 원성실성입니다. 자비, 지혜, 행복, 능력 할 것 없이 모든 것이 원만하게 갖춰진 그 자리를 말합니다. 지금 우리 생명은 그 자리를 다 갖추고 있습니다.

참다운 대승적인 신앙심은 "나한테 모든 공덕이 다 갖춰져 있다." 이렇게 믿어야 대승적인 신앙이 됩니다. 그래야 참다운 용

---

23) 원성실성圓成實性…정무리유情無理有…실유망무實有妄無…중도中道.

기도 나오고 사업도 큰 사업을 할 수가 있겠지요. 장군이 되든 어느 분야로 나아가든 이와 같이 본래적인 영생불멸한 것이 "나한테 갖추어진 무한의 가능성, 무한의 에너지다." 이것을 분명히 믿어야 큰일을 합니다.

원성실성, 이것이 우리의 본성입니다. 이것이 불성입니다. 이것은 정무리유情無理有라, 원성실성은 우리 망정으로는 없다고 보지만 진리에서는 있단 말입니다. 그러나 불성이 지금 보입니까? 우리 중생의 망령된 마음에서는 불성이 안 보입니다. 따라서 우리의 망령된 마음에는 없지만 영원한 우주의 도리에서는 분명히 있습니다. 진여불성이나 하나님이나 우주의 도리에서는 있습니다.

원성실성은 정무리유의 진여실상의 묘체妙諦입니다. 이것이 우리의 본성입니다. 또한 모든 존재의 본성이기도 합니다.


## 우리 생각이 창조의 신이다

화두를 들고 염불을 하는 것도 역시 이 영생불멸하는 우주의 묘체에다가 마음을 두고 하는 것입니다. 그래야 염불도 실상염불實相念佛이 됩니다. 화두를 들 때도 "이 뭣고"라고 단순히 의심하는 것만이 이 뭣고가 아닙니다. "우주의 본체가 무엇인가?", "생명의 실상이 무엇인가?" 그 자리를 분명히 의심해야 참다운 화두입니다.

"달마 스님이 서쪽에서 오신 뜻이 무엇인가?", "본래면목이 무엇인가?", "부처가 무엇인가?" 이 모두가 본래는 원만실상圓滿實相을 우리한테 참구, 의심케 하는 말입니다. 화두의 근본 목적, 원인이 다 여기에 있는 것입니다. 그리고 묵조선默照禪은 화두 없이 수행하는 선禪이지만 그저 묵묵히 앉아 있는 것이 아닙니다. "천지 우주는 오직 부처님뿐이다", 이 자리를 비춰 보아야 합니다.

기독교에서도 하나님을 믿을 때 아우구스티누스(Augustinus, 354~430)가 말한 바와 같이 "하나님의 은총에 의해서만이 우리는 구제될 수 있다." 다시 말씀드리면 영생불멸한 그 자리를 안 떠나야 우리는 구제를 받는 것입니다. 실유불성을 떠나지 않아야 합니다. 부처님이란 자리를 떠나지 않아야 우리가 참다운 구제를 받습니다. 그 자리가 바로 우리 본래 생명이요, 부처님·하나님이 바로 우리의 영원한 생명 자리이기 때문입니다. 우리 생명을 떠나지 않는 것이 "오, 주여" 하는 것이고 "나무아미타불 나무관세음보살" 하는 것입니다.

다시 말씀드리면 우리 기분이 사나울 때나 그렁저렁 생각이 기쁠 때나 곤란스러울 때나 이런 생각은 모두가 변계소집성입니다. 우리가 어느 순간 잘못 보고서 고집하는 경우 바로 그냥 "아차!" 하고 "이것도 공空이구나." 이렇게 해 가지고서 부정을 시켜 버려야 합니다.

그렇기 때문에 염념참회念念懺悔라, 생각 생각에 우리는 참회를 해야 합니다. 우리가 생각 생각마다 회개하고서 염념상속念念相續, 하나님·부처님한테 우리 마음을 돌려야 됩니다.

현상적인 것은 모두가 다 허망 무상한 것이고, 참다운 것은 죽으나 사나 언제나 우주가 다 파괴되든지 말든지 간에 영원히 존재하는 우리 생명의 본모습, 원성실성圓成實性 즉불卽佛입니다.

이 자리에 계신 신도님들, 오늘 저녁 바로 염불을 하시더라도 그냥 염불이 아니라 불성 자리, 영생불멸하는 생명의 실상 자리에 마음을 두시고 염불을 하십시오. 주무실 때도 실상 자리에 마음을 두시고 잠드시면 나쁜 꿈도 안 꾸게 됩니다. 그리고 주무시는 동안도 우리 마음이 한걸음 한걸음 차근차근 불성에 가까워지는 것입니다.

우리 생각은 창조創造의 신神입니다. 나쁜 생각하면 우리 마음이 나빠지는 것이고, 부처님·하나님을 생각하면 본래가 부처인지라 우리가 부처가 되어 가는 것입니다. 공부하기 참 쉬운 것입니다. 그렇게 온 힘을 다하셔서 공부하시기 바랍니다.

나무아미타불.

나무마하반야바라밀.

# III. 부처님 가르침에 모든 진리가

# 산은 산, 물은 물(山是山水是水)

　지금까지 제가 너무 근본적인 문제만 말씀드렸기 때문에 사실 불자님들께서는 별로 흥미롭지 못하고 또 알기도 어려웠을 것이라 생각됩니다.

　불교가 눈에 보이는 세계, 이른바 형이하학적인 형식적인 세계만 가지고 말씀했으면 상식적으로 충분히 알 수가 있습니다. 그러나 불교도 다른 종교와 마찬가지로 형이상학적인 눈에 안 보이는 세계, 즉 영생불멸하는 정신세계까지를 아울러서 다 포함하는 가르침이기 때문에 어차피 근본적인 문제를 이야기하려고 하면은 눈에 안 보이는 세계, 이른바 신비 부사의한 세계까지 말씀드리지 않을 수 없습니다.

　그러한 것은 아주 심오한 철학적인 문제이기 때문에 사실 일반 분들이 아시기가 좀 어렵습니다. 일반 엘리트들도 전문적으로 철학을 공부했으나 종교를 공부 안 한 분들에게는 그런 문제는 어려운 것입니다. 따라서 어려운 것은 어렵다고 생각을 하셔야 합니다.

　"내가 무엇인가?", "나의 본래 생명은 무엇인가?", "우주의 본질은 무엇인가?", "우주란 것은 장차 어떻게 되어 갈 것인가?" 또는 "과거 전생은 어떠한 것이며, 과연 영혼 세계는 있는 것인가?", "우리가 죽어서 가는 세계는 어떠한 곳인가?" 이러한 문제들은 사실 굉장히 어려운 문제들입니다. 눈에 보이지 않기 때문에 부인하면 그만이지요. 또 없다고 생각하면 이른바 유물론자처럼 모두가 다 물질인 것이고 우리 사고 활동도 결국은 뇌의 반사작용에 불과하다고 생각하면 또 그럴 수밖에 없습니다.

그러나 이렇게 해서는 자기 고민도 해결이 안 되고 항상 불안 속에서 헤맬 것이고, 또는 가정적으로 보나 사회적으로 보나 또는 국제적으로 보나 그러한 형식적인 문제만 가지고 생각할 때는 도저히 문제의 해답이 나올 수가 없습니다.

그렇기 때문에 어차피 어렵기도 하지만 우리 인생을 가장 심오하고 성실하게 사신 분들, 예컨대 공자나 석가, 소크라테스, 마호메트, 노자, 그런 분들이 결국은 인생을 가장 성실하게 인생의 바닥까지를 훤히 알고 사신 분들인데 그분들의 말씀은 똑같습니다. 그때 시대 상황에 따라서 또는 중생 근기 따라서 약간의 차이가 있게 표현되었다 하더라도 그분들도 천지 우주의 근본 자리를 항시 생각하고 그 자리에다가 마음을 안주시켰으며 동시에 본래가 그 하나의 자리, 그 차원에서 이웃을 자기 몸같이 사랑했습니다.

마태복음서 어느 구절에 보면은 바리새인들이 예수께 가서 "주여, 주님께서 가장 중요시하는 계명이 무엇입니까?" 하고 물었습니다. 그러니까 예수께서 하는 말씀이, "가장 중요한 것은 우리 생명의 근본 자리인 하나님을 마음을 다해서 오로지 믿어야 할 것이고, 그다음은 자기 이웃을 자기 몸처럼 사랑하라." 이 것이 기독교 가르침의 전부라고 말씀했습니다.

기독교뿐만 아니라 다른 종교도 마찬가지입니다. 인생과 우주의 근본 자리, 근본 생명 그 자리에다 우리 마음을 항시 풀어야 합니다. 우리 중생은 지금 붕붕 떠서 삽니다. 눈에 보이는 세계, 상식적인 세계만 보고 살고 있습니다. 그것이 전부라고 생각합니다. 그러나 성자는 그러한 형식적인 허망 무상한 세계를 다 간파하고 이 현상 세계의 근본 본질을 깨달은 분입니다.

본질을 깨달아 보니 내 생명 뿌리나 그대 생명 뿌리나, 미운 사람이나 또는 나쁜 사람이나, 다른 식물이나 동물이나 모두가 다 근본 뿌리가 동일한 생명체였던 것입니다.

우주는 하나의 생명체입니다. 하나님도 부처님도 우주 생명체입니다. 그리고 생명이라는 것은 크고 작고 그렇게 대립적으로 비교할 수가 없는 것입니다. 생명은 물질이 아니기 때문입니다. 물질이면 그때는 크다 작다 많다 적다, 여러 가지로 분별시비가 되겠지만 생명은 물질이 아니기 때문에 상대가 안 되는 것입니다.

앞에서도 말씀드린 바와 같이 바늘귀만 한 데에 들어 있는 생명이나 태산 속에 들어 있는 생명이나 똑같습니다. 즉 다시 말씀드리면 생명은 우주에 충만해 있고 우주는 생명 그 자체인 것입니다.

우리가 지금 느끼고 있는 공기라는 것도 역시 대류권 내에서는 산소와 수소가 있고 질소가 있지마는 성층권에 올라가면 그것이 파해 버린다는 말입니다. 그 위에 자기권이고, 더 올라가면 거기에는 전자도 없습니다. 거기는 수소만 있습니다. 더 올라가면 아무것도 없는 순 진공입니다. 그러나 하나님이나 부처님은 진공이 됐든 어디가 됐든 충만해 있습니다. 충만해 있다는 것은 가득 차 있다는 뜻입니다.

바꿔서 말하면 우주란 것은 모두가 하나님이나 부처님 생명 뿐입니다. 그런 자리에서 연기법, 따라서 인연 따라서 잠시간 이렇게 되고 저렇게 됐단 말입니다. 그러니까 어떻게 됐든지 간에 부처님 도리이고 우주의 본성이기 때문에 진여불성, 그러는 것입니다. 부연하면 바로 진리니까 진여라 하는 것이며, 생명이니까 부처님 그러는 것입니다. 생명이 아니면 부처님이라 할 수 없습니다. 우리가 소박하게 생각하여 소승적 견지에서는 부처님은 석가모니만 부처님 아닌가라고 생각할 수가 있습니다. 눈에 보이는 것만 따질 때는 그렇게도 됩니다. 그것은 일반 중생들의 소승적 견해이지 참다운 부처님은 석가모니가 나오고 안 나오고에 상관없이 과거나 현재나 미래나 영원히 항시 존재하는 생명 자체인 것입니다. 그것이 이른바 법신 부처님입니다.

제가 허두에 안심법문을 말씀드린 것도 내 생명, 이 몸뚱이야 죽든가 말든가, 석가모니가 나왔든지 안 나왔든지 상관없이 영생불멸한 진리는 항시 그대로입니다. 그 자리에다가 마음을 둬야 마음이 편안한 것입니다. 그 자리는 변동이 없으니까 말입니다. 우리가 사람을 제아무리 믿고 의지한다 하더라도 인연이 다하면 사랑하는 사람과도 헤어지는 것이고 부모도 가는 것이며 자식도 아프다가 죽을 수 있는 것 아닙니까.

사람을 의지하지 말라는 게 아니라 서로 믿어야 되겠지만 인간이라는 것은 성자가 아닌 한에는 어느 때 가서는 배신할 수 있는 것입니다. 우리 마음을 본질에다가 안주시켜 놓고 살지 않으면 자기를 지탱하지 못합니다. 그러니까 동반 자살도 하고 엉뚱한 일이 생기지 않습니까.

오늘은 여러분들이 들어서 잘 아시는 "산은 산이요 물은 물이다."라는 말씀을 두고 잘 모르는 사람들은 성철 스님이 지어서 만들었다고 생각하겠지만 무엇이나 우리가 근거를 알아야 엉뚱한 소리를 않습니다. 이 말은 성철 스님이 만들어 낸 것이 아닙니다.

잘 모르는 사람들은 돈오돈수頓悟頓修는 성철 스님이 만들고 돈오점수頓悟漸修는 보조 스님이 만들었다고 합니다. 그렇게 피상적으로 수박 겉핥기식의 싸움이 몇 년 동안 계속되었습니다. 그것은 물론 깊은 뜻도 있겠지만 쉽게 소박하게 말하면, 돈오돈수란 것은 성철 스님이 맨 처음 말한 것이 아니고 돈오점수頓悟漸修도 보조 국사가 만든 것이 아니라 불교 전반적인 흐름이 다 돈오점수입니다.

그러면 돈오돈수와 돈오점수가 다른 것인가? 다른 것이 아니라 돈오돈수라고 하는 것은 우리 중생이 너무나 높낮이를 따지고, 계급을 따지고, 이것저것 따지니까 단박 따지지 말고, 전후고하前後高下를 가리지 않고, 마음에 부처님 자리만 생각하고 공부하는 것이 돈오돈수라고 말씀을 하신 것입니다.

돈오점수는 우리 중생이 본래 부처니까 아무렇게나 해도 무방하지 않겠는가, 즉 먹는 것이나 무엇이나 이것저것을 가릴 필요가 있겠는가, 그렇게 너무 본질만 따지고서 형식을 무시하고 차서次序를 무시하는 그런 사람한테는 돈오점수를 얘기해서 점차 닦아 올라가는 것을 말해야 하겠지요. 도인들은 그야말로 선교善巧 방편이라 기가 막히게 그 사람의 정도에 맞게 말한 것을 우리 후대인들은 그걸 모르고 돈오돈수는 옳고, 돈오점수는 그르다, 또는 그 반대로 말을 합니다.

성자의 말을 가지고 범부들이 싸우는 식으로 생각해서는 안 됩니다. 부처님 법문이나 예수님 법문이나 성자의 말이란 것은 다 그때그때 상황 따라서, 중생의 근기 또는 시대에 따라서, 거기에 걸맞게 중생제도의 자비심에서 우러나온 말씀입니다. 이것이 삼단견해三斷見解, 세 가지 견해입니다.


### 산시산 수시수山是山水是水[24]

노승 삼십년전 미참선시老僧三十年前未參禪時

견산시산 견수시수見山是山見水是水

내지 후래친견지식 유입처乃至後來親見知識有入處

견산불시산 견수불시수見山不是山見水不是水

이금득개 휴헐처而今得箇休歇處

의전견산지시산 견수지시수依前見山祇是山見水祇是水

대중저삼반견해 시동시별大衆這三般見解是同是別

유인치소득출 허여친견노승有人緇素得出許與親見老僧

— 『경덕전등록景德傳燈錄』 권卷23

---

24) 송대宋代 청원유신靑原惟信 선사禪師의 상당법어上堂法語. 황룡혜남黃龍慧南
   →회당조심晦堂祖心→청원유신靑原惟信.

반야25)바라밀般若波羅蜜(Prajnaparamita), 지도智度 또는 도피안到彼岸의 지혜, 곧 실상實相을 깨달은 지혜로써 생사의 차안此岸을 건너 해탈(열반)의 피안彼岸에 이르는 배나 뗏목 같으므로 도피안이라 합니다.

그래서 "산은 산이요 물은 물이다."라는 것은 벌써 중국 송나라 때 불교 내에서도 그와 유사한 것이 있었으나, 정식으로 쓰인 것은 송나라 때 청원유신靑原惟信 선사 때부터입니다.

이분도 위대한 분입니다. 이분도 몇십 년 동안 공부를 해 가지고 비로소 이런 견해를 터득한 분입니다. 한데 범부 소견인 우리 마음이 정화되지 않을 때는 그야 산은 산이고 물은 그냥 물 아니겠습니까. "산은 산이요 물은 물이다."라는 그 말씀을 내놓고 그것에 관해 해설을 안 해 놓으니까 사람들은 그냥 산은 산이고 물은 물이며, 좋은 것은 좋은 것이고 나쁜 것은 나쁜 것, 이렇게만 생각해 버립니다.

애초에 나온 것은 그런 뜻이 아닌데, 그래서 청원 선사가, 내가 공부를 않고 범부일 때는 산을 보면 그냥 산이고 물을 보면 그냥 물이고 쇠는 쇠이고 다이아몬드는 좋으니까 패물로도 쓰일 것이라고 생각했는데, 다행히 자기가 선지식을 만나서 공부를 상당히 하고 보니까 산도 산같이 안 보이고 다이아몬드 같은 것도 별것이 아니게 보인단 말입니다. 그래서 '이승공견二乘空見'이라, 이승二乘이란 공부를 한 성문승聲聞僧이나 연각승緣覺乘이 이

---

25) ① 이반야二般若: 실상반야實相般若, 관조반야觀照般若. ② 삼반야三般若: 실상반야實相般若, 관조반야觀照般若, 방편반야方便般若.

승二乘입니다.

성문승이나 연각승들은 성자는 성자인데 공도리空道理에만 치우친 분들입니다. 진여불성이 무엇인가 하는 데까지는 미처 모르는 분들입니다. "그냥 이 세상에 있는 것들은 다 그림자 같고 꿈같아서 조금도 의지할 게 없다." 그런 생각에 치우친 성자가 바로 성문승이나 연각승이지요. 공부를 좀 하다 보면 그때는 텅 비어 온단 말입니다.

여러분들도 공부를 해 보면 아시겠지만, 자기 몸도 조금씩 조금씩 가벼워 오다가 나중에는 이 몸뚱이가 공중에 붕 떠서 어디에 있는가 분간을 할 수가 없게 되는 것입니다. 꼬집어 봐도 아프지 않고 먹지 않아도 배가 고프지 않은 그런 이상한 경계가 옵니다. 따라서 그런 때는 산을 봐도 평소 상식적으로 볼 때와 견해가 같지 않습니다. 모두가 다 달리 보입니다.

사실 우리가 꽃송이 하나를 보더라도 기분 따라서 달리 보이지 않습니까. 그것은 보통 사람들이 그러는 것이고 공부를 약간 해 가지고 모두가 다 비었다는 소식을 알 때에는 정말로 방 안에 있어도 저 벽 밖을 볼 수가 있는 것입니다. 우리 인간의 마음은 이와 같이 무시무시한 힘이 있습니다.

본래 부처이기 때문에 공부를 좀 해 가지고 보니 그때는 '견산불시산見山不是山'이라, 산을 봐도 그냥 산이 아닙니다. 지금은 산을 보면 다만 산이요, 물을 보면 그냥 물인데, 공부를 해 가지고 보면 모든 것이 허망하다는 견해가 납득이 되니까 산을 봐도 산이 아니게 보이는 것입니다. '견수불시수見水不是水'라, 물을 봐도 물이 아니게 보이는 것입니다. 그러다가 공부가 더 익어져서 불교 말로 '휴흘처休迄處'라, 마음이 다 쉬어 버렸다는 말입니다.

우리 중생은 지금 마음을 못 쉬고 있습니다. 좋다는 생각 무슨 생각 등…. 우리 마음은 지금 잔뜩 짐을 지고 있습니다. 성자가 되어야 온전히 마음을 쉽니다. 성자는 집착이 없으니까 돈을 못 벌어도 무방하고 남이 나를 배신하거나 내 집이 불타 버려도 무방합니다. 성자들은 본래 그런 것들은 자기 것이 아니라고 생각하니까 목숨도 별것이 아닙니다. 그러니까 성자만이 마음을 오로지 쉽니다. 이것을 불교 말로 '휴흘처休迄處'라, 쉴 휴休 자, 쉴 흘迄 자, 휴흘처라 그럽니다. 그래서 번뇌가 다 녹아져 마음이 개운하면 그런 단계가 우주의 본바탕을 훤히 보는 단계입니다.

다시 말씀드리면 우주가 다 부처님뿐이다, 진여불성뿐이다, 이렇게 보는 것입니다. 번뇌가 있을 때는 그렇게 안 보이지만 번뇌가 온전히 녹아 버려서 나쁜 습기들이 다 녹아진 다음에는, 훤히 비어서 그때는 좋은 사람을 보나 궂은 사람을 보나 다 부처같이 보이고 삼천대천세계가 다 부처님 광명으로 충만하게 보이는 것입니다.

그런 단계에서 본다고 생각할 때는 이른바 중도실상이라, 모든 것을 가장 바르게 보는 견해가 중도실상입니다. 조금도 치우침 없이 참답게 본다는 말입니다. 우리 중생은 지금 참답게 보지를 못합니다.

사랑하는 아들이 사랑스럽게 보이는 것도 바른 견해가 못 됩니다. 참말로 아들을 바르게 본다고 생각할 때는 "아들은 아들인데 진여연기로 해서 진여불성이 잠시간 인연 따라서 내 아들로 태어났다." 이렇게 봐야 아들을 바로 보는 것입니다. 항상 근본에서 비춰 본다 말입니다.

스피노자(Spinoza)를 그야말로 신에 도취한 성자라고들 하는데, 그분은 기독교나 불교를 굉장히 많이 공부한 철인입니다. 그런 스피노자가 한 말 가운데에서 가장 인상에 남는 게 무엇인고 하면 여러 번 인용을 했습니다만 "영원의 차원에서 현실을 관찰하라. 그러면은 현실 하나하나가 영원에 참여한다."라고 한 말입니다.

자기 아내를 봐도 영원한 진리에서 잠시간 몸을 나툰 아내가 아닌가, 남편도 영원의 차원에서 인연 따라서 잠시간 나에게 나툰 남편이 아닌가, 누구를 보나 그렇게 생각해야 비로소 바르게 보는 것입니다. 그렇게 생각해야 마음의 동요가 안 됩니다. 또 그렇게 보는 것이 연기법으로 보는 것입니다.

연기법이 좋은 것이 무엇인고 하면 그와 같이 모두를 다 진여불성이 인연 따라서 잠시간 모양을 나투었다고 보는 것입니다. 이것저것을 합해서 이것이 있으면 저것이 있고 저것이 없으면 이것도 없다 하는 그것은 상대성 원리밖에 안 됩니다.

그걸로 해서는 인간 문제 해결이 못 됩니다. 우리가 진실로 깨달아서 우리 마음의 번뇌가 다 쉬어서 중도실상의 성자의 지혜로 볼 수 있을 때, 비로소 산을 보면 바로 참다운 산이란 말입니다. 중생이 기분이 사나울 때 보면 기분대로 산이 보이는 것이고, 기분 좋을 때에 보면 별스럽지 않은 산도 이상하게 좋게 보입니다. 우리 중생은 무엇을 보나 바로, 제대로 못 봅니다.

누구를 보나 다 자기 번뇌를 섞어서 봅니다. 번뇌의 여과 없이 번뇌에 때 묻지 않고 보는 것이 바로 보는 것인데, 그래서 성자가 되어야 바로 봅니다. 어느 것이나 다 그렇습니다. 그러니까 성자가 보는 산이라야 비로소 참다운 산입니다. 참다운 산이란 무엇인고 하면 그야말로 진여불성으로 이루어진 산입니다. 물을 보더라도 성자가 볼 때는 물 역시 진여불성으로 이루어진 물인 것입니다. 이른바 진여연기의 물입니다.

불교는 공식만 알면 참 쉬운 것입니다. 중생 차원에서 볼 때는 모두가 다 때 묻어 보이는 것이고 성자의 바른 견해로 볼 때는 모두가 다 바른 것입니다. 지금 종교인들의 할 일이 무엇인고 하면은, 우리가 단박에 성자가 될 수는 없는 문제 아닙니까. 닦아서 번뇌가 녹아야지요. 그러나 성자의 가르침 따라서 성자의 견해를 우리 견해로 할 수는 있습니다.

가사 '무아無我'라 내가 없다, 또는 '무소유'라 원래 내 소유는 없다라든가 이런 것을 말로 이해할 수는 있으나 행할 수가 있습니까. 그럴 수 없단 말입니다. 그러나 성자가 바라보면 분명히 내가 없고 내 소유도 없으니까 그것이 옳습니다. 따라서 그 옳은 견해를 우리가 긍정해야 합니다. 긍정하고서 그에 가까워지려고 애를 써야 합니다.

그것이 우리 종교인의 태도입니다. 우리가 당장에 성자가 되기는 어려우니까 이론적인 체계만은 바르게 세우는 것이 선오후수先悟後修입니다. 저번에 말한 선오후수란, 먼저 이치를 알고 닦는다는 말입니다. 우리가 길을 가더라도 길목을 알고 가야지 모르면서 덮어놓고 가면 되겠습니까. 믿는 것도 덮어놓고 믿으면 우리의 소중한 힘을 낭비합니다. 분명히 성자의 길을 따라서 알고 믿어야 생명의 낭비 없이 보다 더 빨리 성자가 지시한 극락세계, 영원불변한 해탈의 경지에 이를 수가 있습니다.

따라서 산은 산이요 물은 물이다라는 그 말로만 해서는 별 의미가 없습니다. 새기고 곱새기고 해서 좀 차원이 높아져서 성문이나 연각이나 그런 이승二乘에서 볼 때는 또 모두가 다 텅텅 비어 보입니다. 산을 봐도 산이 아니고 물을 봐도 물이 아니고 모두가 다 텅 비어 보인단 말입니다. 이른바 허무주의적인 경계가 되겠지요. 이승(성문, 연각)이란 것은 결국은 허무주의와 비슷합니다.

성자가 되어야 허무를 극복한 것이고 일반 범부들은 허무인 줄도 모릅니다. 허망한 것을 허망한 줄 모르는 게 우리 일반 중생들이고 성문, 연각 이승들은 일반 중생보다는 좀 앞서 있지만 너무나 또 허무에만 치우쳐 버립니다.

그러니까 인간 생활도 제대로 못 하고 다 필요 없다고 하는, 이른바 무정부주의자 같은 사람이 되기가 쉽겠지요. 별도로 해설을 하자면 한도 없는 것이기 때문에 해설을 않고 원문만 소개를 했습니다. 원문을 보시면 모두가 다 어려울 것입니다. 더구나 한문 세대가 아닌 분들은 더 어려우실 것입니다. 그러나 두고 두고 보시기 바랍니다.

부처님 가르치심 가운데에서 가장 중요하다고 자부할 수는 없으나 대체로 논쟁거리가 되어 있고, 또 풀어야 할 근본적인 문제를 뽑아 놓았기 때문에 두고두고 참고로 하시면 좋을 것입니다.

예전에 고형곤 박사라는 분이 있었는데 참 훌륭한 학자입니다. 팔십이 넘은 분으로 저술을 많이 했는데『선禪의 세계』라는 그분의 책이 있어요. 그 책에 보니까 이 문제를 가지고 책 한 권을 다 다루었는데, 이런 문제는 심오하고 또 굉장히 난해합니다만, 그러나 풀이해 보면은 내내야 그 말입니다. 아까 말씀드린 바와 같이 우리 중생이 보는 것은 그야말로 상식적으로 보는 것이고 상식이란 것은 오류가 많지 않습니까?

우리가 상식적으로 생각할 때에 가사 다이아몬드 하나를 놓고 본다 하더라도 다이아몬드는 빛나고 좋게 보이겠지요. 그러나 물리학자가 보는 다이아몬드란 결국 탄소가 결합되어서 빙빙 움직이고 있는 것에 불과합니다. 전자현미경으로 다이아몬드를 보면 그렇게 좋게 보이던 것이 별것도 아니고 그저 탄소가 가운데에서 빙빙 돌고 있는 것에 불과합니다.

세계에서 가장 아름답다는 미인도 우리들의 흐린 눈으로 보니까 미인으로 보이는 것이지, 현미경으로 그 얼굴을 보면 구멍이 숭숭 뚫렸단 말입니다. 따라서 모든 것을 상식적으로 보면 그와 같이 별로 똑똑히 제대로 못 봅니다. 물리학자가 과학적으로 봐도 온전히는 못 봅니다. 현미경으로 보는 것도 물리적으로는 한계가 있는 것입니다.

성자가 봐야 영생불멸하는 중도실상을 봅니다. 아까 스피노자가 말한 바와 같이 영생의 차원에서 본다는 말입니다. 그렇게 봐야 바로 봅니다. 바로 봐야 예쁘고 밉고가 아니라 부처님 차원에서 다 부처님같이 훌륭하게 볼 수 있기 때문에 이른바 대긍정이 될 수 있겠지요. 이것을 제가 쓰려면 한참 시간이 걸립니다. 그러나 여기에 다 나와 있는 것이지만 그래도 세간에 있는 분들은 이렇게 짚어 가며 말씀을 해 드려야 이해가 되시겠지요.

우리 스님들 같으면 그냥 쭉 읽어 버리면 됩니다마는 그러나 여러분들이 계시고 또 여러분들은 앞으로 많은 사람들을 제도하고 많은 사람들에게 부처님 법을 빛내실 분들이기 때문에 이런 귀중한 시간을 통해 제가 세밀하게 말씀을 드리는 것입니다.

아까도 말씀드린 바와 같이 상식적으로 보는 견해와 또는 모두를 부정해 버리는 부정적 견해, 또는 성자처럼 대긍정하는 견해가 세 가지 견해, 즉 '삼단견해'인데, 우리 중생은 긍정도 하고 부정도 하지마는 우리 중생이 긍정한 것이나 부정한 그것은 사실은 바르지가 못합니다. 우리 기분이 그곳에 들어 있기 때문입니다. 우리 기분이란 것은 번뇌에 가려져 있으므로, 기독교식으로 말하면 원죄가 들어 있단 말입니다. 원죄에 가려져서 바로 보지를 못합니다. 우리가 좋다고 보는 것이 꼭 좋은 것도 아니고, 나쁘다고 보는 것이 꼭 나쁜 것이 아닙니다.

그런데 허무주의적으로 모두를 부정해서 보는 것은 좋은 것도 궂은 것도 모두 다 부정해 버립니다. "모든 것은 다 꿈이고 허깨비고, 뜬구름이다." 이와 같이 보는 것이 모두를 다 부정해 버리는 견해입니다. 따라서 허무주의적인 그런 것도 옳지 못하고 성자만이 가장 바르게 봅니다.

성자는 우주의 도리로 보기 때문에 오류가 없습니다. 따라서 우리는 지금 번뇌에 가려서 안 보인다 하더라도 성자의 견해를 우리 견해로 하고 살아야 바로 살 수가 있습니다. 우리가 단박에 비약적으로 성자가 될 수는 없는 문제 아닙니까. 그렇기 때문에 무수한 세월 동안 많은 성자들이 일구여출一口如出로 말한 가르침들, 성자들의 말은 다 우주의 도리에 맞고 원줄거리는 똑같습니다. 성자의 말을 우리 견해로 보고 살아야 오류를 범하지 않습니다.

늘 하는 말입니다마는 이 우주란 것은 만법萬法이 유식唯識이라, 만법이란 것은 우주 만유 모두를 만법이라고 합니다. 제법諸法이나 만법萬法이나 같은 말입니다. 모든 존재, 나까지 포함해서 이것이나 저것이나 눈에 보이는 것이나 안 보이는 것이나 모두를 다 포함해서 제법 또는 만법이다 그럽니다.

그런데 만법이 유식이라고 생각할 때는 물질은 물질이고 정신은 정신이 아닌가라는 견해는 평범한 상식 아닙니까. 그러나 부처님 차원에서 성자가 볼 때는 물질이란 것은 우리 중생이 잘 몰라서 물질이라고 보는 것이고, 현대물리학자들도 "물질은 에너지뿐이다."라고 봅니다.

물질이라는 것은 에너지가 진동해서 물질같이 보이는 것이지 참말로 있는 것은 결국 에너지뿐인 것입니다. 우주 에너지가 그때그때 어떻게 진동하는가, 얼마만큼 움직이는가 하는 운동 상황에 따라서 전파가 되고 음파가 되는 것이지 본래는 차이가 없는 것입니다. 전파나 음파 모두가 다 그렇습니다.

본래 에너지는 우주의 정기精氣입니다. 그런 것들이 모여서 산소가 되고 수소가 되며 또 그런 것들이 모여서 우리 몸의 세포를 이룹니다. 그런데 가장 기본적인 물 자체, 칸트가 말한 물질의 근본은 무엇인가? 물 자체는 내내야 마음이고, 부처고, 하나님이고, 또는 태극이고, 도道란 말입니다.

우주의 근본 정기인 순수 에너지 그 자리가 진동 상황에 따라서 마이너스(-)가 되고 플러스(+)가 됩니다. 음양이 본래 있는 것이 아니라 음은 마이너스이고 양은 플러스 아닙니까. 우주의 정기가 어떻게 움직이고 어떻게 진동하는가에 따라서 마이너스가 되고 플러스가 되곤 합니다. 그것이 모이면 또 오행五行이 되지요.

그런데 이와 같이 움직이기 전에 참다운 실상, 우주의 에너지, 우주의 정기, 즉 말하자면 이것이 알 식識 자 또는 마음 심心 자, 식識이고 심心입니다. 몇 가지 공식을 외워 두면 불교를 이해하기가 참 쉽습니다. 공식을 모르면 자꾸 막힙니다. 아까 말씀드린 바와 같이 본래로 돌아가면 다 공空이 되어 버리고 물질은 없습니다. 결국 우주의 정기, 에너지만 남는 것입니다. 그 자리가 바로 식識이요, 심心이란 말입니다.

그래서 식識은 마음을 헤아리고 사고하는 그런 쪽으로 생각할 때 알 식識 자란 말을 씁니다. 식이나 마음이나 본래 같은 뜻인데, 우주의 본체인 마음을 부처님 또는 하나님이라 합니다. 종교에서 그 마음을 헤아리고 사고하는 쪽으로 말할 때 식識이라고 쓰고, 이것을 열 가지 차원으로 구분합니다.

맨 처음 안식眼識이라, 눈으로, 시각적으로 보는 그런 알음알이란 말입니다. 그다음에는 이식耳識입니다. 청각 즉 귀로 듣는 알음알이고, 그다음이 비식鼻識입니다. 코 비鼻 자, 냄새 맡는 후각으로 아는 알음알이고, 그다음은 혀 설舌 자, 맛으로 알음알이하는 것입니다. 그다음이 신식身識이라, 촉각 즉 몸으로 받는 알음알이며, 다음은 의식意識입니다. 우리가 좋다 궂다, 나요 너요 하는 생각이란 말입니다.

그런데 우리 중생들은 이 육식六識만 가지고 씁니다. 눈으로 보고 귀로 듣고 코로 냄새 맡고 혀로 맛을 보고 또 몸으로 감촉하고 또는 뜻을 헤아립니다. 우리 범부 중생은 상식으로 이 육식 차원만을 가지고 씁니다. 그런데 개나 소나 돼지는 육식이 없이 앞의 오식과 오감만 씁니다. 개나 소나 돼지 등 동물은 육식이 완전히 잠재해 버려서 식이 안 나타납니다. 그렇다고 해서 식이 없는 것이 아닙니다. 원래 모두가 다 마음에서 나왔기 때문에, 하나의 꽃이나 나무나 흙이나 별이나 모두가 다 본래 불성이어서 식이 다 갖춰져 있습니다. 다만 발로가 안 되어 있을 뿐이지 그런 것들이 잠재해 있는 것입니다. 즉 일반 동물들은 오감, 오식만 남아 있는 것입니다.

우리 인간은 좀 더 진화가 되어서 육식을 쓰는 것인데, 그러면 육식六識의 뿌리는 무엇인가? 제칠 말나식末那識이라, 이것이 육식의 뿌리입니다. 말나식은 모든 망령된 미망과 무명의 근본이 되는 식입니다. 기독교식으로 말하면 결국은 원죄라는 죄의 씨앗을 말합니다. 내가 있고 네가 있고 아만심도 있고 욕심도 있는 근본 원죄, 불교 말로 하면 근본무명根本無明이라는 말입니다.

무명이라는 말은 없을 무無 자, 밝을 명明 자, 밝지 못하니 결국은 무지입니다. 무지나 무명이나 같은 뜻입니다. 근본 무명, 이것이 제칠식입니다.

근본무명 때문에 의식으로 활동할 때에도 한없이 자기가 중심이 되어 있습니다. 남한테 베풀 때도 "내가 저 사람한테 베풀면 저 사람이 좋아하겠구나.", "나중에 어느 때 나를 도와주겠구나." 이와 같이 항시 계산이 들어 있습니다. 일반 범부 중생은 순수하게 뭘 잘 못 합니다. 그러니까 중생이라는 것은 항시 위선이 들어 있습니다. 성자가 되어야 비로소 위선을 떠납니다. 성자는 천연적으로 행동해도 위선이 없지만 우리 중생들은 상당히 마음을 먹고 해야 조금씩 나아지는 것입니다.

말나식末那識이라, 말나식은 모든 어리석고 미망된 마음의 근본입니다. 우리 마음이 이것밖에 없다고 생각할 때는 중국 춘추전국시대 순자의 성악설性惡說처럼 인간성을 본래 나쁜 것으로 규정하게 됩니다. 지금 학자들을 보면은 인간성은 본래 나쁜 것이기 때문에 교육을 해서 도야를 시켜야 된다고 하는데 이 말나식이 전부가 아닌 것입니다. 말나식의 뿌리가 제팔 아뢰야식阿賴耶識입니다.

아뢰야식, 이것은 선악을 떠나서 모든 종자가 다 들어 있습니다. 나쁜 종자 좋은 종자가 모두 들어 있습니다. 우리가 남을 미워하면 미워하는 마음은 사라져 버려도 그 종자가 여기 다 남아있게 됩니다. 남을 사랑하면 사랑하는 종자가 들어 있다가 자꾸 사랑하면 더욱 그런 마음이 깊어지는 것입니다. 남을 미워하면 미워할수록 더 미워지는 것이고, 그러다가 나중에는 죽이기까지 하지 않습니까?

아무튼 우리가 생각을 한 번 내면 그걸로 끝나는 것이 아니라 여기 있는 아뢰야식에 항시 저장되는 것입니다. 이것을 종자식이라, 선악의 종자가 여기에 들어 있게 됩니다. 그러다가 연이 닿으면 종자가 다시 싹이 터져 나옵니다.

그러면 이것이 마음의 근원인가, 이것도 근원이 아니라 다행히도 보다 더 큰 근원이 있습니다. 이것이 암마라식菴摩羅識입니다. 암마라식을 청정식淸淨識이라고도 합니다. 저 근본에서 볼 때는 좋은 것이나 궂은 것이나 모두가 다 청정하단 말입니다. 여기에 바닷물이 있다고 할 때에 바닷물 표면에 비가 와서 흙탕물이 들어가면 표면은 오염이 되겠지요. 그러나 몇십 미터 수면 밑은 오염이 안 됩니다.

그와 똑같이 우리 마음이란 것은 아뢰야식이 근본 바탕이 아닙니다. 보다 더 깊은 바탕이 암마라식인데, 이 암마라식은 나쁜 종자가 들어오든 좋은 종자가 들어오든 상관없이 항시 청정합니다. 그렇기 때문에 백정식白淨識이라, 그야말로 순결하고 청정하단 말입니다. 암마라식은 백정식으로 풀이가 됩니다. '암마라'라는 말은 인도 말로 불식佛識이라는 뜻인데 바로 부처님, 또는 진여불성입니다.

이렇게 생각하면 못난 우리 마음도 근본 뿌리는 부처구나, 짐작이 좀 되시겠지요. 우리가 좋다 궂다 하는 것은 말나식 차원에서 그러는 것이지, 근본 뿌리까지 파고들어 가면 내내야 다 부처가 나온단 말입니다. 개의 마음이나 소의 마음이나 끄트머리에 가서는 다 부처 마음입니다.

　여러분들, 불경을 보십시오. 자기 집에서 키우는 개가 전생의 자기 아버지가 환생한 그런 사연도 많이 있습니다. 분명히 자기가 지은 바에 따라서 윤회합니다. 뱅뱅 돕니다. 자기가 죽어서 개도 되고 소도 되고 그러는 것입니다. 시기심을 많이 내고 질투를 많이 하고, 그런 사람들은 대체로 죽으면 구렁이나 뱀이 되는 것입니다.

　우리는 지금 사람의 허울을 쓰고 있습니다만 우리 몸뚱이 이것이 전부가 아닙니다. 자기 번뇌, 자기 업에 걸맞은 허울을 쓰고 있는 것입니다. 천상에 올라가면 천상 허울을 쓰고 그러다가 부처가 되면 그때는 온전한 생명 자체가 되는 것입니다.

　내 마음의 본래 고향이 부처인데 이 자리가 바로 적멸寂滅이라, 번뇌의 동요가 조금도 없는, 번뇌가 다 없어져 버린 청정한 자리입니다. 그다음이 불성이라, 그 뜻은 나쁜 것이 나오지 않는다는 말입니다. 우리가 부처가 되면, 지옥 갔다 어디 갔다 윤회를 하겠습니까. 예수나 석가나 공자나 그런 분들은 다 번뇌에 묶여서 태어나는 것이 아닙니다.

　저 높은 극락이나 천상에 계시다가 우리 중생이 불쌍하니까 자비로, 사랑으로 해서, 중생의 구제를 위해서 짐짓 몸 받아 나오신 것입니다. 따라서 다시 바꾸어서 말하면 그분들은 바로 하나님의 아들이요, 부처님의 아들이라고 말할 수 있겠지요. 본래에서는 우리 모두가 다 부처님 아들이요, 하나님 아들인데 우리는 지금 업 따라서 뱅뱅 돌고 있습니다.

예수나 석가, 공자나 그런 분들은 바로 청정한 분들이기 때문에 복이 구족해서 저 천상이나 극락에 있다가 일반 중생을 불쌍히 여겨 중생 구제를 위해 일부러 오신 것입니다.

지금 제가 생각하기는 이 자리에 계신 여러분도 그냥 업 따라 나오신 것이 아니라, 틀림없이 과거 전생에 좋은 일을 많이 해서 높은 데 계시다가 금생에 모든 중생을 제도하고자 해서 나오셨다고 믿습니다.

한국에서 태어나고 또 한국에 태어났어도 하필이면 불교를 믿고 여기까지 서투른 법문을 들으시기 위해서 하와이에서 오시고, 한국에서도 오시고, 또 뉴욕에서도 오셨습니다. 제 법문이 중요한 것이 아니라 부처님 법을 그렇게 흠모해 하는 그 마음이 굉장히 중요한 것입니다. 따라서 틀림없이 여러분들께서는 방금 제가 말씀드린 바와 같이 과거 전생에 높은 데 계시다가 중생을 제도하고 이렇게 혼란스러운 세계를 구제하기 위해서 오셨다는 것을 저는 확신하고 있습니다.

우리 마음은 본래가 부처인데 부처, 이것이 본마음입니다. 따라서 남을 미워하고 해코지하는 이런 마음은 우리 본마음이 아닙니다.

우리가 보통 말할 때에 악마와 천사가 우리 마음에 같이 있다고 말하지 않습니까. 악마와 천사 정도가 아니라 바로 악마와 하나님이 같이 있다는 말입니다. 악마와 하나님, 악마와 부처님이 같이 살고 있습니다. 우리는 본래 부처님이고 하나님인데 우리가 잘못 살아서 나쁜 버릇 때문에 엉뚱한 짓을 한단 말입니다. 따라서 제아무리 나쁜 사람도 우리가 용서해야 합니다. 용서를 하고서 그 사람을 진심으로 타이르면 그때는 순간에 위대한 사람이 될 수도 있습니다. 본래가 부처이기 때문에 성인들은 모든 사람을 다 용서합니다.

마태복음서에도 베드로가 예수에게 "주여, 제 이웃이 저에게 잘못을 했을 때에 일곱 번쯤 용서하면 되겠습니까?"라고 물으니까, 예수께서 "일곱 번이 아니라 칠십 번의 일곱 번을 더 용서해라." 그 말씀은 무조건 다 용서하라는 말씀입니다.

별것도 아닌 것을 가지고 우리는 남을 용서 못 합니다. 성자는 모두를 다 부처님같이 하나님같이 보며 용서하는데, 성자도 용서하는데, 성자에 비하면 어림도 없는 우리가 용서를 못 합니다. 자기 자신은 위선도 하고 별짓 다 하는 사람들이 남은 용서를 못 한다는 말입니다. 우리는 자기비판을 준엄하게 해야 합니다.

우리 본심에서는 남을 용서하지 못할 아무런 이유가 없는 것입니다. 아까 말씀드린 바와 같이 금덩어리나 다이아몬드보다 훨씬 더 소중한 것이 부처 아닙니까. 그런데 영원히 죽지 않고 빛나는 하나님, 부처님이 우리의 본심입니다. 가장 소중한 보배가 우리한테 있습니다. 그 소중한 보배를 캐내려고 하지는 않고, 우선 눈에 보이는 것은 우리 중생이 잘못 보는 것인데도 그것만 가지고 아귀다툼하고 싸우고 그것 때문에 죽이고 전쟁을 합니다.

우리 인간은 모두가 자업자득입니다. 자기 스스로 자기 번뇌에 묶여서 고통받습니다. 우리 본마음자리를 캐기 위해서 "나무아미타불 관세음보살"을 부르는 것입니다. 우리 본마음이 부처이기 때문입니다.

사람 마음도 부처이지만 동물도 부처이고 또 공기나 물이나 그것도 역시 본래는 다 부처님입니다. 부처님은 바로 우주의 정기精氣입니다. 따라서 염불이나 오체투지 하는 것이나 모두가 다 그 자리에 가기 위해서 하는 것입니다. 우리 중생이 잘못 알아들으니까 부처님은 극락세계에 계신다, 하나님은 천상에 계신다 하는 것입니다. 성자의 길에는 무소부재無所不在 무소불능無所不能이라, 하나님이나 부처님이나 안 계시는 데가 없고, 어디든 다 계시는 것입니다.

내 눈 속에나 내 몸속에나 머리카락 속에까지 다 부처님이 계십니다. 따라서 염불을 하고 화두를 참구한다 하더라도 언제나 어디에나 계시는 부처님, 우주의 참다운 보배 같은 생명, 거기에다가 마음을 두고 하는 것이 참다운 공부입니다. 지금 안 보이지만 거짓말은 절대로 안 하시는 분이니까 그렇게 증명을 했단 말입니다. 지금 우리에게 좋은 마음을 내게 하기 위해서 방편으로 하신 말씀이 아닙니다.

사실로 항시 빛나고 있는 것을, 성자가 볼 때는 천지가 환하게 보이는 것을, 우리 중생은 어두워서 못 봅니다. 그러나 꼭 보이는 듯이 참선도 하고 염불도 하고 해야 하는 것입니다. 그래야 공부가 훨씬 빠른 것입니다. 그렇게 공부하다 보면은 전에도 말씀드린 바와 같이 달을 보고도 활짝 깨칩니다.

중국 당나라 때 동산양개 선사는 자기 스승에게 법을 들을 때에 도저히 알아들을 수가 없었습니다. 업장에 가리어져 있으니까 어려운 법문을 못 알아들었겠지요. 그래도 여태까지 공부를 많이 했기 때문에 "부처가 무엇인가", "도가 무엇인가", "진리가 무엇인가", 그러다 보니 그만큼 마음이 정화가 되었겠지요.

깨달을 때는 어느 순간 어떤 계기가 필요합니다. 자기 스승한테 가서 고도의 법문을 들었지만 도저히 못 알아듣겠고 해서 "나 같은 놈은 차라리 죽어서 몸을 바꿔 볼 것이다." 이렇게 생각하고 시냇가를 걸어오다가 맑은 시냇물을 보고 퍼뜩 깨달아 버렸던 것입니다.

마음으로 하나님, 부처님을 간절히 생각하다 보면은 어느 때 고도한 법문을 못 알아들어도 어느 순간에 시절 인연이 와서 깨달을 시기가 되면은 그때는 퍼뜩 깨달아 버리는 것입니다. 밥 먹다가 깨닫고, 세수하다 깨닫고, 깨닫는 순간은 일정한 때가 없습니다. 그렇기 때문에 평소에 일행삼매一行三昧라, 자나 깨나, 밥을 먹으나, 일을 하나, 어느 때나 하나님 생각, 부처님 생각을 합니다. 그것이 바로 우리 본심이고 우주의 본질인 것이며, 그러다 보면은 우리도 모르는 사이에 가까워지는 것입니다. "나무아미타불 관세음보살" 하면 그것이 아무것도 아닌 것 같지만 한 번 외우면 외운 만큼 우리 업장이 녹아집니다.

여러분들, 몽수경夢授經을 보셨죠. 제일 쉬운 것 아닙니까.

조념관세음 모념관세음朝念觀世音 暮念觀世音이라, 아침이나 저녁이나 "나무아미타불 관세음보살"을 부른단 말입니다. 그러면 우리 주위에서 신神들이 못 떠납니다. 신들이란 우리보다 훨씬 더 영식靈識이 맑습니다. 영식이 맑으니까 우리보다 더 하나님·부처님을 숭배하겠지요. 따라서 우리가 "나무아미타불 관세음보살" 공부를 한다고 생각할 때는, 그런 신장들이 환희심을 내기 때문에 어디로 갈 수가 없습니다.

세상에 부처님 이름보다 더 소중한 것은 없습니다. 부처님이란, 우주의 진리이고 생명이기 때문에 그보다 더 귀한 것은 없습니다. 그 이름은 우리 사람 이름같이 아무렇게나 지은 것이 아니라 바로 영원적인 생명에 걸맞은 이름입니다. 따라서 나무아미타불, 관세음보살 하면 영원적인 진리가 거기에 묻어 있습니다.

그래서 우리가 한 번 외우면 외운 만큼 우리 마음도 정화가 되고 우리 업도 녹아지는 것입니다. 다시 말씀드리지만 우리 주변에는 무수한 신들이 있는데 신들이 그것을 듣고서 환희심 때문에 어디로 갈 수가 없습니다.

조념관세음 모념관세음朝念觀世音 暮念觀世音, 항시 "관세음보살 나무아미타불" 하면, 그때는 천라신, 지라신이라, 하늘에 있는 신이나 땅에 있는 신이나 우리를 못 떠납니다. 못 떠나니까 일체 재앙이 없어져 버리는 것입니다.

우리가 행복을 창조하기란 사실은 쉬운 것입니다. 쉬운 것인데 우리 중생들이 너무나 자기 주관적으로 쥐꼬리만 한 지식으로 따지니까 참다운 행복을 못 받습니다. 성자의 말을 곧이곧대로 믿으십시오. 성자의 말은 거짓말이 없습니다. 금강경에 있는 말씀과 같이 부처님 말씀은 모두가 다 알맹이 있는 실다운 말씀인데 우리 범부들이 잘 모르는 것입니다.

이른바 자기 무지를 알아야 됩니다. 철학의 아버지라는 소크라테스가 한 "자기 무지를 알라"는 말은 굉장히 소중합니다. 우리 범부라는 것은 내가 지금 금생에 나와서 박사가 되었다 할지라도, 영원적인 진리를 아는 것은 결코 아닙니다.

분별 지혜라, 일반 세간적인 것들은 중생 지혜입니다. 따라서 박사나 교수가 되었더라도 아직 영원적인 차원에서는 무지하단 말입니다. 누구나가 다 참회해야 합니다. 그렇기 때문에 예수가 나와서 요단강에서 외친 소리가 무엇인고 하면 "하나님 나라는 지금 눈앞에 보이는데, 그대들 모두가 참회하라. 회개하라."였습니다. 일반 중생들은 잘났으나 못났으나, 지위가 있으나 없으나 다 회개해야 합니다.

아직은 성자가 못 되었으니까 본래가 부처이고 하나님인데, 본래의 부처나 하나님이 못 된 사람들이 참회할 수밖에 다른 길은 없습니다. 아까 말씀드린 바와 같이 일반 동물들은 눈으로 보고, 귀로 듣기도 하고, 코로 냄새 맡고, 혀로 맛을 알고, 몸으로 감촉도 하지만, 일반 동물들은 그것밖에는 못 씁니다. 이른바 오감밖에는 모릅니다.

다행히 우리 인간은 진화 법칙으로 본다고 생각할 때, 다윈의 진화 법칙도 역시 어떤 이치는 있습니다. 인간 정신을 무시해서 그것이 큰 탈이지만, 우리 인간은 보다 더 진화가 되었습니다.

일반 사람들은 육식六識까지밖에 못 씁니다.

다행히도 철인이나 성자나 그런 분들은 본래 우리 마음의 근본은 부처구나 하는 것을 알아 버렸지요. 금생에 태어나서 육식까지밖에 모르고 죽어 버린 사람도 있고 또는 순자처럼 인간의 마음을 본래 악하다고 봤던 사람이나, 제칠 말나식까지 알고 죽은 사람도 있는 것입니다.

어쩌다가 우리는 과거 전생에 많이 닦아 가지고 왔기 때문에 금생에 부처라는 것을 알고 환희심을 낸다 말입니다. 우리 마음의 본래 뿌리가 부처다, 이것을 안다는 것이 우리 공덕 가운데 가장 소중합니다. 이것을 알면 다른 것은 모두가 다 시원찮은 것입니다.

학교에서 학생들이 공부를 하더라도 "역시 내 마음은 만능을 갖춘 부처다." 이렇게 생각하고 시험공부를 하게 되면 그때는 노이로제에 걸리지 않습니다. 그러나 하나 배우면 그것만 알고 수학 공식 하나 풀면 그것만 머리에 담아지고 그런 것이 자기 마음이라고 생각하면 그때는 조금만 넘어지만 노이로제에 걸립니다. 그러나 우리 마음의 무한한 가능성, 즉 우주를 다 알 수 있는 모든 지혜를 우리는 다 갖추고 있습니다.

부처님의 지혜라는 것은 일체종지一切種智라, 성자의 지혜는 일체종지입니다. 예수나 석가모니나 과학을 배웠겠습니까. 정감록을 쓴 이가 과학을 배웠겠습니까. 그런데 몇백 년 뒤의 일까지 다 알아맞혔습니다. 성자의 지혜라는 것은 모두를 다 아는 것입니다.

"내 머리에는, 내 마음에는, 원래 그런 지혜가 있다." 이렇게 생각하고 시험공부를 하는 것과, "내가 지금 배우는 것만 머리에 들어가고, 안 배운 것은 안 들어간다." 이렇게 생각하고 공부를 하는 것은 천지 차이가 있는 것입니다.

자기 마음은 천지에 두루 해 있습니다. 물질이 아니기 때문에 물질이 아닌 것은 한도 끝도 없이 우주에 두루 하는 것입니다. 은하계도 태양계도 자기 마음속에 다 들어 있습니다. 하나의 정기로 해서 말입니다.

# 광명光明·광명열반光明涅槃

❀

## 열반사덕涅槃[26]四德[27]

제가 말씀을 진행하는 데 있어 광명이란 것을 좀 풀이를 해 드려야 다른 것을 이해하시기가 편리하실 것입니다.

'광명'이란 데에 보면은, 이렇게 나와 있습니다. 광명과 광명을 이렇게 두 번 되풀이한 것은 우리가 느끼는 중생의 시각으로 보는 그런 광명이 아니란 뜻입니다. 이른바 청정 광명이라, 청정 광명은 청·황·적·백이 아니요, 푸른색이라든가 또는 누런색이라든가 붉은색이나 흰색이나 이른바 상대 유한적인 광명이 아니란 뜻입니다.

물질도 아니며 눈에 보이는 물질적인 존재도 아닙니다. 또는 인과법도 아니니, 원인이 있고 결과가 있는 상대적인 법이 아니

---

26) 열반涅槃(Nirvana): 적멸寂滅·불생不生·무위無爲·안락安樂·해탈解脫·원적圓寂·영생永生.

27) 열반사덕涅槃四德: 상常·락樂·아我·정淨

① 상덕常德: 항상불변恒常不變하여 생멸이 없으며 수연화용隨緣化用이 항시 부덕不德함을 말함.

② 락덕樂德: 적멸무위寂滅無爲하여 언제나 안락무우安樂無憂함을 말함.

③ 아덕我德: 대아大我, 진아眞我의 자실自實함을 말하며 용용에 있어서 팔대자재아八大自在我를 갖춤을 말함.

④ 정덕淨德: 일체구염一切垢染을 해탈하여 어떠한 경계에도 오염되지 않음을 말함.

라는 뜻입니다. "모든 불타의 본원이며", 부처님과 일체 중생의 근본이란 말입니다. 한 번 더 읽습니다. 광명, 이것은 지금의 전기 같은 것도 광명이 없다고 생각할 때는 켤 수가 없을 것이고, 이 마이크도 마찬가지 아니겠습니까.

우리는 지금 이와 같이 광명의 혜택을 보고 있는 것입니다. 다시 말씀드리면 광명은 전자가 진동을 해서 이루어지는 현상이지만 그렇게만 본다 하더라도 광명은 우리에게 굉장히 큰 혜택을 줍니다. 사실 광명이 없으면 우리는 곧 어두운 세계 아닙니까. 그런데 참다운 청정 광명, 이것은 푸르고 누르고 붉고 또는 희고 하는 청·황·적·백도 아니요, 오직 부처님이라 하는 우주의 순수 생명이고 부처님의 본원이며, 일체 중생 즉 사람이나 모든 존재의 근본이란 말입니다.

이것은 대승경인 범망경 전문에 나와 있는 법문입니다. 잘 모르는 사람들은 광명이라 하면 그냥 세간적인 광명을 생각합니다. 그러나 참다운 광명, 이것은 세간적인 눈에 보이는 가시적인 광명이 아닙니다.

여러분들이 부처님 후불탱화를 보시면 부처님의 정수리에서 빛이 나와서 그 빛이 어디로 가는가 하면 무량무변의 우주를 다 비춥니다. 후불탱화에 나와 있는 부처님 정수리의 광명이라는 것은 그냥 광명이 아닙니다. 청정한 광명이기 때문에 그 광명은 바로 우주를 다 비추는 것입니다. 우주를 비췄다가 다시 부처님에게로 돌아오는 그런 상징인 것입니다.

부처님만 그럴 것인가, 우리 중생도 그러는 것입니다. 우리 중생도 부처님 차원에서 볼 때는 똑같은 부처이기 때문에 우리도 자기 광명이 우주를 비추고 있는 것입니다. 단 우리 스스로가 어두워서 못 볼 뿐입니다.

석가모니 부처님이 영산회상에서 금바라꽃을 들고 대중에게 보이니 그 많은 대중이 아무도 그 뜻을 몰랐습니다. 오직 공부를 많이 한 마하가섭 존자만이 그것을 보고 빙긋이 미소를 띠었습니다. 그러니까 부처님께서 "심심미묘한 열반법을 그대에게 전하노라." 이렇게 말씀하신 것입니다.

열반이란, 진여불성을 의미합니다. 다른 사람들은 공부를 많이 했다 하더라도 참다운 성자가 미처 못 되었기 때문에 결국은 부처님께서 금바라꽃을 들고 계셨지마는 손만 보았지, 꽃은 안 보였던 것입니다.

마하가섭만이 "아, 부처님께서 진리의 상징으로 저 꽃을 들어 보이시는구나." 이렇게 알고 미소를 지으니까, "심심미묘한 열반법을 그대한테 전하노라." 이렇게 부처님께서 말씀하신 것입니다. 어째서 다른 사람들에게는 안 보였겠습니까. 다른 사람들은 안 보이니까 좋다 궂다 말을 못 했습니다.

그 꽃은 범천왕이 부처님께 드린 것입니다. 우리가 지금 범천이 보입니까. 눈에 보이는 세계만 따지는 분들은 범천이나 천상 같은 말을 하면 부처님께서 방편으로 말한 것이지 천상이 어디 있는 것인가 이렇게들 생각합니다. 하지만 부처님 말씀은 거짓말이 없습니다. 우리 눈이 까막눈인 줄을 알아야 합니다. 우리 중생 눈은 탐욕심이나 어리석은 마음이나 또는 분노하는 그런 삼독심에 가려져 있습니다. 우리가 남을 미워하면 미워하는 순간 그만큼 우리 마음이 어두워집니다. 욕심을 내면 그 순간 그만큼 어두워지는 것입니다.

금생에도 우리는 '나'라는, 자기 몸뚱이가 소중하지 않습니까. 그다음에는 자기 가족이겠지요. 자기 몸뚱이라는 생각 또는 자기 가족이라는 생각 때문에 금생 내내 욕심을 부렸기 때문에 우리 눈이 어두워졌습니다. "시력이 2.0이요 1.5요" 하지만 그런 것은 물리적으로 눈을 잰 것이지, 본래 눈의 시력은 그런 것이 아닙니다.

본래 눈은 석가모니나 예수같이 되어야 본래 눈이란 말입니다. 그런 눈을 본래는 다 타고나는 것입니다. 다만 번뇌에 가려져 있는 것입니다. 그렇기 때문에 범천왕이 와서 부처님께 금색 바라꽃을 드렸지마는 일반 대중들은 보면서도 그 꽃이 안 보이는 것입니다. 그러나 마하가섭은 범천도 보이고 꽃도 보였기 때문에, "범천이 부처님께 진리의 상징으로 꽃을 드려서 들고 계시는구나." 하고 부처님의 깊은 뜻을 헤아리며 미소를 지은 것입니다.

열반이라, 우리가 공부하는 것은 열반을 얻기 위해서입니다. 열반이라 하면 보통 부처님께서 돌아가신 것을 열반이라고 생각들을 하는데, 그러나 죽음만을 열반이라 하는 것이 아니라 우리 번뇌가 다 녹아 버리고 나쁜 마음이 다 죽어 버린 상태를 뜻합니다. 나쁜 마음이 다 없어져 버리면 성자가 되겠지요. 본래가 다 부처인지라, 그래서 적멸이라, 번뇌가 다 녹아 버려서 조금도 나쁜 흔적이 없는 조금도 번뇌의 움직임이 없는 아주 맑고 참다운 진리의 경계를 적멸이라 합니다.

우리가 금생에 죽으면 금생의 업장을 짊어지고서 업장대로 태어나겠지요. 그러나 업장을 녹여 버리면 다시 태어나지 않습니다. 영생불멸하는 극락세계에서 영생 행복을 누리는 것입니다. 또 해탈이라, 번뇌의 허물을 다 벗어 버렸다는 얘기입니다.

요새 우리가 자유를 부르짖고 자유를 위해서 생명을 바치고 하지 않습니까. 민주화도 자유를 위해서 부르짖지만 참다운 민주화, 참다운 자유는 자기의 번뇌를 다 해탈해 버려야 참다운 자유인 것입니다. 가사 우리가 감옥에 갇혀 있다 하더라도 우리 마음에 번뇌가 조금도 없다고 할 때는 바로 자유입니다. 그러나 대통령이 되어서 웬만한 것은 자기 뜻대로 다 한다 하더라도 역시 그런 자유는 진정한 자유라고 할 수가 없습니다.

따라서 중생은 번뇌가 있는 한 어느 누구든 참다운 자유인이 못 되는 것입니다. 번뇌를 벗어 버려야 참다운 자유인입니다. 번뇌를 벗어나려면 자기라는 생각, 자기라는 아상我相을 떠나야 합니다. 아상을 떠나야 욕심을 버리고 진심瞋心을 버리는 것인데, 자기라는 생각을 못 떠나면 나한테 좋은 것은 욕심부리고, 자기한테 싫은 것에는 분노심을 낸다 말입니다.

이런 마음 때문에 우리 마음이 더욱 더 어두워집니다. 따라서 그와 같은 번뇌를 벗어 버리면 바로 거기가 극락인 것입니다. 위없는 행복이 극락 아니겠습니까. 그 자리는 죽지 않는 영생의 자리입니다.

우리 중생은 과거 업으로 금생에 태어나고 금생의 업으로 다시 내생에 태어나는 것입니다. 그러니 우리는 영생이 아닙니다. 항시 죽었다 살았다, 나고 죽고 하는 것입니다. 그러나 번뇌를 벗어 버리면, 아까 말씀대로 중생이 불쌍해서 일부러 중생을 구제하기 위해 몸을 받아 올망정, 우리가 업장에 묶여서 오지는 않는 것입니다.

여러분들은 대체로 과거 전생에 잘 닦아서 금생에 중생이 불쌍하니까 오신 그런 분들이라고 저는 생각합니다. 앞으로 꼭 그렇게 될 것입니다. 세계는 지금 부처님 가르침이 아니고서는 절대로 평화스럽게 못 됩니다.

우리 한국인에게나 미국인에게나 누구한테나 제일 좋은 선물이 무엇인가, 그것은 부처님 가르침입니다. 제가 승려라 해서 아전인수격으로 말하는 것은 아닙니다. 저는 명예도 필요 없고 아무것도 필요 없는 사람입니다. 지금 세상에는 진리의 가르침이 많이 있지만 불교의 팔만사천 법문 가운데에 그 모든 진리가 다 들어 있습니다.

다른 철학도 마찬가지입니다. 소크라테스 이전에도 역시 자연주의 철학자 탈레스(Thales)라는 철인은 물을 보고서 "우주의 근본은 물이다." 이렇게 말하고, 헤라클레이토스(Herakleitos)는 "우주의 본질은 불이다." 이렇게 말하고, 엠페도클레스(Empedokles)는 "우주의 본질은 흙 기운이고, 물 기운·바람 기운이고, 땅 기운"이라고 말했습니다. 각기 철인마다 견해가 다 달랐습니다.

또 유물론과 유신론이 있습니다. 유물론은 "모든 것은 눈에 보이는 물질이다."인 것입니다. 또 유신론은 "물질이란 것은 결국 하나의 환상에 불과하다." 이렇게 옥신각신하며 싸워 온 인류 문화사를 다 수용해서 하나의 진리로 똘똘 뭉쳐서 명확하게 풀이한 것이 부처님 진리입니다.

부처님 진리를 안다고 할 때는 자기 몸도 편하고 마음도 편하며 가정도 편하고 다 편한 것입니다. 천지 우주가 오직 하나의 생명이다, 일원주의다, 이렇게 분명히 알아 버리면 그때는 싸움이 될 수가 없습니다. 내가 있고 네가 있고 상대적인 법이 있고, 이분법으로 나누어서 보고 이렇게 하기 때문에 싸우는 것입니다. 싫든 좋든 간에 불교의 진리가 세상을 다 덮지 않을 수 없습니다.

여러분들은 일당 천입니다. 여러분들 한 분, 한 분이 꼭 천 사람, 만 사람을 제도하셔야 합니다. 학식은 둘째 문제입니다. 자기 행동이 바르면 말을 하지 않아도 저절로 통해 버리는 것입니다. 본래 부처이기 때문에 우리가 불심에 사무치면 다 통하는 것이지요.

이렇게 열반이라는 것은 진여불성을 말하는 것이고, 일체 존재의 근본 성품 자리인 것입니다. 따라서 이것은 번뇌가 다 가셔 버린 자리이며 또는 다시 나쁜 갈래로 태어나지 않고 해탈해 버려서 참다운 자유인 것입니다.

참다운 자유는 항상 열려 있습니다. 거기가 바로 극락이고 다시 위없는 행복입니다. 이 자리는 영생불멸의 자리입니다. 부처님같이 위대한 분은 덕이 하도 많아서 다 헤아릴 수가 없습니다.

그래서 열반의 덕이나 진여불성에 갖추어진 덕은 불가설 불가설不可說 不可說입니다.

이는 위대한 성자가 몇백 년 몇억 년을 헤아려도 그 영생불멸한 우리 마음자리인 진여불성이 갖추고 있는 덕을 다 말할 수가 없는 것입니다. 우리 마음이 갖추고 있는 덕은 이와 같은 덕입니다. 이러한 덕은 비교할 수 없는 것입니다. 이것을 캐내는 것보다 더 급하고도 중요한 일이 어디에 있겠습니까. 다른 것들은 사실 모두가 다 시시한 것입니다.

우리 인생은 그렇게 길지가 않습니다. 여러분들은 대부분 젊으시니까 잘 모르겠지만 저같이 칠십을 넘어서면 금방금방입니다. 봄눈 녹듯이 금방이지요. 여러분들도 이윽고 그렇게 됩니다. 죽음의 물결 속에 잠시 흘러 사는 것입니다. 따라서 우리 생명을 절대로 헛되게 하지를 마십시오.

꼭 부처가 되는 것이 우리 생명의 참된 의미입니다. 다른 것은 모두가 다 헛것입니다. 재산을 모으는 것도, 나와 나의 자손과 내 이웃들이 다 부처가 되기 위해서 우리가 돈도 모으고 절도 짓고 하는 것입니다. 좋은 정치란 것도, 남과 더불어서 부처가 되기 위한 좋은 환경을 만들어 주는 것이 가장 좋은 정치입니다. 경제도 마찬가지입니다.

그 열반에 들어 있는 덕이 한도 끝도 없는데, 우리 중생들에게 부처님께서 알아듣기 쉽게 네 가지 차원으로 말씀하신 것입니다. 그것은 상락아정常樂我淨이라, 한도 끝도 없는 부처님의 무량공덕인데, 따라서 이 정도는 우리가 알아야 하겠지요. 내 마음에 들어 있는 부처님의 공덕이 한도 끝도 없는데, 간추리면 '상락아정'입니다. 이 항상 상常 자의 뜻이 무엇인고 하면은, 우리 생명이 끊어지지 않고 영생불멸한다는 뜻입니다. 현상적인 것은 무상하지만 우리 생명 자체, 근본적인 진여불성 자체는 즉 열반은 영생입니다. 영생이라, 우리 생명이 허망하다고 생각하지 마십시오. 우리 몸뚱이가 허망하고 물질이 허망한 것이지, 우리 생명은 허망한 것이 아닙니다. 죽음이 본래 없기 때문입니다.

예수만 영생한 것이 아니고 석가모니만 영생하는 것도 아닙니다. 누구나가 다 영생합니다. 따라서 우리 본래의 마음자리는 영생불멸하는 상常이고 또는 안락이라, 우리 마음자리는 영원한 행복으로 충만해 있습니다. 그것이 락樂이라, 안락입니다. 그냥 우리 중생은 좋은 사람 만나면 기분이 좋고 물질이 많으면 좋다고들 하나, 그런 것은 모두 허망한 안락 아닙니까.

영원히 변치 않는, 과거나 현재나 미래나 변치 않는 참다운 행복, 완벽한 행복이 락樂 자에 포함되어 있습니다. 그다음에 나 아我 자라, 이것은 그냥 작고 망령된 소아小我가 아닙니다. 그것은 대아大我라, 그럼 대아란 무엇인가? 대아는 바로 우주를 안다는 것입니다. 불경에 보면은 팔대자재아八大自在我, 우주를 마음대로 날 수도 있고, 모두를 마음대로 할 수도 있고, 다 알 수 있는 지혜를 갖추고 있는 아我란 말입니다. 석가모니 부처님의 지혜가 과거만 보겠습니까, 또는 미래만 보겠습니까. 과거나 미래나 다 볼 수 있습니다.

불경에 보면은 우주에서 내리는 빗방울 수까지 헤아릴 수 있다고 했습니다. 성자의 지혜란 것은 모르는 것이 없습니다. 무소부재요, 무소불능입니다. 성자의 지혜는 능하지 않은 것이 없습니다. 지금 원자력 같은 것도 무시무시하지 않습니까. 그러나 그런 것은 유類가 아닙니다. 원자력도 내내야 근본 자리에 가면 불성입니다. 원자력도 상당히 고성능일 것인데, 무한 성능이 우리 불성입니다. 따라서 그 무한 성능이 나한테 갖춰져 있습니다.

성자들의 나(我)라는 것은 바로 그런 것입니다. 따라서 여기서 아我는 우리 같은 보통 '나'가 아니라, 때가 다 가셔 버린 참다운 '나'란 말입니다. 이 가운데는 아까 말씀드린 바와 같이 천지 우주를 다 알 수가 있고, 모든 것을 다 할 수 있으며, 자기 몸뚱이를 공중으로 쏴 올릴 수도 있는 것이고, 삼매에 들면 자기 몸에서 불을 낼 수도 있고, 물도 낼 수 있는 것입니다.

사명 대사가 일본에 들어갔을 때 가마솥에 불을 넣은 뜨거운 방에서 거처를 하게 만들었단 말입니다. 밑에는 쇠로 된 가마솥이기 때문에 금방 타서 죽겠지요. 그러나 사명당은 삼매에 들어서 얼어 버리니까 방 안에는 고드름이 달렸습니다. 사명당이 삼매에 드는 사람이 못 되었으면 그렇게 할 수가 없었겠지요. 그러나 사명당은 삼매에 들 수 있는 위대한 분이었기 때문에, 그런 것은 문제가 아니었던 것입니다.

여느 사람 같으면 뜨거워 타서 죽었을 것인데, 삼매에 들어 얼음을 생각하니 전부가 다 얼음이 되어 버렸던 것입니다. 그런 힘이 우리에게도 있습니다. 우리가 이 하찮은 몸뚱이, 과거에도 없었고 미래에도 없을 이 몸뚱이, 우리 깊이 생각해 보십시다. 과거 전생에 이 몸이 있었습니까. 죽은 뒤에 이 몸이 어디에 있을 것인가, 금생에 잠시간뿐입니다. 하찮은 이 몸뚱이 때문에 속아서 삽니다.

예수가 십자가 위에서 중생의 죄를 속죄하기 위해서 못 박혀 돌아가신 사실을 생각해 봅시다. 성인들이 무슨 필요로 그렇게 비참하게 죽을 것인가, 성자라면 그 일들을 다 피할 수 있는 것입니다. 성자가 자기 죽음 하나 마음대로 못 하겠습니까.

다만 중생들에게 이 몸뚱이는 허망한 것이고, 몸뚱이는 어느 때 어떻게 되어도 무방하며, 인연 따라서 죽을 수도 있는 것이지만 우리 참생명은 영원한 것임을 가르치기 위해서, 또 일반 중생들의 죄를 위해서 그런 성자를 죽게 한단 말입니다.

따라서 그런 성인들을 죽게 해 놓으면 그때는 그 나라는 전체적으로 큰 해를 받습니다. 성자의 마음을 괴롭히기만 해도 큰 해를 받는 것인데, 여러분들이 선량한 행동을 하고 있는데 나쁜 사람들이 여러분들을 음해하고 비방하면 그 사람들은 틀림없이 해를 받습니다. 우리가 착실하고 훌륭한 행동을 하는데 그 사람들이 음해하고 비방하면 그들은 자기도 모르는 가운데 스스로 해를 받아서 잘못되고 맙니다.

그러나 선량한 입장에서 볼 때에 누구든 잘못되어서는 안 되겠지만 그것은 자기 스스로 지어서 받는 것입니다. 예수를 십자가에 못 박아 죽인 유대 민족도 역시 그 당시에 그리고 예수가 돌아가신 후에 굉장히 비참한 꼴을 많이 당했습니다. 따라서 나한테 갖추고 있는 능력이 빌딩이나 하나 짓고 하늘에 있는 별을 발견하고 하는 그런 정도의 것이 아니라, 한도 끝도 없는 힘을 다 갖추고 있는 것입니다.

그러니 자기가 빌딩을 지었다든가, 무슨 책을 몇 권 냈다든가, 그런 것은 자랑거리가 못 되는 것입니다. 오직 부처가 되는 것만이 자기 삶의 의의를 다하는 것입니다. 그 외의 것들은 우리가 부처를 이루는 데 있어서 방해가 된다면 손해지요. 그러나 모든 사람의 마음을 정화시키기 위해서 했을 때는 다른 사람의 성불을 위해서 공헌한 바가 되겠지요.

아무튼 나라고 하는 것은, 조그마한 '나'를 말하는 것이 아니라 무한한 나요, 불경에 있는 말로 하면 팔대자재아라, 모든 것을 할 수 있고 모두를 다 알 수 있는 지혜란 말입니다. 누구나가 다 갖추고 있는 것인데, 우리는 지금 계발을 못 해서 조그마한 '나'밖에 못 쓰고 있습니다.

과학자들이 말하는 바와 같이 우리의 뇌 가운데는 뇌의 세포가 백억인데 그 십 분의 일밖에 못 쓴다고 합니다. 우리는 기껏해야 뇌세포 가운데 십 분의 일밖에 못 쓰고 죽습니다.

그러나 진여불성이라는 참다운 우리 마음은 뇌세포로만 되어 있는 것이 아닙니다. 우주에 들어 있는 정기이기 때문에 무한의 지혜입니다. '상락아정'을 꼭 깊이 외워 두십시오. 마지막 정淨은, 조금도 번뇌가 없는 청정무비하다는 말입니다. 본래 열반마음은 이와 같이 청정무비합니다. 조금도 때가 묻어 있지 않습니다. 다만 우리가 잘못 살아서 때를 묻히고 있습니다.

여러분들께서도 음탕한 소설이라든가 또는 별로 좋지 않은 텔레비전 프로그램 같은 것이 나오면 바로 즉시 꺼 버리십시오. 그런 걸로 해서는 우리한테 도움이 못 됩니다. 소중하고 맑은 우리 마음에다가 무엇 때문에 중생들의 죄스러운 때를 묻게 할 수가 있겠습니까. 자기 손해고 가정적인 손해고 나아가서는 우주적인 손해입니다. 한 사람이 잘못되면 그만큼 우주를 오염시킵니다.

우리가 성을 내면 그때는 자기 마음이 어두워지고, 그 성을 받는 상대방도 어두워지고 우리 공기도 그만큼 오염됩니다. 천재지변 같은 것도 우리 마음하고 상관없다고 생각 마십시오. 부처님의 경전을 보십시오. 사람들이 다 평화스럽게 진리를 지키면, 천재지변도 별로 안 일어나는 것입니다. 우리가 나쁜 생각 많이 하고 함부로 행동하고 욕심부리고 하면 그것이 우리 주변을 오염시킵니다. 오염시키면 그것이 지진이나 지변들을 일으키는 요인을 만드는 것입니다.

‘에이즈’ 같은 병도 마찬가지입니다. 우리들이 잘못 살고 악념惡念들이 깊으니까 에이즈 균이 생기는 것입니다. 성자의 깊이란 것은 우주에 두루 다 통하는 것입니다. 청정한 사람이 무슨 이유로 에이즈에 걸리겠습니까. 우리가 바르게 살면 그런 균들은 우리 사회에 생길 수가 없습니다. 음탕하게 사니까 그런 균들이 생겨납니다.

우리한테 갖춰져 있는 본성인 덕, 이것이 상락아정, 무한한 공덕인데, 간추리면 영생불멸하는 락樂이라, 위없이 완벽한 행복이고, 아我라, 모두를 다 알 수 있고, 모든 것을 다 할 수 있는 신통자재한 지혜를 갖추고 있다 말입니다.

❀

## 팔대자재아八大自在我[28]

경에 보면은 이것을 팔대자재아八大自在我라고 풀이하고 있습니다. 여러분들 나중에 보십시오. 정淨, 이것은 청정무비해서 조금도 때 묻지 않은 맑고 풍요한 그런 마음입니다. 실상이 이러함에도 불구하고 우리 중생들은 자꾸만 거꾸로 봅니다. 거꾸로 보기 때문에 팔전도八轉倒[29]라, 반야심경에 보면 전도몽상이 있지요. 전도몽상은 거꾸로 보는 것입니다. 구를 전轉 자, 자빠질 도倒 자, 바로 못 보고 거꾸로 본다 말입니다.

그런데 여기 있는 것은 본래가 상락아정이라는 소중한 보배가 갖춰져 있는 것인데, 우리가 제대로 이해를 못 하니까 거꾸로 보이는 것입니다. 거꾸로 보는 것이 수도 없이 많지마는 그냥 이

---

28) 팔대자재아八大自在我: 1. 능시일신위다신能示一身爲多身 2. 시일진신만대천계示一塵身滿大千界 3. 대신경거원도大身輕擧遠到 4. 현무량류상거일토現無量類常居一土 5. 제근호용諸根互用 6. 득일체무득상得一切無得想 7. 설일게의경무량겁說一偈義經無量劫 8. 신변제처유여허공信遍諸處猶如虛空.

29) 팔도八倒: 범부凡夫와 이승二乘이 미집迷執하는 팔종八種의 전도轉倒이다. 생멸무상生滅無常한 법법法을 상락아정常樂我淨하고 집착하는 범부凡夫의 사도四倒와 실상열반實相涅槃의 법법法을 무상無常·무락無樂·무아無我·부정不淨이라고 고집하는 이승二乘의 사도四倒를 말함.

것도 간추려서 여덟 가지 유별類別로 설명되어 있습니다. 우리 범부의 사전도四轉倒라, 범부의 네 가지 유별로 거꾸로 보는 것과 그다음에는 이승二乘이라, 앞서 말씀드린 성문·연각들처럼 도는 좀 알았지마는 확실히는 모르는 사람들, 공空만 깨닫고 공의 참다운 중도를 깨닫지 못한 성문·연각, 즉 이승이 보는 네 가지가 있습니다.

우선 범부가 거꾸로 보는 네 가지가 있습니다. 네 가지가 무엇인고 하면 범부 세간의 무상하고 항상이 없는, 유상有相한 것은 모두 무상한 것이고, 자기 몸도 무상하지만 재물도 감투도 다 무상하지 않습니까. 참으로 무상한 것입니다. 대통령을 지낸 이들도 그 자리에 있을 때는 좋았지만 청문회다 교도소다 모두 얼마나 곤욕들을 치렀습니까.

우리 범부 중생들이 사는 세간은 이처럼 무상하고 또는 무안락이라, 안락이 본래 없습니다. 우리 인간 세상은 따지고 보면 다 고통뿐입니다. 어머니가 자식을 뱃속에다 두어도 고생, 뱃속에서 나올 때도 고생, 또는 병들어서 고생, 헤어져서 고생, 돈 버느라 고생, 실패해서 고생, 인생개고人生皆苦입니다. 부처님 말씀 보면 결국 고생뿐이란 말입니다. 고생이 아닌 것은 결국은 순간뿐입니다. 헤어지고 만나고, 나쁜 사람과는 만나서 괴롭고, 좋은 사람과는 헤어져서 괴롭고, 살아서 헤어져도 괴롭고, 죽어서 이별하면 더욱 슬프고, 따지고 보면 다 고생뿐이고 안락한 것은 어느 한순간뿐입니다. 그것도 역시 잠시간 안락하게 보일 뿐이지 참다운 안락은 없습니다. 중생 세계에서는 이와 같이 항시 무상하고 또 안락도 본래 없습니다.

무상 무아라, 인연 따라서 잠시간 이 몸뚱이가 있는 것인데, 이 몸뚱이도 시시각각으로 신진대사해서 변화해 마지않습니다. 늙어서 주름살이 생기고 기미가 생기고 젊어서는 누구나 다 피부가 고운 법인데, 나이 먹으면 할 수가 없습니다. 나라고 할 것도 없고 청정한 것은 아무것도 없습니다. 우리가 며칠만 목욕을 안 해 보십시오. 그냥 냄새가 풍긴단 말입니다. 우리 몸도 무상하고 즐거움도 없고, 나라는 것도 없고, 또는 깨달을 것도 없고, 우리 중생 생활은 다 그런 것입니다.

그런 제법諸法을 우리가 거꾸로 잘못 봐서 항상 변치 않고 안락스럽고 또는 영생하고, 참다운 내가 있고, 또는 청정하다고 고집합니다. 이것이 우리 범부가 거꾸로 보는 네 가지입니다.

우리 불자님들, 거꾸로 보지를 마십시오. 우리는 지금 대체로 거꾸로 보고 삽니다. 바로 보면 결국은 인생개고人生皆苦인데, 일반 중생들은 인생개고를 바로 못 봐서 항시 오욕락이라, 잘 먹으려 하고, 잠도 많이 자면 좋은 줄 알고, 또는 감투가 높으면 좋고, 재물도 많으면 좋고, 좋은 이성 만나려 하고, 이러는 것입니다.

사실은 이런 것은 좋은 것이 아닙니다. 허망한 것인데 일반 중생은 이런 것을 보고 행복이라 생각합니다. 그러나 불교를 믿는 분들은 그 자리에서 무상을 느껴야 합니다. 물론 지금 사는 생활을 다 뿌리쳐 버리라는 것이 아니라 이런 것은 모두가 다 "무상하구나", "허망하구나" 이렇게 느껴야 오류를 범하지 않고 지나치게 집착을 않습니다.

음식도 너무 미식만 취하고 많이 먹으면 좋을 것이 없겠지요. 신문에 보면 외국 사람들의 5분의 1은 비만증에 걸렸다고 합니다. 대개 보면은 앞뒤로 퉁퉁해 가지고 절도 못 합니다. 그렇게 자기 조절을 못 할 정도로 사람들이 의지가 참 약합니다. 모두 자기 몸뚱이를 위해서 먹었겠지요.

인간이란 참 불쌍하게들 삽니다. 바르게 살기가 참 편한 것인데, 적게 먹고, 개운하게 먹으면 몸도 편하고, 배설도 적게 하고, 성인병도 안 걸리고 참 좋을 것인데, 인간들이 스스로 화를 자초합니다.

이와 같이 우리 중생들은 결국 재미도 없고 항상함도 없고 또 덧없는 이런 것들을 좋다고 생각한단 말입니다. 이것을 중생이 거꾸로 보는 네 가지 범부사도凡夫四倒라고 합니다.

그다음에는 이승사도二乘四倒라, 공空을 조금 깨달아서 허망한 것은 좀 알고, 무상을 알았지만 참다운 중도를 모릅니다. 무상하고 허망하니까 어느 것에나 집착할 것이 없고, 그런 것들은 다 쓸데없다는 것을 알았지마는 또 역시 그 사람들은 실상열반實相涅槃에 대해서는 미처 못 깨달았습니다.

열반은 원래 만덕을 갖춘 것인데, 성문이나 연각들은 공空만 좀 알았지 만덕을 갖춘 열반은 모릅니다. 열반에는 공덕이 한도 끝도 없는 그야말로 영생불멸하고 영원히 행복하고 또는 모든 것을 다 할 수 있고, 알 수 있는 완벽한 자기가 되는 것이고, 또 청정해서 조금도 오염이 없는 것이 본래의 자기입니다.

이것을 모르기 때문에 열반 공덕도 역시 무상하고, 또는 즐거움도 없고, 참다운 대아人我도 없고, 또는 깨끗한 것도 없다고 생각합니다.

허무주의자들은 불쌍합니다. 정말로 참다운 자기가 있고 자유가 있고 행복이 있는 것인데, 그걸 모르고 이른바 이데올로기 때문에 딱 묶여 가지고 그것만 지키다가 죽어 버립니다. 스탈린이나 모택동이나 모두 생각하면 참 불쌍한 사람들입니다.

자기만 불쌍한 것이 아니라, 그렇게 많은 사람들을 또 자기 사상에다 묶어 놓고서 말입니다. 그들의 그 옹색한 이데올로기가 하마 파기될까 봐 "종교는 아편이다."라고 매도합니다. 종교를 믿어 버리면 그 이데올로기 같은 것은 어디에다 발붙일 수가 없겠지요. 그래서 공산주의 체제는 종교를 싫어합니다. 지금은 하다하다 안 되니까 조금씩 터놓는다고 합니다. 아무리 막아 놔도 오래 못 갑니다. 우주의 법도에 안 따르는 것은 결국은 허물어지고 마는 것입니다.

부처님의 가르침을 믿는 것이, 영생불멸하는 성자를 믿는 것이 얼마나 행복스러운가 여러분들께서는 충분히 아실 것입니다. 성자의 가르침을 믿는다는 것은 정말로 행복 가운데 행복입니다. 그렇기 때문에 어느 때라도 혼연스럽게 순교할 수 있는 것입니다. 이 하찮은 몸뚱이 하나 바쳐서 진리가 빛난다고 생각할 때는 조금도 회한 없이 그냥 바치는 것입니다. 바치는 그 순간에 우리 생명은 한없이 성숙되는 것입니다.

요법樂法 비구는 진리를 참구해 마지않는 훌륭한 비구였습니다. 즐거울 락樂을 즐거울 '요'라고도 풀이합니다. 법을 간절히 구하는 비구가 과거에 있었습니다. 몇십 년을 헤매며 진리를 구했지만 그때는 부처님이 안 나오신 때라 스승이 없어서 공부를 못 배우고 있었습니다.

그때 욕계천에서 제석천이 보니까, 요법 비구가 위대한 사람인데 어디 가서 법문을 들을 곳이 없음을 안타깝게 여겨 사람 모습을 취해 가지고 나타나서 요법 비구에게 하는 말이 "그대가 진정으로 진리를 구하는가?" 이렇게 물으니까, "신명을 아끼지 않고 법을 구한다"고 했습니다.

"그러면 그대에게 내가 지금 진리를 말할 텐데 그 진리를 그대의 피부를 벗겨서 종이로 하고, 그대의 피를 짜내서 먹물로 하고, 뼈를 분질러서 붓으로 삼아 진리를 적을 수가 있겠는가?"라고 물어보니, 그 말이 떨어지기 전에 칼로 자기 피부를 벗긴단 말입니다. 주저하는 것이 아니라 즉시 칼로 자기 피부를 벗기는 것입니다.

그러자 제석천의 모습이 사라졌습니다. 저런 사람에게는 굳이 말할 필요가 없었던 것입니다. 그만큼 마음 자세가 진리를 배울 준비가 다 되어 있었던 것입니다. 칼로 자기 피부를 벗기니까 그 순간 공중에서 영생불멸하는 부처님의 음성이 들려 왔던 것입니다.

사람한테서 안 배우더라도 정말로 위대한 사람들은 자기도 모르는 영원히 존재하는 진리로부터 스스로 깨달음을 얻는 것입니다. 석가모니 부처님께서 어느 부처님에게 법문을 듣고 배웠겠습니까. 혼자서 깨달았단 말입니다. 왜 그런고 하면은 우주 자체는 우주의 도리를 가지고 있습니다. 그런데 우리가 정말로 우리 생명을 어느 때라도 바친다 하는, 진리를 위해서는 주저 없이 바친다 하는, 그런 마음을 가질 때는 우리 마음은 진리를 지향해서 굉장히 성숙하는 것입니다.

제사불 당시 과거 전생에 석가모니 부처님께서 미륵불하고 제사불 회상에서 공부를 하셨습니다. 저는 가끔 이 설화를 비유합니다마는, 우리가 부처님에 대해서 진리를 흠모하는 것이 얼마나 중요한가를 말씀드리기 위해서입니다.

그런데 제사불께서 두 분을 보시니 미륵불 될 분이 훨씬 더 재주가 있고 총명해 보입니다. 그러니까 성불도 빨리 할 수가 있었겠지요. 둘을 제도해야겠는데 미륵불 될 분이 훨씬 더 재주가 있고 성불을 빨리 할 것 같아 보였지만, 미륵불이 장차 제도할 일반 중생들을 관찰해 보니까 굉장히 미련하단 말입니다. 그래서 "아무리 미륵불이 영리하더라도 제도할 중생들의 복이 저렇게도 부족하니 제도하기 힘들겠구나." 하는 생각이 들었겠지요.

부처님의 지혜란 것은 과거·현재·미래를 훤히 보시는 것입니다. 그러나 과거 전생의 석가모니를 가만히 보니까, 그이는 미륵불만은 못 해도 그 부처님이 장차 제도할 중생들은 아주 영리하단 말입니다. 그래서 "기왕이면 미륵불보다 석가모니를 먼저 부처를 만들어서 빨리 보내야 되겠구나. 그래야 보다 더 많은 사람들을 구하겠구나." 이렇게 생각했습니다.

석가모니 될 분을 빨리 제도하기 위해 방편을 써서, 내가 지금 산에 올라갈 테니까 그대는 나를 따라서 산으로 올라오라고 말했습니다. 그리고 제사불은 신통력으로 산봉우리에 올라 삼매에 들어 계셨습니다. 그런데 석가모니 될 분은 아직 신통력이 없었던지라 가시밭길에 찔리기도 하고, 넘어지고 자빠지고 바위에 부딪치기도 하면서, 천신만고 끝에 가까스로 높은 산까지 올라갔습니다.

올라가서 부처님 계신 곳을 우러러보니까, 부처님께서 화광삼매라, 광명을 나투는 삼매에 들어 계셨던 것입니다. 그 광명이 천지 우주를 훤히 비추고 있다 말입니다. 그 광명이 황홀하였던지 자기를 가눌 수가 없었습니다. 부처님의 그 찬란한 광명을 보고 환희심이 넘쳐서 한 발을 든 채로 이레 낮, 이레 밤 동안 부처님을 찬탄했습니다.

여러분들, 부처님을 찬탄한 게송을 아십니까?

천상천하무여불 시방세계역무비天上天下無如佛十方世界亦無比
세간소유아진견 일체무유여불자世間所有我盡見一切無有如佛者

부처님은 세상에서 다시 비할 데가 없단 말입니다. 시방세계 좋은 것, 궂은 것들을 다 비춰 봐도 부처님같이 훌륭한 분은 없습니다. 그와 같이 부처님께 대한 최상의 찬탄을 올리면서 한 발을 미처 내려놓지도 못 하고 든 채로 이레 낮, 이레 밤 동안 합장하고 부처님을 찬탄했던 것입니다.

그 경에 보면은 첨앙불타瞻仰佛陀라, 부처님을 우러러보면서 목불잠사目不暫捨라, 잠깐도 눈을 깜빡이지 못한단 말입니다. 어떻게 환희심을 내었는지 부처님을 우러러보면서 눈도 깜빡 못하고서 칠 주야 동안 찬탄했던 것입니다. 그렇게 간절히 부처님을 흠모하고 찬탄한 갈앙심渴仰心으로, 구겁九劫이라는 무량 세월을 앞당겨 성불했던 것입니다.

자기 몸을 잊고 부처님을 찬탄하는 공덕이 그렇게 큽니다. "오 주여!" 하는 그런 공덕 말입니다. 그런 공덕이 자기는 몰라도 우리의 성불을 앞당기는 것입니다. 우리의 이 마음과 부처님 마음, 하나님 마음이 한마음이기 때문에 우리가 마음으로 사무치면 그만큼 성불을 앞당기는 것입니다. 우리 마음을 굉장히 비약시킬 수 있는 것입니다. 그런 뜻에서 염불이란 것이 그렇게 중요한 것입니다.

우리도 과거 전생에 석가모니 부처님같이, 칠 주야 동안 한 발을 들고서 부처님을 찬탄하지는 못한다 하더라도, 그 무한공덕을 갖춘 부처님 자리를 조금이라도 더 관심을 가지고 지켜야 합니다. 불법은 네 것도 아니고 내 것도 아니며, 바로 우주의 것입니다. 그것은 또 내 생명이고 그대 생명이기도 합니다. 우리 불자님들이 불법을 지키는 데 너무 소홀한 것 같아요. 우리가 온 힘을 기울여서 지켜야 됩니다. 그러면 빨리 불국토가 되겠지요.

아까 말씀드린 바와 같이 세상을 구할 것은 천지 우주가 하나의 생명이다, 이렇게 가르치는 부처님 가르침 외에 다른 걸로는 구제가 안 됩니다. 부처님 따로 나 따로, 하나님 따로 있다는 생각으로 해서는 모두 각각이 되고 맙니다. 하나님과 나와 둘이니 그때는 사람끼리도 응당 둘이 되고 셋도 되고 각각이 되겠지요.

나나 너나 모두가 한 생명의 부처님이기 때문에 본래가 하나입니다. 이렇게 돼야 참답게 도덕이 섭니다. 제아무리 삼강오륜을 말하고 별말을 다 한다 하더라도, 나 따로 있고 너 따로 있고 이럴 때는 항시 자기를 먼저 앞세우게 됩니다. 그래서 참다운 도덕을 세울 수가 없는 것입니다.

참다운 도덕은 자기희생 정신이 들어 있어야 합니다. 그렇다고 생각할 때는 나와 남이 둘이 아닌 것이고, 이런 철학이 앞서야 참다운 도덕이 확립되는 것입니다. 그런 철학은 부처님 가르침밖에 없습니다. 따라서 교육도 역시 교육철학이 앞서야 하는데 교육철학 역시 부처님 철학이 그 바탕으로 돼야 합니다.

부처를 만드는 교육을 시켜야지 그냥 기능인, 직업인을 만드는 교육은 참다운 인간을 못 만듭니다. 그러니까 함부로 스승을 배반하고 그러겠지요. 우리 생명은 정말로 허망합니다. 교통사고로 오늘 죽을지, 병으로 내일 죽을지 모르는 것입니다.

생명이 붙어 있을 때 최선을 다해서 우리는 부처님 법을 지켜야 합니다. 우리가 부처님 법을 펴는 데 같이 닦고 같이 동참하고 말입니다. 이 열반사덕涅槃四德을 꼭 깊이 새기시기 바랍니다. 열반사덕이라, 열반이란 것은 바로 우리 본심입니다. 또 진여불성이요, 우리가 갖추고 있는 무한공덕입니다. 무한공덕을 한 번 생각하면 생각한 만큼 정화가 되어 갑니다.

아까 말씀드린 바와 같이 나무아미타불 관세음보살 한 번 외우면 외운 만큼 신장들이 우리를 굽어본단 말입니다. 그렇게 하셔서 정말로 한량없는 자유와 행복을 누리시고, 이 세상도 그와 같이 진리의 광명으로 빛나도록 하시기 바랍니다.

# 선禪·근본선根本禪

주로 참선에 관해서 말씀을 드리겠습니다. 참선 공부는 우리가 가령 수영을 한다 할 때는 물에 들어가서 실제로 헤엄을 치는 법을 배워야 하듯이, 참선 공부도 말로 하는 것이 아니라 실제로 우리가 닦아서 나가는 것이기 때문에, 이른바 실참실수實參實修라, 정말로 우리 몸으로 부딪쳐서 참선을 해 나가야 됩니다. 그러나 선오후수先悟後修라, 먼저 대강 이치로 체계를 세워야 흐트러짐이 없고, 또 능률도 빠른 것입니다.

불교에서는 덮어놓고 공부하라는 법은 없습니다. 부처님의 팔만사천 법문이 모두가 다 어느 분야에서나 세밀하게 밝혀 놓은 그런 가르침이기 때문에 이 가르침들을 충분히 참구해서 우리의 부질없는 분별시비는 끊고 들어가야 하는 것입니다.

그런데 참선을 많이 해 보신 분들은 짐작을 하시겠지만, 사실 맨 처음부터 쑥쑥 잘되는 것은 아닙니다. 참선의 가장 큰 두 가지 원수가 불교 전문 술어로 하면 도거掉擧와 혼침惛沈입니다.

도거(auddhatya)란 이것저것 따지고 분별하는 것이고, 혼침(styand)이란 앉으면 꾸벅꾸벅 졸아 버리는 것을 말합니다. 졸아 버리는 시간은 죽은 시간과 똑같아서 아무 도움이 안 됩니다. 우리 마음은 성성적적惺惺寂寂이라, 그야말로 참 맑고 청정해 본래면목 자리만 가지고 나가야 할 것인데, 그렇지 못하고서 참선을 좀 했다 하더라도 한도 끝도 없는 분별시비가 나옵니다.

평소에 그렁저렁 생활을 할 때는 안 나오다가도 정작 참선이라 해서 들어앉으면 과거에 섭섭했던 일, 미워했던 일, 좋은 일들이 자꾸만 나옵니다. 그러면 머리나 몸이 가볍지가 않습니다. 그래서 '습인習忍'이라, 익힐 습習 자, 참을 인忍 자, 오랫동안 공부하다 보면 자기도 모르는 가운데 차근차근 몸에 배어 습관성이 생깁니다. 처음에 참선 공부 할 때 좀 안 된다 해서 그냥 놓지를 마십시오.

우리가 본래시불本來是佛이라, 본래 부처이기 때문입니다. 부처란 것은 무한공덕입니다. 무한공덕이 들어 있는 생명체이기 때문에, 그 자리를 지향해서 공부를 하다 보면 차근차근 자기도 모르는 가운데 거기에 가까워지는 것입니다.

따라서 그 사람의 근기나 선근에 따라 빠르고 더딘 차이는 있습니다마는 보통 차원에서는 이른바 '경안심輕安心'이라, 경안이라는 것도 불교 전문 술어인데 여러분들께서는 외워 두십시오. 가벼울 경輕 자, 편안할 안安 자, 경안이라는 것은 몸도 마음도 가뿐한 것입니다. 몸과 마음이 가뿐할 때는 다른 헛된 생각이 안 일어나는 것입니다. 몸도 마음도 가뿐해지는 경안이 서야 피로를 모릅니다. 그래야 이른바 내 몸을 어느 정도 조복받는 것입니다.

보통으로 참선하는 사람들이 다 그러겠습니까마는 한 십 년쯤 선방에서 고생고생해야 경안이 좀 나오는 것 같아요. 좀 빠르고 느린 차이는 있으나, 몇십 년 된 사람도 업장이 무거운 사람은 역시 참선에 들어가면 몇십 분도 못 되어 끄덕끄덕 좁니다.

그런 분들은 아직 경안이 못 나온 것이지요. 그렇기 때문에, 아까도 말씀드린 바와 같이 우리 스님들은 경험들도 많고 해서 새삼 말씀드릴 필요가 없지만, 처음으로 참선을 배우는 일반 재가 불자님들은 참선 공부, 이것은 불도의 정문頂門이라, 부처님 가르침 이것이 정문입니다.

왜 그런고 하면은 다른 가르침은 방편설도 많이 있고 여러 가지 중생의 근기 따라서 하는 법문도 많지마는 참선 법문은 '심즉시불心卽是佛'입니다. 바로 내 마음이 부처요, 마음 떠나서 부처를 구하면 이것은 사도邪道입니다. 따라서 이와 같이 직통으로 들어가는 그런 직설법문이기 때문에 불도의 정문頂門입니다.

따라서 어떻게 공부를 하든지 간에 종당에는 우리가 참선을 해서 깨달아야 된다는 말입니다. 그렇기 때문에 불자라면 다 해야 되는 것이고, 불교인이 아니더라도 누구나 참선을 해야 됩니다.

가사 기독교를 믿는다 하더라도 하나님을 바깥에다 설정하지 않고 하나님이 바로 내 마음의 본체이고 우주의 본체다, 하나님은 무소부재라 안 계시는 데가 없다, 이렇게 법신불 차원에서 하나님을 보면서 참선을 해야 되겠지요. 참선을 "불교인만 닦는 정문이다."라고 생각하는 시대는 지났습니다.

우리는 마음을 활짝 열어서 다른 종교의 우수한 점이라든가 발전적인 점을 충분히 인정하고 또 수용해야 합니다. 저쪽 기독교 인구도 지금 17-18억인데, 그 많은 사람들을 대립적으로 생각해서는 안 됩니다. 그렇기 때문에 좀 부족하더라도 우리는 부처님의 일통법문으로 인도해 가면서 같이 공부하는 쪽으로 나아가야 할 것이고, 그들을 역시 참선 공부로 유도할 의무가 우리에게 있는 것입니다. 그럴 때는 하나님을 밖에서 구할 것이 아닙니다.

사실 예수의 본뜻도 하나님이 밖에 있다는 뜻이 아닙니다. 그렇기 때문에 마태복음에서 "마음이 맑은 자는 행복할 지어다. 그들은 하나님을 볼 수 있을 것이요." 하는 대목들을 우리가 허심탄회하게 볼 때는 부처님 경전과 유사한 점이 많이 있고, 특히 법화경과 유사한 대목이 아주 많습니다. 우리가 어느 분야이든 간에 다른 공부도 그렇겠지만 특히 참선 공부는 마음을 활짝 열어야 됩니다.

법계연기 또는 진여연기라, 모든 존재는 진여불성으로부터 잠시간 인연 따라서 모양을 달리했단 말입니다. 따라서 근본적으로는 모두 하나입니다. 우리 중생들이 항시 의심을 느끼는 것이 무엇인고 하면 진여불성 자리에서는 하나일망정 현상만 볼 때는 "이것과 저것이 다르고 나와 네가 분명 다르지 않은가?"라고 생각하지만 다르지 않은 것입니다.

우리 중생이 현상만 보니까 다르다고 보는 것이지 본성품 자리, 본질을 본다고 생각할 때는 혼연일체입니다. 그러나 부처님 사상에서 본다고 생각할 때는 일체유심조一切唯心造라, 모두가 다 마음의 현상이요, 마음은 공간성이나 시간성이 없으므로 그것은 비교할 수 없는 것입니다. 따라서 마음은 진여불성이기 때문에 그 자리에서 현상적으로 인연 따라서 잠시간 모양을 달리했을 뿐, 진여불성이라는 차원에서는 똑같습니다.

우리 중생들은 상만 보고 물질만 보니까 다르다고 하지마는 본성품을 본다고 생각할 때는 바닷물이 바람 따라서 파도가 크고 작고 하더라도 작은 파도나 큰 파도나 똑같은 물 아닙니까. 그와 같이 우리가 인연 따라서 어떻게 상황이 바뀌어지든 간에 진여불성이라는 그 자리는 조금도 변함이 없습니다. 이렇게 생각해야 너나 나나 모두가 같은 몸이요, 같은 몸이기 때문에 동체대비同體大悲입니다. 거기에서 참다운 자비가 나오고 참다운 도덕심이 나오는 것입니다.

저는 강사가 아닙니다. 어찌 됐든 참선하는 선사이기 때문에 강의는 잘 못 합니다마는 그것은 여러분들이 아시고 이해하시리라 믿습니다.

참선하는 사람들은 중요한 대목들만 딱딱하게 일러 주고 본인들이 스스로 공부하도록 하는 것이 참선하는 사람들의 방법인데, 여기는 미국인지라 또 미국의 풍토는 다르지 않습니까. 더러 타이르고 밝히고 해서 납득을 시켜야 하는 자리이므로, 특히 재가 불자님들은 그런 것을 바라고 계시기 때문에 참선한다고 해서 제 상식으로 해 버리면 재미가 없겠지요. 그러나 이 선禪이란 것은 특히 문자를 되도록 절감을 하는 것이지만 그래도 편의상 말을 해야 하겠지요.

시간이 촉박하여 될수록 읽어 가면서 설명하도록 하겠습니다.

## 선禪30)

선禪, 이건 이른바 Zena, 우리 한국 선은 세계적으로 별로 알려지지 않았지만 일본 선은 많이 알려져서 서구 사람들이 Zen 그러니까 일본 쪽에서도 선을 Zena라고들 발음합니다. 그리고 선과 정을 구분하는 분도 있고 구분 않고 합해서 선정이라고 부르기도 합니다.

선禪은 관觀을 위주로 하고, 관觀 이것은 관찰을 뜻하는 것입니다. 정定(samadhi)은 이른바 삼매에 든다고 하지요. 삼매란, 마음에 다른 생각이 없이 오로지 한 생각에 머무르는 것이 삼매입니다. 독서도 역시 독서만 열심히 하면 독서삼매라 하는 것이고, 여기서의 정은 그냥 나쁜 생각으로도 한 곳에 머무를 수가 있는 것인데, 나쁜 생각이 아니라 정념으로 한 생각에 머무는 것이 이른바 사마디(samadhi)란 말입니다.

정념이란 것은 무엇인고 하면, 우리 마음의 본래성품 자리, 본래성품은 바로 진여불성이 아닙니까. 그 진여불성 자리에다가 오로지 우리 마음을 머무르게 해서 움직이지 않는 것을 사마

---

30) 선禪(Dharma, Zen)·정定(Samadhi): 선禪은 관觀을 위주로 하고 정定은 지止를 위주로 하나 합하여 정혜균등定慧均等의 묘체妙體를 선정禪定이라 함. 또 사유수思惟修·기악棄惡·정려靜慮·공덕총림功德叢林·심일경성心一境性·현법락주現法樂住 등의 이름이 있음. 또한 선종禪宗의 선禪은 명名은 사유정려思惟靜慮의 뜻을 취하나 그 체體는 열반묘심涅槃妙心으로서 바로 불심佛心을 의미함.

디(samadhi)라 합니다.

선은 그 자리를 주로 관찰하는 것입니다. 이른바 관조를 한다는 말입니다. 가사 실상관實相觀이라, 실상관은 우주법신을 관찰하는 것이고, 그래서 선은 관찰을 위주로 하고 정은 지止를 위주로 하나, 합하여 정혜균등定慧均等의 묘체를 정이라고 합니다.

정혜균등이란 말을 참선 배우는 사람들은 꼭 외워 두서야 됩니다. 정定은 우리 마음이 오로지 한곳에 머무른 것을 정이라고 하고, 즉 고요한 것을 정이라 하고 또 혜慧, 이것은 참다운 지혜, 우주의 실상을 비춰 보는 그런 지혜智慧를 혜라고 합니다. 여기 있는 지혜는 보통 지식적으로 아는 지혜가 아니라 참다운 반야의 지혜, 우주의 실상을 비춰 보는 지혜가 여기 있는 정혜의 혜에 해당합니다. 정定도 아까 말씀드린 바와 같이 정념正念이라, 정념正念이 한군데 모이는 것이 정입니다.

정혜균등이란, 정과 혜가 평등하게 나가는 것이고, 고요한 것은 정이고 혜는 비춰 보는 것인데, 무얼 비춰 보는고 하면 실상(實相)을, 우리 불성을 비춰 본다는 말입니다. 이것이 가지런히 되어야 참선 진도가 빨라집니다. 왜 그런고 하면 우리 본래면목, 우리 불성 자체는 원래 정혜가 같이 구족해 있는 것입니다.

우리 인간성이나 우주의 본성인 진여불성 자리는 정과 혜가 본래적으로 원만구족하게 갖춰져 있기 때문에 우리 공부도 거기에 걸맞게끔 정혜가 가지런히 균등하게 나가야 이른바 개안이 빠릅니다. 정에만 치우치고 혜에만 치우치더라도 공부가 안 되는 것은 아니겠지만 공부 진도가 더딘 것입니다.

부처님 가르침은 어느 때나 중도를 추앙합니다. 중도란 것은 이것과 저것의 중간이 아니라, 다 갖추고 있는 온전한 자리를 제대로 참구하는 것이 중도입니다. 이른바 진여불성이 바로 중도인 것이고, 우리 본성이 바로 중도인 것입니다.

그러나 참선할 때는 꼭 고요하니 우리 마음을 하나로 뭉치게 하는 정定과, 우리 불성 자리를 비추어 보는 혜慧와 같이 아울러 나가야 공부가 빠른 것입니다. 그런데 관찰만 많이 하고 혜 쪽으로만 치우쳐서 고요히 머무르지 않는다면 공부가 더디단 말입니다. 그래서 육조단경 부촉품에서 '일상삼매一相三昧', '일행삼매一行三昧' 말씀을 제가 드렸지요. 일상삼매 이것은 혜에 해당합니다.

일상삼매는 천지 우주가 오직 하나인 평등무차별의 진여불성이라고 관찰하는 것이고, 그리고 일행삼매는 그 자리를 놓치지 않고서 지속적으로 끊임없이 이어 가는 것입니다. 그것이 이른바 일행삼매이고 정定에 해당한다 말입니다. 좀 어려운 법문이나, 기본적으로 알아 두시면 공부하실 때에 큰 도움이 되십니다.

일상삼매, 일행삼매, 정혜 또는 간단히 천태식으로 말하면 지관止觀이라, 그칠 지止 자는 정定에 해당하고 관觀은 혜慧에 해당하는 것입니다. 그래서 본래 우리 불심에 갖추고 있는 것이 바로 참다운 지혜 또는 조금도 번뇌가 없는 고요한 자리이기 때문에 공부도 거기에 맞게 해야 우리 번뇌의 습관성을 빨리 녹이고서 참다운 진여불성을 견성하게 됩니다.

그래서 이 선정을 '사유수思惟修'라, 사유수란 것은 바르게 생각한다는 뜻입니다. 바르게 생각을 해야지 그냥 덮어놓고 생각한다고 그것이 선이 되는 것이 아닙니다. 우주 만유란 것은 오직 진여불성뿐이다, 이렇게 뚜렷이 생각해야 그것이 정사유正思惟가 됩니다.

그다음에는 '기악棄惡'이라, 버릴 기棄, 모질 악惡, 악을 버린단 말입니다. 이것은 하나의 선공덕禪功德입니다. 사유수라는 것은 바른 생각을 관조함으로 해서 자연적으로 악심이나 나쁜 생각이 없어지는 것을 말합니다. 그다음은 '정려靜慮'라, 고요할 정靜, 생각할 려慮, 고요히 조금도 삿된 생각 없이 바르게 참다운 진리를 생각한다 말입니다.

그다음에는 '공덕총림功德叢林'이라, 이런 것이 모두가 다 선정의 뜻풀이입니다. 공덕총림은 무엇인고 하면 공덕, 이것은 자기나 남이나 누구나 간에 유익되게 하는 것이 공덕입니다. 총림, 이것은 그야말로 수풀 모양으로 하나둘 있는 것이 아니라 숲처럼 무한공덕이 있단 말입니다. 따라서 참선을 한다고 생각할 때는 무한공덕이 거기에서 우러나온다는 말입니다. 그렇기 때문에 이것도 역시 하나의 참선공덕에 따르는 것입니다.

아까 기악, 악을 없애는 것도 참선을 하면 차근차근 사람이 선량해져 가는 것입니다. 부처님의 진여불성하고 가까워져 가니까, 마땅히 진여불성 자리는 만능의 자리인 동시에 오직 하나의 생명 자리이기 때문에 나쁜 마음이 생길 수가 없겠지요. 자타自他라는 구분도 역시 참선을 하다 보면 자기도 모르게 차근차근 자기 모서리가 끊어져서 무아無我라, 내가 없다는 생각에 들어가는 것입니다.

본래가 무아이기 때문에 공덕총림 또는 '심일경성心一境性'이라, 오직 마음이 하나로 묶인다는 말입니다. 처음에는 이 생각 저 생각이 다 나오지만 마음이 정화가 되면 오직 하나의 생각으로, 영원적인 그 맑은 생각, 부처님 마음 같은 그런 생각에 가까워집니다. 그래서 심일경성心一境性이라, 오직 부처님 경지만 생각하게 되는 것입니다.

그다음은 '현법락주現法樂住'라, 이것 역시 참선공덕입니다. 우리가 지금 재미있는 것도 있고 싫은 것도 있지 않습니까. 우리 중생의 재미있는 것은 속락俗樂이라, 세속적인 오욕 같은 것은 재미는 좀 있다 하더라도 그런 것은 허망 무상한 안락인 것입니다.

그러나 법락이라는 것은 세속적인 안락이 아닙니다. 법락, 이것은 공부를 해서 원래 우리 불성에 갖추어져 있는 공덕을 얻으므로 참다운 안락이 온다는 말입니다. 따라서 신통자재나 그런 것도 모두가 다 법락 가운데 들어갈 수 있겠지요. 현법락주라, 법락이 나온다는 말이고 아까 얘기한 경안이라, 몸도 마음도 가뿐하니 환희심에 차서 닦아 나가는 것이 경안인데, 그것 역시 법락입니다.

그것이 견성오도한 것은 아니지만, 이와 같이 법락이 나타나는 것이 현법락주現法樂住인데 참선이라는 뜻에서 이런 등등의 이름이 있습니다. 그러나 선종禪宗의 선禪은 고요히 생각도 하고 사유정려思惟靜慮하는 뜻을 취하고 있으나, 그 체體는 열반묘심涅槃妙心이라, 열반묘심은 불심입니다.

일체종지의 근본 자리, 본래면목 자리인 불심을 의미하는 것입니다. 그렇기 때문에 우리가 그냥 선정이라고 할 때는 관찰도 하고 그러겠지만 선종에서 선이라 할 때는 훌쩍 뛰어넘어 이것저것을 다 초월한 하나의 불심을 바로 선이라고 합니다. 불심만을 문제시하고 견성만을 문제시하는 그런 것이 선종의 선입니다. 그렇기 때문에 우리가 불교의 교리 내에서 보통 선정이라고 할 때와 선종에서 '선' 할 때는 차원의 문제가 있습니다.

우리는 지금 무서운 시대에 살고 있습니다. 모든 문화가 상충하지 않고 같이 화해가 되어 더불어서 발전이 되어야 하지 않겠습니까. 그러기 위해서는 우리 불교 내에서 부질없는 소모를 하지 않아야 합니다. 그런데 한국에도 무슨 무슨 종파가 오십 종파요, 일본도 지금 팔십 종파라고 합니다. 더구나 미국은 종교 박람회장 같아서 불교도 지금 별의별 파가 다 들어와 있습니다.

그렇기 때문에 서로 각축하고 다투는 마당에서는 우리가 굉장히 주의를 해야 합니다. 다른 쪽을 이해도 하고 살피기도 해야겠지요. 우리는 그런 처지에 입각해서 근본선도 알아야 되겠고, 또 스리랑카 사람들이 공부하는 것도 참고를 해야 되고, 일본의 임제종이나 화두를 참구하는 의미도 알아야 되겠으며, 또는 화두 없이 잠자코 비춰 보는 묵조선도 알아야 됩니다. 그래서 여기서는 간단히 윤곽만 살폈지마는 그런 것을 다 취급을 했습니다.

꧁

# 근본선根本禪31)

근본선은 바로 구차제정九次第定이라, 어째서 구차제정이라 하는고 하면 사선정四禪定과 사공정四空定, 멸진정滅盡定을 합하면 이 것이 아홉이 되지 않습니까. 근본선, 이것은 아함경을 근간으로 합니다.

아함경은 부처님의 육성 같은 경입니다. 부처님께서 초기에 참선하는 법은 모두가 다 근본선에 입각해 있습니다. 따라서 부처님께서는 직접 근본선으로 성도하셨고, 또 열반에 드실 때도 열반경을 보면 근본선으로 해서 사선정과 사공정에 드시고, 멸진정에 들어가셨다가 다시 또 내려오셔서 사선정에 들어가서 열반에 드셨다고 기록이 되어 있습니다.

그렇기 때문에 부처님께서는 근본선으로 공부를 하시고 제자들을 가르치기도 했습니다. 아함경에 보면 "그대들이 철저한 계행을 지키고 그래서 초선에 들고 이선에 들고 삼선, 사선에 들어서 멸진정을 성취해서 아라한을 성취한다."라는 말씀이 수십 군데 있습니다. 따라서 근본선에 대해서는 반드시 우리가 알아야

---

31) 근본선根本禪: 구차제정九次第定: 사선四禪·사공정四空定·멸진정滅盡定.
　　① 사선四禪: 초선初禪·이선二禪·삼선三禪·사선四禪.
　　② 사공정四空定: 공무변처정空無邊處定·식무변처정識無邊處定·무소유처정無 所有處定·비상비비상처정非想非非想處定.
　　③ 멸진정滅盡定: 성자聖者가 모든 심상心想을 다 없애고 적정寂靜하기를 바라고 닦는 선정.

됩니다.

그래서 사선四禪 이것은 초선, 이선, 삼선, 사선 등의 차원의 차이이기 때문에 사선이라 그럽니다. 그러면 초선은 어떤 것인가. 대체로 윤곽을 좀 아셔야 되겠지요. 초선 이것은 참선을 오래 해서 안정이 되어 심일경성心─境性이라, 우리 마음에 산란스러운 생각이 들어가지 않고 이른바 삼매에 들어갑니다. 삼매에 들어가면 산란스러운 마음이 없어집니다. 이른바 무간정無間定이라, 다른 망상이 사이에 끼어들지 않습니다.

여러분들도 처음 앉으시면 다른 망상이 많이 나오지만 그것은 초기에 그럴 뿐입니다. 재가 불자님들은 주로 조석으로 오랫동안 앉으셔야 되겠지요. 그리고 평소에 장사를 하시든지 어디를 가시든지 간에, 미운 사람을 보더라도 우리가 연기법으로 보면 본래성품은 다 부처입니다. 그런데 현상적으로 해서 남자고 여자고 그러는 것이지 본래는 다 부처가 아닌가, 누구를 만나도 부처같이 생각하고 부처같이 대접하다 보면 참선 공부도 손해를 안 봅니다. 우리 마음을 항시 하나로 추스르고 다스려야 참선이 되는 겁니다.

우리는 꼭 집안에서 가부좌를 틀고 앉아야 참선이라고 생각하는데, 가부좌를 틀고 앉아도 이것저것 생각하면 참선이 아닙니다. 마음이 내는 것이지 모양이 내는 것이 아니니까요. 따라서 우리 생활에서 무엇을 하든지, 부엌에서 공양을 짓든지, 누구랑 얘기를 하든지 간에 모두를 다 부처님의 화신이라고 생각해야 합니다.

항시 생각을 하나로, 근본적인 자리로 돌리면 공부에 손해가 없이 참선이 진전되는 것입니다. 그렇게 되면 다른 생각을 하려고 해도 딴생각이 안 나옵니다. 참다운 진리만 생각하고, 참다운 진리만이 옳은 것인데 그것이 확신이 됐는데, 다른 생각이 나올 리가 있겠습니까. 그것이 이른바 삼매입니다. 그렇게 되어야 초선에 들어갑니다.

초선에 들어갈 때, 경에 보면 우리 생리가 바꾸어진다고 했습니다. 마음이 바꾸어짐에 따라서 우리 몸도 바꾸어지는 것입니다. 따라서 '팔촉八觸'이 발생하게 됩니다. 팔촉이라는 것은 몸이 어떤 때는 뜨겁고 어떤 때는 춥고, 또는 몸이 공중에 뜨기도 하고, 그런 저런 경험이 옵니다. 그것은 무엇인고 하면은 우리 생리가 바꾸어진다는 증거입니다. 이른바 요새 도가道家식으로 말하면 환골탈태換骨奪胎입니다.

우리가 그냥 생각할 때는 "참선을 많이 하나 적게 하나 그대로 가만히 있는 게 아닌가?", "마음이 움직이는 것이지 몸이야 그대로 가만히 있지 않은가?" 이렇게 생각할지 모르겠지만 우리 몸과 생리가 바뀌어지는 것입니다.

조금 더 불교의 전문적인 말로 하면 소조사대所造四大라, 오염된 지·수·화·풍 사대가 청정한 명정사대明靜四大로 바꿔집니다. 바꾸어지는 과정에서 나오는 공덕이 소조사대입니다. 그것은 불경에 다 있습니다. 그렇게 바꾸어져서 육근청정이 되는 것입니다. 생리가 청정하게 되어야 초선에 들어갑니다.

초선에 들어가는 것이 쉬운 것이 아닙니다. 재가 불자님들이 참선을 좀 했다고 해서 "나는 지금 초선인가, 이선인가?" 이렇게 갑자기 생각하지 말고 공부를 끊임없이 하셔야 됩니다. 그냥 쉽게 누구나가 초선에 쑥 들어가는 게 아닙니다. 그렇게 공부가 좀 되어 초선에 들어가도 그렁저렁해 버리면 또 후퇴가 되겠지요. 공부란 것은 지속을 시켜야 됩니다. 그렇게 지속을 시켜서 초선에 들어가면 그 삼매의 기운을 아주 소중하게 아껴서 보임保任을 해야 됩니다.

보임이라는 것은 공부하는 참선 기운이 흩어질세라 소중하게 말도 가만가만히 하고, 행동도 조심하고, 서두르지 말고, 함부로 하지 말아야 합니다. 함부로 하면 선정 기운이 흩어져 버립니다. 따라서 음식도 조금씩 먹고, 될 수 있으면 말도 적게 하고, 말을 많이 하면 그만큼 선정 기운이 흩어지는 것입니다. 그렇기 때문에 선정에 들어가려면 가급적 말도 하지 않고 혼자 지내는 것이 좋습니다마는, 일단 사회생활을 하려면 그렇게 하기가 어렵겠지요.

그래서 재가 불자님들도 평소에 그렇게 공부하시다가 일 년에 한두 번쯤은 내외간에 함께 절에 오셔서 일주일이나 며칠씩 오로지 공부만 하는 용맹정진의 기회를 가지셔야 됩니다. 그래야 우리 마음이 본래대로 한 차원씩 올라갑니다.

참선 공부, 이것은 우리 인간에게 있어서는 어느 누구든 본래의 참자기, 영생해탈의 열반경계, 참다운 행복을 바라는 이들은 누구나가 꼭 가야 할 길입니다. 게으름 부리면 못 가겠지요. 가고 안 가고는 본인한테 달렸겠지만, 우리가 인간인 한에는 꼭 가야 됩니다. 또 못 간다고 할 때는 끝없이 윤회할 수밖에 없겠지요.

그래서 이선에 올라가면 정심靜心이라, 마음이 청정해서 욕계 번뇌를 초월한다는 것입니다. 초선까지는 아직 욕계 번뇌의 종자가 좀 남아 있습니다. 평소에는 별로 생각이 안 나오다가도 경계에 부딪치면 욕심이 나옵니다. 그러나 이선에 들어가면 남녀의 음부도 다 떨어져 버립니다.

그래서 이선을 가리켜서 불교 전문 술어로 하면 '구족지具足地'라, 구족지가 무엇인고 하면 계행을 참답게 지킬 수가 있다는 말입니다. 이선까지 못 들어가면 계행은 억지로 지킵니다. 부처님께서 말씀하시니 지키는 것입니다. 이선에 들어가면 음욕이 떨어져 버리니 그때는 다른 생각이 나올 수 없습니다. 계행이 원만히 갖춰지는 때입니다.

삼선에 들어가면 재미있기는 삼선이 제일 재미있다 그럽니다. 이 세상에서 삼선 들어간 재미같이 큰 재미는 없다고 합니다. 그것은 삼선락이라, 그래서 아주 재미있고, 몸도 가볍고, 마음도 가볍고, 광명이 훤히 비춰서 이것저것 다 알게 되고, 사선 들어가면 그때는 호흡이 끊어져 버립니다.

사선은 부동지不動地라, 사선에서는 호흡이 끊어집니다. 그때는 산란스러운 마음이 조금도 안 나옵니다. 이렇게 들어갔어도 아직은 견성은 못 됩니다. 우리가 견성, 그러면은 쉬운 것 같지마는 그렇게 쉬운 것이 아닙니다.

저도 여러 선방에서 공부하면서 보았지만 가벼운 사람들은 이런 근본선을 모르고 좀 재미있으면 그만 공부 다 배웠다고 말려도 튀어 나갑니다. 공부를 더 할 것이 없다고 합니다. 그래서 이 근본선 공부를 우리가 꼭 해야 됩니다. 그래야 선정을 증명해 나가는 한계를 알 수가 있습니다. 이것을 모를 때는 환희심만 나면 그만 다 된 줄 압니다.

참선을 하고 있으면 기분 좋을 때가 한두 번이 아닌 것인데, 그러면 공부 다 되었다고 그만 튀쳐나간다 말입니다. 그렇게 해서 아무렇게나 먹고 아무렇게나 행동하면서 "견성했으니 무애행無礙行이라. 아무렇게 행동해도 본래 청정이다." 이런단 말입니다. 그러나 이선만 올라가도 음욕이 끊어져 버려서 음탕한 생각도 안 나고 음탕한 짓도 못 하는 것입니다.

더구나 삼선은 그러한 정도가 더욱 더 증장되고, 사선은 호흡도 끊어져 버려서 참다운 삼매에 들지요. 그래서 부동정不動定이라 합니다. 선정 중에서는 가장 고요한 것이지요. 그렇게 되었어도 역시 아직은 성자가 못 됩니다. 그러다가 저 멸진정이라, 멸진정滅盡定에 들어가면 그때는 모든 번뇌를 모조리 끊어 버립니다. 그러니까 아我의 뿌리를, 자기라는 그 뿌리를 뽑아 버립니다. 멸진정을 성취해야 성자요, 도인입니다.

그래서 '사공정四空定' 이것은 '공무변처정空無邊處定'이라, 모두가 다 텅텅 비어서 아무것도 없는 광대무변한 세계를 관찰하는 그런 선정禪定이고, 식무변처識無邊處는 모두가 다 그냥 비어 있는 것이 아니라, 식識이라 하는 하나의 마음의 그림자가 우주에 충만한 때고, 그다음 무소유처無所有處는 이것도 아니고 저것도 아

닌, 공空도 아니요 식識도 아닌, 알 수 없는 그러한 청정무비淸淨無
比한 것이 충만해 있는 때고, 그다음의 비상비비상처非想非非想處
는 생각이 전혀 없지도 않고 아주 미세한 생각, 극미極微한 생각
만 남아 있는 때라, 이것이 비상비비상처입니다.

따라서 비상비비상처까지 올라가도 아직은 성자가 못 됩니
다. 부처님께서 출가하셔서 스승을 찾아서 공부하실 때의 부처
님의 일대기는 우리에게 굉장히 중요한 의미를 줍니다. 왜 그런
고 하면은 부처님께서 거쳐 가신 하나의 행로를 우리도 따라가
야 하기 때문입니다.

부처님께서는 맨 처음에 발가바 선인, 고행을 위주로 하는
선인에게서 고행을 배웠습니다. 따라서 지독한 고행을 다 했습
니다. 하루에 씨앗 한 톨이나 보리 한 알을 드시면서, 하여튼
누가 따를 수 없는, 어느 누구도 추종할 수 없는 고행을 다 했습
니다. 그렇게 고행해서 발가바 선인이 올라간 선정에 들어갔습
니다.

발가바 선인은 고행으로 해서 범천에 올라가는 공부를 했던
분입니다. 범천도 욕계가 아니라 색계입니다. 따라서 굉장히
청정한 곳입니다. 그래서 부처님께서도 공부해 가지고 범천에
올라가는 선정에 드셨던 것입니다. 그러나 역시 범천에 태어난
다 하더라도 범천 역시 영생의 자리가 아닙니다. 하나의 천상
이라는 제한된 곳에 올라간 것이지, 그것이 해탈은 아니란 말
입니다.

그래서 결국 내가 구하는 것은 생사해탈인데 천상에만 올라

가면 된다는 스승을 뿌리치고 그 당시에 제일 훌륭하다는 이른바 아라라카란에게 갔던 것입니다. 아라라카란은 이른바 무소유처라, 무소유처까지 올라가는 선정을 닦은 분이었습니다. 그런데 이미 발가바에게 범천까지 올라가는 선정을 배웠던 석가모니께서는 본래 천재적인 분이라 쉽게 무소유처까지 올라가도 결국 천상에 태어나는 것이지 이 또한 해탈의 법은 아니었기 때문에 거기서도 떠나면서, "스승이시여, 어디로 가면 더 높은 공부를 배우겠습니까. 당신보다 더 나은 분이 있으면 알려 주소서."라고 묻습니다.

아라라 선인이 "내 아들이 우까다인데, 나보다 더 공부를 많이 해서 삼계에서는 제일 꼭대기 하늘인 비상비비상처까지 올라가는 선정을 닦았으니 거기 가서 공부를 하라"고 했습니다. 그래서 무소유처까지 올라간 지 얼마 안 되어서 바로 삼계의 맨 꼭대기까지 올라가는 선정에 도달했던 것입니다. 그러나 그곳도 역시 생사해탈, 즉 말하자면 영생의 자리가 아니었습니다. 그곳도 역시 복이 다하면 다시 떨어집니다.

내가 구하는 것은 생사해탈인데 천상에 올라 천상 복만 받고 말 것인가, 그래서 다시 "스승이시여, 다른 데 가서 해탈의 법을 구할 수 없겠나이까?"라고 물으니까, 내가 아는 범위 내에서는 더 큰 스승은 없다고 했습니다.

그래서 그때 보리수 아래로 가셔서 자기 스스로 무사도無師道라, 스승 없이 닦았던 것입니다. 그러나 밀교에서 보면 삼세제불이 다 경각驚覺하고 지켰다고 합니다. 우리가 눈에 보이는 곳에서는 사람만 스승이겠지마는 밀교보다 더 심오한 형이상학 쪽에서 볼 때는 우주에는 무량의 법신불이 있습니다. 따라서 법신불의 경각을 받고서 무상대각을 성취했다고 경에 기록이 되어 있습니다.

아무튼 우리가 지금 계발하는 것은 우리가 본래 부처이기 때문에, 부처가 꼭 되어야 하고 부처가 되기 위해서는 이와 같은 과정을 전적으로 무시해 버리면은 미처 가지도 못 하고, 갔다고 합니다. 그렇게 되면 증상만增上慢이라는 허물을 범합니다.

아까도 말씀드렸습니다만 일단은 내가 본래 부처이기 때문에, 또는 내 마음이 바로 진여불성이기 때문에, 마음 깨달으면 바로 부처입니다. 부처라고 하더라도 금생에 나와서 잘못 듣고, 잘못 배우고, 잘못 느끼고 하는 그런 것이 우리한테 나쁜 습관과 습기로 남아 있고, 바로 전생에도 무수 생 동안을 중생으로 윤회하는 과정에서 또 습기가 남아 있고, 그렇기 때문에 불교 말로 하면은 구생기번뇌俱生起煩惱입니다.

여러 생과 더불어서 묻어 나온 번뇌와, 그리고 금생에서 온 분별기번뇌分別起煩惱라, 금생에 나와서 다시 잘못 배우고, 듣고, 느끼고 한 그런 번뇌들 때문에, 우리가 번뇌의 습관성을 깨기가 쉽지 않습니다.

그렇기 때문에 성자가 되기는 꼭 되어야겠는데, 우리 마음은 본래 조금도 오염이 안 된 불성이라 하더라도 나쁜 습관성이 거기에 배어 있기 때문에 상당히 오랜 시일이 걸려야 차근차근 정화가 됩니다. 근기가 수승한 분은 빨리 정화가 되고 근기가 더딘

분은 좀 더디게 되는 그 차이가 있는 것이지, 상당한 시일이 걸린다는 것은 사실입니다. 그런데 성급한 사람들은 단박 하면 되어 버린다고 합니다.

우리 마음이야 빨리 되면 될수록 좋겠지요. 그러나 그렇게 될 수는 없는 것입니다. 더구나 공부하다 보면 앞에서 말씀드린 바와 같이 갖가지 경계가 많이 나옵니다. 부처 같은 사람도 나오고, 평소에 모르던 것도 척척 알게 되고 광명도 비추고 하면 한계를 잘 모르는 사람들은 자기 공부가 다 되었다고 생각합니다. 저는 도인 행세하는 사람을 굉장히 많이 봤습니다. 참 딱합니다. 그러면 자기도 죄를 범하고, 그 사람을 따르는 사람들도 결국은 죄를 범하는 결과가 됩니다.

일맹인중맹一盲引衆盲이라, 한 소경이 뭇 소경을 데려다가 함정에 빠뜨린다는 말입니다. 우리는 이런 것을 주의해야 됩니다. 그렇기 때문에 근본선, 즉 석가모니 부처님이 직접 육성으로 설하신 근본 직설을 참고로 해서 우리 공부가 얼마만큼 되어 있는가를 화엄경 십지보살이나 능엄경의 사십육지 등을 비추어 우리가 그런 위치를 알아야 됩니다.

우리는 공부가 뛰어넘으면 넘은 만큼 알아 둬야 자기 경계를 정확히 점검할 수 있는 것입니다. 모르면 증상만增上慢이라, 증상만이란 것은 미처 못 증增하고도 증했다고 합니다. 못 통하고 통했다 하고, 증상만이 되면 성자를 기만한단 말입니다. 그러면 공부가 안 되는 것입니다.

그래서 이 근본선이 바로 구차제정九次第定입니다. 사선, 사공정, 멸진정, 근본선을 생각해 두셨다가 나중에 기회가 있으면 아함경을 보십시오.

지금 아함경 풀이가 꽤 많이 나와 있지마는 풀이를 하신 분들이 근본선에 대해서 별로 관심을 안 두고 했기 때문에 근본선의 역서譯書를 별로 안 해 놨어요. 그러니까 중요한 점을 모두 놓쳐 버리지요. 일본 사람들이 한 풀이도 봤는데 그것도 역서를 해야 할 것인데 역서를 하지 않았습니다.

여러분들은 여기서 참고로 들으시고, 아함경을 보시면 근본선은 사선, 사공정, 멸진정이라는 말씀을 그 안에서 누누이 하신 것을 우리가 증명할 수 있습니다. 우리가 부처님을 믿고 출가를 한 것은 모두가 그 뜻이 어디 있는가 하면 윤회를 벗어나기 위해서 철저하게 계율을 지키는 것입니다. 계율이 청정해야 삼매에 빨리 들어갑니다. 계율이 부실하면 삼매에 못 들어갑니다.

시라청정尸羅淸淨은 삼매현전三昧現前이라, 시라는 계율을 말하는 것인데 계율이 청정해야 삼매에 들어갑니다. 아무렇게나 행동하고 악행한 사람이 삼매에 들어가는 것이 아닙니다. 따라서 아함경을 보면은 철저하게 계율을 지키고 조그마한 나쁜 행동에도 마음으로 두려움을 품고 마음을 추스러서 초선에 들어가고, 이선 들어가고 삼선, 사선 들어가고 그렇게 하다가 멸진정에서 자기라는 아我를 몽땅 소멸하고서 이른바 견도, 아라한에 들어가는 것입니다.

그래서 선이란 것이 어려운 문제이기 때문에 공부를 상당히 하신 분들도 혼돈을 느낍니다. 그래서 여러 재가 불자님들은 정확하게 윤곽을 잡으셔야 됩니다. 선, 이것은 우리가 진리를 바로 비춰 보는 공부입니다. 정, 이것은 주로 고요한 쪽으로 바른 마음을 분별없이 나가는 것이고 그것을 합한 것이 선정인데 선정을 보통 합해서 많이 씁니다.

참선할 때에 가장 큰 원수가 무엇인고 하면은 제가 허두에도 말씀드린 바와 같이 분별시비하는 것과 꾸벅꾸벅 조는 것입니다. 선방에 들어가서 그 사람을 보면 다 압니다. 아무리 참선을 오래 했다 하더라도 꾸벅꾸벅 졸아 버리면 그 사람은 참선을 잘 못했지요. 따라서 우리는 한사코 자기의 신심과 원력을 다 발휘해서 꼭 꾸벅꾸벅 하는 혼침, 즉 졸리는 것과 또 분별시비하는 이른바 도거掉擧, 마음이 항시 흔들리는 것을 바로잡아야 합니다. 모두중생毛頭衆生이라, 바람이 안 불어도 터럭 끝이 항시 움직이고 있듯이, 우리 범부 마음은 다 그렇습니다. 항시 동요하고 있습니다. 그런 마음을 다잡기가 쉽지는 않습니다.

아무리 혼침 없이 앉기는 단정히 앉아 제법 잘하는 것 같지만, 마음으로부터 분별시비하면 참선은 되지 않고 망상만 하고 있는 것입니다. 따라서 그 두 가지를 꼭 우리가 이겨 내야 합니다. 꾸벅꾸벅 조는 것과 분별시비하는 것! 그렇게 하기 위해서는 정혜쌍수定慧雙修를 통해야 합니다. 우리가 보조어록을 보더라도 정혜쌍수란 말이 많이 나옵니다. 육조단경에도 나오고 어느 성전에나 다 들어 있습니다.

정혜쌍수라, 정 이것은 마음을 고요하니 하나에 머물게 하고 혜는 바로 진여불성 자리, 본래면목 자리를 우리가 훤히 비춰 본다는 말입니다. '이 뭣고', '시심마是甚麼'도 그냥 단순히 '이 뭣고'가 아니라 나한테 한 물건이 있으되, 밝기는 해와 달보다 밝고, 검기는 칠보다 검고, 하늘을 받치고 땅을 괴이고, 그런 것이 나와 더불어 있지마는 그것이 무엇인가, 그 자리를 들어야지 덮어 놓고 '이 뭣고'만 한다고 선이 될 것입니까?

우리는 화두가 나올 때 그 뜻을 알아야 됩니다. "달마 스님이 서쪽에서 온 뜻이 무엇인가?", "도의 본래면목이 무엇인가?" 또는 "부처가 무엇인가?", 이런 데 따라서 화두가 나왔습니다. 따라서 본래의 자리, 본래면목 자리를 분명히 들어야 화두가 되는 것이지, 그렇지 않고서 상대적으로 의심만 한다고 화두가 되는 것은 아닙니다.

본래면목 자리가 진여불성이고, 진여불성 자리는 끝도 가도 없는 광대무변한 생명의 실체이고 실상입니다. 따라서 이런 실상 자리를 비추어 봐야 합니다. 우리 참선하는 사람들은 꼭 주의해야 합니다. 참선은 그냥 앉아 있는 것이 아니라 비춰 보는 지혜입니다. 단경에 보면 '반야관조般若觀照'라, 그 반야관조가 무슨 말인고 하면 반야의 지혜도 역시 우리 마음을 관조한다는 말입니다.

반야의 지혜는 무엇인가?, 그것은 가상과 가명을 떠나서 참다운 지혜로 해서 우리 본래 자리를 비춰본다는 뜻입니다. 이렇게 돼야 혼침과 분별시비가 줄어듭니다. 그냥 덮어놓고 아무것도 없이 묵묵부답으로 앉아만 있다는 뜻이 아닙니다. 나무아미타불이나 관세음보살이나 부처님 명호도 모두가 다 그런 진여 불성의 하나의 대명사에 불과한 것입니다.

아까 말씀드린 바와 같이 정혜균등이라, 정과 지혜가 균등하게 나가는 그야말로 신묘한 경지를 바로 선정이라 하고 그리고 선정의 이름을 다시 말하면 바르게 생각하는 정사유라, 그렇게 해서 우리한테 있는 악덕이 가신단 말입니다.

참선을 하면 저절로 선량한 사람이 되어 갑니다. 뒤에 참선공덕이 나옵니다마는 유연선심柔軟善心이라, 마음이 거친 사람도 부드러워집니다. 그리고 정려라, 항시 자세가 고요하다는 말입니다. 가사 고요하지 못하고 서두르는 사람들은 자기반성을 해야 됩니다.

서두르는 것은 마음이 항시 움직이고 있다는 증거입니다. 그렇기 때문에 일거일동이 사급취완捨急取緩이라, 버릴 사捨 자, 급할 급急 자, 취할 취取 자, 늘어질 완緩 자, 급한 마음 버리고서 느릿느릿하니 그래야 우리가 실수를 하지 않습니다.

급해서 그냥 서두르는 사람들은 결국 마음이 고요하게 안 됩니다. 참선은 결코 어려운 것이 아닙니다. 또 그 공덕은 공덕총림이라, 거기에 따르는 공덕이 끝도 가도 없이 많습니다. 삼명육통도 그 공덕의 한 예이지요.

지금 잘 모르는 사람들은 삼명육통 하면 그것은 하나의 신화가 아닌가, 신통은 외도가 아닌가 하고 생각하지만 부처님 경전에 삼명육통이란 말씀이 얼마나 많이 나와 있습니까. 만약 그것이 외도의 말이라면 부처님께서 거짓말하신 거지요. 삼명육통이란 말이 다른 경전에서도 수백 군데가 있습니다. 우리 마음은, 우리 본래 불심은 그와 같이 소중한 것입니다. 과거를 훤히 알고 미래도 다 알고 우주 만물을 다 무불통지無不通知하고 말입니다.

또는 누진통漏盡通이라, 일체 번뇌를 다 깨 버리는 그런 지혜와 또는 다른 사람 마음을 아는 타심통他心通이라, 우주에 있는 모든 음성을 헤아려서 듣는 천이통天耳通이라, 또는 신여의통身如意通이라, 우리 몸을 마음대로 할 수 있다는 말입니다. 그런 것을 신화나 기적적인 것으로만 생각하고 우리한테는 상관없다고 생각하지 마십시오. 우리 마음은 그렇게 위대한 힘을 갖추고 있습니다.

중국 당나라 때 등은봉 스님, 그이는 마조 스님의 제자입니다. 등은봉 스님이 공부를 많이 하신 후 오대산에서, "내가 이제 나이도 많이 먹었으니까 열반에 들어야겠구나." 하고 암자에서 나섰는데, 오대산 위에서 정부군과 반란군이 싸운단 말입니다. 그 싸우는 꼴이 아주 피비린내 나는 참극을 연출하고 있었어요. 그래서 안타깝기도 하고 불쌍하기도 해서 저들이 무지해서 저와 같이 업을 짓고 싸우다가 죽으면 다시 윤회하고 지옥도 가는 것이라 어떻게든지 제도를 하려고 했습니다. 그런데 그렇게 싸우는 사람들이 누구 말을 듣겠습니까.

그런 말을 하면 중놈이 허튼 소리나 한다고 하겠지요. 그래서 주장자를 하늘로 휙 던졌습니다. 그래 가지고 몸을 솟구쳐 하늘로 올라가서 그 주장자를 타고 싸우는 전장을 빙빙 돌았다고 합니다. 물론 그때는 장엄하고 신비스러운 광명도 비추었겠지요. 그러니까 싸우던 사람들이 그걸 보느라고 넋을 잃어버렸다고 합니다.

사람이 수양을 하면 저렇게 위대한 힘이 나오는 것인데 우리가 무엇 때문에 싸울 것인가, 그렇게 해서 전쟁이 끝나 버렸습니다. 그 등은봉 스님은 실존적인 인물입니다. 당나라 때니까 그렇게 멀지도 않지 않습니까.

우리의 자성, 불성은 다 그런 것입니다. 따라서 삼명육통을 우리가 분명히 할 수 있는 것인데 우리의 습관성을 온전히 떼어 버리지 못하니까 우리가 미처 못 합니다. 견성오도한 분들은 앉아서 가만히 잠기면 신통은 저절로 다 나온다는 것입니다. 삼매에 들면 말입니다.

다만 중생들이 불쌍하니까 한 달이고 일 년이고 삼매에 들지 않는 것입니다. 중생들에게 훌륭한 법문이나 들려주려고 그러는 것입니다. 그래서 같은 성자도 비증보살悲增菩薩이라, 자기가 수승하지 못하면 공부를 할 수가 없습니다. 그러나 지혜가 수승한 분들은 삼매를 초월해서 그와 같이 신통도 발휘하는 것입니다.

부처님 당대에서는 여러분들이 아는 빈두로 존자도 신통을 하다가 부처님께 견책을 맞고 서구야니로 가 계시다가, 나중에 옆 사람들이 하도 빈두로 존자를 보고 싶다고들 하니까 부처님께서 허락해서 비로소 빈두로 존자가 천상에 있다가 다시 내려오자 부처님께서 "너는 신통을 함부로 한 죄로 열반에 들지 말고 영원히 사바세계에 남아서 중생들을 지키라"고 말씀하셨습니다. 그래서 항시 우리 절집에서 모시고 있는 이른바 나반존자 독성이 바로 그분 빈두로 존자입니다.

# Ⅳ. 불법을 바르게 알아야

# 오종선五種禪

앞에서도 말씀드린 바와 같이 참선 공부는 오랜 기다림과 끈기가 필요합니다. 단박에 무엇이 이루어지고 당장에 무슨 공덕이 나오고 하는 것은 아닙니다.

지속적으로 공을 들여서 몇 년이고 꾸준히 정진하다 보면 어느 땐가는 자기도 모르는 가운데 공功이 성숙되고 마치 씨앗을 뿌리면 그 종자가 땅속에서 싹이 나고 꽃이 핀 다음에 비로소 열매를 맺듯이 우리 참선 공부도 그렇게 공을 들여야 하는 것입니다. 종자를 뿌리고 싹이 트고 자라고 익어지고 그래서 여물어진다는 말입니다.

저 같은 경우도 승려가 되어서 줄곧 참선만 했고 참선에 가히 미쳤다고 하는 사람인데도 역시 한 사십이 좀 넘어서니까 비로소 조금 트이는 것 같았습니다. 그것도 무슨 견성오도見性悟道한 것이 아니라 이른바 인후개통 획감로미咽喉開通 獲甘露味라, 목구멍이 툭 틔어서 감로 맛을 안다는 말입니다.

처음에 참선하는 사람들은 항시 목구멍이 칼칼하고 머리가 근질거리고 몸이 무겁고 그럽니다. 그러나 오랫동안 애쓰고 하다 보면 미련한 사람도 차근차근 맑아져 옵니다. 그러다가 어느 때 가서는 이 몸뚱이가 어디에 있는지 모를 정도로 가볍고, 걸을 때도 공중으로 걷는 것 같은 기분이 드는 때가 옵니다. 오랫동안 참는 것이 그래서 필요합니다.

따라서 참선은 오랫동안 참는 것입니다. 참고 하다 보면 어느 때에 가서 문득 별 보고 깨닫고, 바람 소리에 깨닫고, 깨닫는 순간은 그야말로 순간인 것입니다. 그런데 보통은 참지 못하고 중간에 그르쳐 버립니다. 그래 버리면 그저 참선했다는 것뿐이지, 그동안의 공은 다 허물어지겠지요. 그러고서 다시 새판을 잡으려면 곤란스러운 것입니다. 그렇기 때문에 평상시에 차근차근 책을 보거나, 누구와 얘기를 하거나, 항시 진여불성의 본체를 안 여의면 손해가 없습니다.

오종선이라, 참선이라는 것이 순수한 선 하나뿐인 것이지만 중생들의 마음과 정신을 통일하는 쪽에다 관심을 두고 조사 스님들이 풀이한 것이 있으니까 소개를 해 드립니다.

오종선, 이것은 도서都序에 있는 종밀 선사宗密禪師의 풀이를 옮긴 것입니다. 오종선이라, 다섯 종류의 선입니다. 외도外道가 하는 외도선外道禪, 또는 범부 중생이 하는 범부선凡夫禪, 또 소승小乘이 하는 소승선小乘禪, 대승선大乘禪, 최상승선最上乘禪, 이것을 오종선이라 합니다.

❀

## 오종선五種禪[32]

---

[32] 1. 외도선外道禪: 인과因果를 불신不信하고 유루공덕有漏功德을 위하여 닦음.
    2. 범부선凡夫禪: 인과因果를 신신信하고 유루공덕有漏功德을 위하여 닦음.
    3. 소승선小乘禪: 아공我空을 신신信하고 해탈解脫을 위하여 닦음.
    4. 대승선大乘禪: 아공我空과 법공法空을 신신信하고 해탈解脫을 위하여 닦음.

외도선은 불도가 아닌 외도들이 하는 호흡법이나 마인드 컨트롤 등 요새 별스러운 것들이 다 있지 않습니까? 그런 것들은 모두 다 외도선입니다.

다시 말씀드리면, 인과因果도 믿지 않고 그냥 참선을 하면 몸도 가볍고 건강도 도모하고 스태미나를 증진시키는 등의 공덕을 바라고 하는 것입니다. 또는 텔레파시로 사람들의 생각도 알아맞히고 하는 그런 유위공덕有爲功德, 인과를 믿지 않는 단계에서 하는 선을 외도선外道禪이라 합니다.

유루공덕有漏功德 이것은 때 묻은 공덕입니다. 말하자면 상相을 떠나지 못한, 자기라는 관념을 떠나지 못한 공덕은 다 때 묻은 공덕입니다. 자기라는 상을 떠나 버린 공덕이 되어야 무루공덕無漏功德이라, 때 묻지 않은 공덕이 됩니다. 그러나 외도인들은 무아無我라는 관념이 없으니까 항시 자기를 중심으로 하는 때 묻은 공덕밖에는 모르는 것입니다.

그다음에는 범부선凡夫禪이라, 범부선 이것은 비록 상相을 떠나 버리지는 못했더라도 외도꾼같이 때 묻은 공덕은 아닙니다. 요익중생饒益衆生이라, 자기도 좋고 남도 좋은 일반 중생의 공덕을 위해서 하는 선이 범부선입니다.

인과를 믿는다는 것은 선善을 행하면 반드시 안락安樂의 과보가 있고 악惡을 행하면 또 그 원인으로 인해서 고통의 보報가 따른다는 게 인과의 법칙입니다. 콩 심은 데 콩 나고 팥 심은 데 팥

---

5. 최상승선最上乘禪: 여래선如來禪과 조사선祖師禪. 본래 바로 부처로서 일체무루공덕一切無漏功德을 원만히 구족具足함을 신해信解하고 닦는 선禪.

난다는 정도로 소박하게 인과를 믿는다는 것입니다. 외도꾼들은 인과를 믿지 않으니까 함부로 사기도 치고 뇌물도 받고 하겠지요. 그러나 인과를 믿는 사람들은 그렇게 못 합니다. 자기가 사기를 치고 뇌물을 받고 나쁜 짓을 하면 반드시 그에 따르는 업보를 받으니까 그렇게 못 하는 것입니다.

따라서 우리 불교인들이 혹시 나쁜 짓을 했다고 생각할 때는 그 사람은 인과를 믿지 않은 것입니다. 인과를 믿으면 부도덕한 행동을 하려야 할 수가 없는 것입니다. 반드시 그 악보惡報를 받아 인생의 고과苦果가 따르니까 말입니다.

그다음에는 소승선小乘禪이라, 소승선 이것은 범부선보다는 좀 더 높아서 아공我空입니다. 본래 나(我)라는 것은 지·수·화·풍地水火風 사대四大가 잠시간 모인 것에 불과하고 우리 마음이라는 것도 역시 수·상·행·식受想行識이라, 감수하고 분별하고 느끼고 하는 그런 것들이 잠시간 모여 있을 뿐이지, 실제로 있는 것이 아닙니다. 그것이 잠시간 모여서 무상無常한 것이 우리 범부인 아我란 것입니다. 그렇기 때문에 나(我)라는 것은 본래 비었다고(空) 생각하고, 이른바 오온개공五蘊皆空이라, 여기서의 아공我空은 오온개공까지는 미처 못 간 것입니다.

그냥 나타나는 이 몸뚱이라는 것은 원소가 모여서 잠시간 된 것이고 내 마음도 역시 수·상·행·식이라, 분별하고 느끼고 감수하는 그런 것들이 잠시 모여서 되었기 때문에 마음이라는 것도 역시 본래 있는 것이 아니다, 그저 아공我空을 믿고 해탈을 위해서 닦는 선이 소승선小乘禪입니다.

따라서 자기 몸뚱이에 대한 관념을 무상으로 분명히 느껴야 이른바 소승선도 됩니다. 공부하는 사람들에게 제일 질긴 것이 자기라는 관념입니다. 자기 몸뚱이, 또는 자기만이 옳다고 생각하는 고집 말입니다.

넷째로, 대승선大乘禪은 아공我空과 법공法空이라, 자기도 비어 있지만 일체존재一切存在가 다 비어 있다는 것입니다. 아무리 좋은 관념이나 개념도 그 자체가 본래 있는 것이 아니란 뜻입니다. 따라서 일체의 개념이나 자기라는 존재가 다 비었다고 믿고서 해탈의 법을 닦는 것이 대승선입니다. 여기까지 되면 그야말로 상당히 온 것이지요.

우리가 앉아서 망상도 하고 분별시비도 하는 것은 아공, 법공을 믿지 못하니까 그러는 것입니다. 남에게 좀 섭섭한 일을 당하면 그걸 가지고 마음고생을 하고, 배고프면 고프다고 생각하고, 추우면 춥다고 생각하고, 이런 것들이 모두가 다 허망무상虛妄無常한 것인데 이런 것들 때문에 자꾸만 망상이 생기고, 우리가 진여불성 자리로 우리가 굳게 못 나갑니다. 따라서 이런 것은 본래 자취가 없는 것입니다.

지금까지 충분히 말씀드린 바와 같이 일체법은 연기법緣起法입니다. 인연 따라서 잠시간 움직여 가는 것이지 실제로 고유한 것은 아무것도 없습니다. 그렇기 때문에 본래무일물本來無一物이라, 혜능 스님께서 말씀하신 육조단경의 본래 한 물건도 없다는 말입니다. "본래 아무 자취가 없는 것인데, 어느 곳에 가서 티끌인들 있을 것인가?" 이렇게 마음을 다 열어 버려야 됩니다.

그런데 다만 존재하는 것은 진여불성인 이 순수 생명 자리 이 것만 결국은 상주불멸常住不滅하는 것입니다. 따라서 공空에만 치우쳐 버려도 이것은 허무가 됩니다. 우리가 아공我空, 법공法空을 그냥 말로만 느끼면 허무주의가 됩니다. 그러나 실제로 닦은 사람들은 그렇게 안 되는 것입니다.

내가 공空해지고 모두 텅 비어지면 그와 더불어서 진여불성의 광명이 비쳐 오는 것입니다. 그렇기 때문에 공空을 느껴도 닦아서 느끼는 사람은 공에 떨어지지 않지만, 말로만 또는 생각으로만 느끼면 공에 떨어지고 맙니다.

다섯 번째 최상승선最上乘禪이라, 우리가 지금 문제시하는 것은 최상승선을 두고 하는 말입니다. 중국, 일본, 한국 등 동양의 대승권에서 하는 참선이 최상승선이지요. 여래선如來禪과 조사선祖師禪이 그것입니다. 여래선과 조사선의 싸움도 아주 치열합니다. 그러나 우리가 회통불교를 지향한다면 그럴 필요가 없습니다. 일본의 도원 선사 같은 분도 이런 문제를 아주 신랄하게 비판했습니다.

원래 부처님 당시에는 '여래선', '조사선'이란 말도 없었던 것이고, 달마에서 육조까지도 그런 말은 없었는데, 후대 중생들의 근기가 약해지니까 괜히 분별시비가 나와 가지고 여래선, 조사선을 서로 만들었다고 주장하며 싸우니 참으로 가련한 일이라고 말했습니다.

우리는 그런 것 때문에 싸울 이유가 없습니다. 부처님께서 하신 공부가 조사선이고 여래선이고 그런 것이지, 그것은 일체 방편을 떠나서 본래시불本來是佛입니다. 내 마음이 본래 부처이기 때문에 그 마음 가운데는 무루지성품無漏智性品이 구족具足이라, 우리 마음이 본래 부처이기 때문에 우리 마음 가운데는 일체의 공덕이 원만히 갖춰져 있다는 말입니다. 그 자리를 놓치지 않고 닦아야 참다운 여래선이고 조사선입니다.

따라서 우리는 지금 최상승선, 즉 외도선이나 범부선, 소승선, 대승선 등을 훌쩍 뛰어넘어서 최고의 정상인 최상승선을 지향하고 있습니다. 내 마음이 바로 부처고 내 마음 가운데는 모든 무량공덕이 다 들어 있으며, 그 마음을 놓치지 않고 참구하는 선이 되어야 이른바 가장 고도한 참선인 최상승선이 되는 것입니다.

여러분들께서도 꼭 그렇게 하셔야 부처님 뜻을 따르는 것이고 또 달마에서 육조까지의 순수한 참선이 되는 것입니다. 그렇게 되어야 이른바 안심법문이라, 우리 마음이 항시 편안합니다.

내가 지금 못나고 못 배웠다고 주눅들 필요가 없습니다. 우리에게는 부처님 공덕이 원만히 갖춰져 있기 때문입니다. 도인은 무식해도 될 수가 있는 것이고 마음자리만 바로 찾아가면 되는 것입니다. 우리가 학문적으로 팔만대장경을 다 독파했다 하더라도 그런 것을 문제 삼을 필요가 없는 것입니다.

다만 성자 마음이나 내 마음이나 하나의 마음인 것이고, 불성 가운데는 때 묻지 않은 일체공덕이 다 갖춰져 있고, 때 묻지 않은 무루공덕이 본래 갖춰져 있다는 사실을 오로지 믿는 것이 중요한 것입니다.

이렇게 믿고 그 자리를 놓치지 않고 공부하는 것이 참다운 신앙이요 참선인 것입니다. 이렇게 한다면 화두를 들어도 좋고 들지 않아도 무방한 것입니다.

참선 공부는 여러분들께서 평생을 해야 할 공부입니다. 평생 동안 해야 할 가장 절실한 공부가 바로 불도佛道의 정문頂門인 참선인 것입니다. 그런데 이 공부를 하기 위해서는 정말로 우리가 마음을 단단히 먹어야 됩니다. 허튼짓을 하면은 절대로 안 되는 것입니다. 다른 사람을 미워해도, 너무 욕심을 부려도 참선에 장애가 됩니다.

왜 그런고 하면 나와 남이 본래 둘이 아니고 어느 존재나 다 진여 연기법으로 해서 부처님의 화신이라고 생각하게 되면 누구를 특별히 미워하고 좋아하고 욕심내고 집단이기심이나 개인 이기심을 낼 수가 없습니다. 그렇게 되어야 진여불성 자리에 가까워지는 것입니다.

모양은 참선 모양을 내면서 마음은 탐욕과 어리석음 그대로 있으면 참선과는 멀어지는 것입니다. 우리 몸으로 나타내는 행동과 입으로 하는 말과 생각하는 뜻이 모두 다 진리에 맞게 나아가야 참다운 참선이 되는 것입니다.

다시 한 번 되풀이합니다. 최상승선이라, 이것은 본래 바로 부처로서 일체무루공덕一切無漏功德을 원만히 구족함을 신해信解하고 닦는 선禪을 최상승선이라 합니다. 그렇기 때문에 이처럼 고도한 최상승선의 참선법은 먼저 이치를 알아야 됩니다. 이치를 모르고 덮어놓고 하면 최고의 선이 될 수가 없습니다.

달마 스님께서도 이입사행二入四行이라, 이치(이입理入과 행입行入)로 먼저 들어가야 한다고 말씀했습니다. 달마선이란 이치로 먼저 들어가야 되는 것입니다. 따라서 본래 부처라, 이 말은 굉장히 중요합니다. 재가 불자님들도 본래 부처라는 이 말을 잘 새기시기 바랍니다. 우리가 닦은 뒤에 부처가 아니라, 본래 처음부터 부처란 말입니다.

그 말은 무슨 뜻인가 하면 나한테는 잘나나 못나나 늙으나 젊으나 누구든 다 법신 부처님의 무량공덕이 갖춰져 있다는 말입니다. 지혜나 자비나 원력이나 다 원만히 갖추고 있는 것입니다. 이렇게 분명히 믿어야 본래 부처라는 의미가 됩니다. 믿어도 그냥 무턱대고 믿는 것이 아니라 신해信解라, 믿어 의심하지 않고 이치적 체계를 세워야 신해가 됩니다. 덮어놓고 믿으면 해解는 못 되고 가까스로 신信만 되겠지요.

부처님 법문은 조금도 빠뜨림이 없습니다. 그러니까 부처님 가르침이 소중한 것입니다. 더러는 "경經은 필요 없다." 그런 말을 하는 사람도 있으나 그것은 경에 너무 집착하지 말라는 뜻입니다. 부처님께서 필요 없는 말씀을 하셨을 리가 만무할 것이고 필요 없는 것을 우리가 무엇 때문에 이천오백 년 동안을 소중하게 가꾸고 보존해 왔겠습니까? 다 우리 마음의 때를 없애고 우리를 부처님 자리로 돌아가게 하는 그런 법문입니다. 최상승선, 잘 기억해 주시기 바랍니다.

여러분들은 절대로 자기 비하를 하지 마십시오. 우리는 본래 부처이기 때문에 천상천하에 누구에게도 꿀릴 필요가 전혀 없습니다. 석가모니만이 천상천하유아독존이 아니라 사실로 들어가면 어느 누구나가 다 천상천하에서 자기가 제일입니다. 그렇게 생각해야 매사에 자신自信이 생깁니다. 사업을 하나 시험공부를 하나 그런 자신을 가지고 하면 훨씬 더 사업도 공부도 빠르게 됩니다.

제가 항시 비판을 듣는 문제는 어려운 법문을 하고 생활법문을 잘 못한다는 것입니다. 생활이란 것이 무엇을 따로 두고 생활이라고 하는지 모르겠지만 가장 좋은 생활이란, 바로 우주의 법도를 따르는 생활이 가장 좋은 생활입니다. 아무렇게나 먹고 마시고 돈 벌고 하는 것이 좋은 생활은 아닌 것입니다. 따라서 마땅히 어렵더라도 부처님 법에 따르는 생활이 참다운 생활입니다.

우리가 불교를 세속화시켜 일반 대중들을 안이하게 만들고 종교를 재미로 하게 만들면 되겠습니까? 따라서 우리들은 고도한 법문을 대중 누구나가 다 알아듣게 이해를 시켜야 하는 것입니다. 그렇기 때문에 일반 불자님들이 공부를 좀 하셔야 합니다. 사제법문四諦法門이나 십이인연법문十二因緣法門을 보면 다 기가 막힌 법문들입니다. 모두 피가 되고 살이 되고 생명이 되는 진리들입니다. 공덕뿐만이 아니라 당장 금생에 바로 행복이 오는 그런 법문입니다.

부처님 법대로 따르면 남편과 싸울 수도 없고 아내에게 무례하게 대할 수도 없으며 자식에게 불신 받는 부모가 될 리가 없는 것입니다. 하물며 스승에게 불손하게 대할 수 있겠습니까?

지금 대학에서나 사회에서나 젊은 사람들이 어른을 불신하는 것은 모두 부모가 부모답지 않고 스승이 스승답지 않다는 말입니다.

도덕적으로 바르고 진리를 바르게 안다고 생각할 때는 가사, 기독교나 불교에 대해서 질문할 때 그것에 대해서 다른 점과 좋은 점들을 갖추어서 가르쳐 줄 수 있다면 그냥 다 승복할 것입니다. 그런데 자기가 믿는 것은 좋고 다른 종교는 아무 가치가 없는 것으로 말해 버리면 젊은 사람들이 믿고 따르겠습니까?

지금 젊은 사람들은 대체로 다 높은 교육을 받았기 때문에 모두 총명한 사람들인데 우리가 논리적이고 합리적으로 설득을 시켜야지 덮어놓고 주장하고 강요하면 안 되는 것입니다. 그러니까 우리 부모님들이 공부를 하셔야 됩니다. 불교를 어렵다고만 생각하지 마십시오. 원리 몇 가지만 알아 버리면 참 쉬운 것입니다.

아까 말씀드린 바와 같이 본래불성, 이것은 우리 눈에는 안 보이지만 분명히 우주에 영생토록 존재합니다. 에너지가 흐르듯이…. 에너지 불멸법칙이라, 다만 우리 중생들은 겉만 보니까 겉이 좋게 보이는 것은 긍정하고 그렇지 않으면 부정하지요. 그러나 우리가 근본 성품을 본다고 생각할 때는 겉으로 좋은 것도 나쁠 수가 있고 겉으로는 나쁜 것도 좋을 수가 있는 것입니다. 따라서 부처님 가르침이나 성자의 가르침은 모두를 다 근본 도리에서 봅니다. '하나님'이나 '아멘(Amen)'이나 그것도 역시 근본 도리에서 보라는 것입니다.

아우구스티누스(Augustinus, Aurelius)는 말했습니다. "참다운 주제는 하나님에 대한 절대적인 신앙에 의해서만이 있을 뿐이다." 이 말을 우리 불교식으로 해석하면, 우리가 불심을 떠나지 않고 우리 본성품을 떠나지 않으면 된다는 것과 같은 뜻입니다. 이제 선을 닦는 방법에 대해서 말씀드리겠습니다.

## 선禪의 방법

선의 방법은 먼저, 화두를 참구하는 화두선話頭禪 즉, 공안선公案禪[33])이 있고 또는 잠자코 참선하는 묵조선默照禪[34])이 있고 또 부처님 명호를 외우면서 하는 염불선念佛禪[35]), 이렇게 세 가지 방법이 있습니다. 다르게 말할 수도 있으나 편의적으로 이렇게 나누어 놓았으니 참고하시기 바랍니다. 공안선, 이것은 간화선看話禪이라, 화두를 드는 선입니다.

'공안公案' 이것은 보통 사람들이 함부로 할 수 없는, 즉 관청에서 나오는 공문서 같은 것입니다. 이 공문서는 하나의 법규니까 일반 사람들이 함부로 할 수 없지 않습니까. 따라서 공안이라는

---

33) 공안선公案禪: 간화선看話禪이라고 하며 화두에 대한 의단疑團을 참구하는 선禪.
34) 묵조선默照禪: 화두 없이 자성불심自性佛心을 묵조默照하며 닦는 선禪.
35) 염불선念佛禪: 자심自心을 비롯한 일체존재一切存在가 본래로 부처요, 우주의 실상實相이 바로 정토淨土임을 관념觀念하며 닦는 선禪.

것은 도인, 즉 성인들이 우리 중생에게 공부하라는 하나의 문구, 즉 상대를 떠나 버린 절대적인 훌륭한 문구가 공안입니다. 따라서 그런 성인들이 우리에게 분별시비를 없애고 우리를 성불로 인도하는 방법으로 상식을 떠나 버린 짤막한 문제를 내주면 그것을 우리가 문제시 해 가지고 우리 마음을 불심佛心으로 접근시킨다는 말입니다.

공안이나 화두는 같은 뜻입니다. 화두에 대한 의단疑團, 이것은 의심을 참구한다는 뜻입니다. 따라서 그냥 보통으로 하는 의심은 화두가 안 됩니다. 그것은 본래면목 자리, 본래근본 자리, 나의 본질은 무엇인가? 내 생명은 무엇인가? 또는 진여불성은 무엇인가? 달마 스님께서 서쪽에서 오신 뜻은 무엇인가?

달마 스님께서 서쪽에서 오신 뜻은 우리 중생의 미정迷情을 헤치고서 참다운 깨달음을 증證하기 위해서 오신 것입니다. 모두가 다 진여불성을 깨닫게 하기 위해서입니다. 따라서 화두는 모두가 천 칠백 공안으로 본래면목을 말하고 있습니다. 따라서 우리가 본래면목을 분명히 들어야만이 화두가 됩니다. 그걸 들지 않고 의심만 하게 되면 기가 올라와서(上氣) 참선이 어렵게 됩니다. 그런 사람들이 한둘이 아닙니다.

대중 안거를 하다 보면 그런 사람들을 많이 봅니다. 언제 한번은 법랍도 많은 어떤 스님이 태안사에서 삼년결사를 할 땐데 정진을 하면서 항시 머리를 만지며 안절부절못하더니 한 시간 후면 곧 죽을 것처럼 괴로워하곤 했습니다. 그렇게 한 일 년 반 정도를 가까스로 견디더니 나중에는 도저히 못 버티고 포기해 버리는 것을 봤습니다. 그 외에도 참선 중에 상기上氣가 되어 주저앉는 사람들이 한둘이 아닙니다.

그것은 왜 그런고 하면 내 마음이 바로 부처고, 내 마음자리는 무한무량의 공덕을 갖추고 있다 하고, 자기 마음에 들어 있는 무량공덕을 분명히 믿지 못하니까 생기는 병통입니다. 사실 의심이란 것은 괴로운 일입니다. 사람끼리도 못 믿고 의심하면 괴롭지 않습니까. 따라서 상대적인 의심은 화두가 아닙니다.

그래서 '무자無字' 화두나 '이 뭣고(是甚麼)' 화두나 다 진여불성 자리를 제시하기 위해서 우리에게 주신 것이고 또 화두를 빨리 타파하라는 것이지 언제까지 화두를 붙들고 있으라는 말이 아닙니다. 잘 모르는 사람들은 자나 깨나 의심을 위한 의심을 하고 있습니다. 저 같은 사람도 몇 년 동안 잘못해서 어려움을 겪었습니다. 참선하는 분들은 누구나가 겪는 일입니다.

따라서 화두를 들 때는 이른바 그 '시심마是甚麼', 중국말로는 '시삼마'라 하고 우리식으로 하면 시심마가 됩니다. 그 뜻은 '이 뭣고'인데 그냥 이것이 무엇인가? 저것이 무엇인가? 하는 그런 정도가 아니라 한 물건 자리, 이른바 자기 불성 자리를 뜻합니다. 그 자리를 분명히 들어야 화두라 할 수 있습니다. 공안도 마찬가지입니다.

그다음은 묵조선默照禪이라, 지금 한국에는 묵조선이 별로 없으나 일본 선방에서는 화두를 드는 임제종과 또는 화두 없이 잠자코 명상식으로 비추어 보는 묵조선을 합니다. 일본 사람들은 양쪽을 대등하게 하고 있으며 또 황벽종은 주로 염불을 화두로 합니다.

일본은 지금 세 종파의 선이 있습니다. 묵조선은 화두 없이 자성불성自性佛性을 묵조默照하며 닦는 선입니다. 중국의 동산양개 스님 같은 분도 말하길, 분명히 자성불성을 비춰 보라 했는데 지금 일본 사람들이 하는 묵조는 그냥 묵묵부답하니 무념무상으로 있는 것입니다. 그러니까 혼침도 많이 나오고 자기가 어디까지 간 줄도 모르는 것입니다.

저는 지금도 일본에서 나온 책들을 참고로 보는데 너무나 따분하고 생기가 빠져 있습니다. 그걸 보면 그들은 자기들이 본래 묵조선의 조사祖師라고 생각하고 있는 것 같습니다. 임제 스님이 화두하셨다는 말은 없습니다. 한참을 내려오다가 대혜大慧 스님 때 가서 화두가 정착됩니다. 따라서 그런 조사 스님들은 어디에도 집착이 없습니다.

후대인들이 괜히 정형화시켜 가지고 "무엇은 되고 무엇은 안 된다", 이렇게 분별시비를 일으켜 놓은 것입니다. 그래 놓으면 그에 속한 사람들은 다 따라가는 것입니다. 우리 한국에서는 중국선을 좋다고 다 따라가지 않습니까? 보조 국사는 위대한 스님입니다. 그렇게 위대한 스님이지만 중국에 들어가 인가를 받지 않았기 때문에 중국선 좋아하는 사람들은 인정을 하지 않습니다.

지금은 그런 때가 아닙니다. 세계가 그야말로 하나로 뭉쳐야 하는 때입니다. 우리 불교가 하나가 되어 다른 민족과 대화를 해야 하는 때입니다. 그렇기 때문에 우리가 불교를 믿는다 하더라도 절대로 치우치게 믿으면 안 됩니다. 그러면 자기도 망치고 남도 망치고 아무에게도 도움이 안 됩니다. 지금도 아랍계들 싸우는 것 보십시오.

근본주의나 교조주의 같은 것은 결국 법집法執에 불과합니다. 법집이 되면 불교가 아닙니다. 다른 종교도 마찬가지로 그것은 참다운 진리가 아닙니다. 따라서 근본주의나 교조주의는 우리가 배제를 해야 합니다. 그런데 꼭 자기식만 주장하는 사람들이 있습니다. 화두 하는 사람은 화두가 아니면 선이 아니라고 말합니다. 어떻게 그럴 수가 있을 것입니까? 석가모니나 달마 스님이 그러셨겠습니까?

여기 계신 스님들이나 여러분들은 모두 엘리트들입니다. 대부분이 대학, 대학원에서 석사, 박사 과정을 밟고 계시는 분들이 많습니다. 여러분들은 많은 사람들을 제도하실 분들입니다. 그러므로 우리는 절대로 치우치지 않고 공정하게 세계종교를 우리 품안에 안을 수 있는 그런 포용력으로 공부를 해야 합니다. 그래서 묵조선도 자성불심自性佛心을, 본래면목을 비춰 봐야 참된 참선이 되겠지요. 자기 면목을 떠나면 그것은 아무것도 아닙니다.

참선이라는 것은 진여불성, 즉 본체를 여의지 않는 것입니다. 진여불성의 본체를 여의지 않으면 아미타불을 부르나 하나님을 부르나 상관없이 다 참선인 것입니다. 이렇게 되어야 비로소 참다운 선禪이 됩니다.

염불선念佛禪, 이것은 자심自心을 비롯한 일체 존재가 본래 부처요, 또 우주의 실상이 바로 정토 극락세계임을 관념하며 닦는 선이 염불선입니다. 우리 마음이 오염되면 바로 지옥이 되고 악이 됩니다. 지옥이라 할 때는 두 차원으로 생각해야 됩니다. 마음만 따지는 사람들은 마음이 어두우면 지옥이지, 별도로 지옥은 없다고 생각하지만 실존적인 지옥도 분명히 존재합니다.

우리 인간의 가상계假相界가 있고, 개나 소나 돼지들의 축생계가 있듯이 지옥도 역시 우리 인간의 눈에는 안 보여도 분명히 존재합니다. 하나의 영적 세계로 해서 고통받는 세계가 있습니다. 그러면 극락세계는 어디에 있는 것인가? 삼천대천세계가 화장세계라, 사실 우리 중생이 몰라서 그렇지 성자가 본다고 생각할 때는 이대로가 바로 극락세계요, 화장세계인 것입니다. 중생의 어두운 삼독심三毒心으로 보니까 다만 안 보이는 것이지요.

그러면 극락은 어디 따로 있는 것인가? 극락이란 지역적으로 따로 어디가 있는 것이 아니라 성자들 사는 경계가 있습니다. 이른바 불교에서 말하는 색계천色界天에 있는 정거천淨居天이 바로 성자들이 사는 하늘입니다. 우주란 것은 무량무변하기 때문에 이 법계法界는 한계가 없는 것입니다. 그런 무량무변한 세계에 있어서 성자는 어디에 있으나 극락을 수용합니다. 그런 성자만 사는 정거천이 이른바 극락인 것입니다.

그렇기 때문에 극락은 우리 마음의 번뇌를 떠나 버리고 마음의 때를 다 벗어 버려야 비로소 갈 수 있는 곳입니다. 그래서 염불을 한다 하더라도 "부처님은 저 극락세계에 계시고 내 몸 밖에 따로 어디 계신다." 이렇게 생각하면 그것은 참선이 못 되는 것입니다.

자성불自性佛이라, 부처님은 어디 안 계시는 곳이 없다(無所不在), 이렇게 생각하면서 부처를 찾아야 진정한 염불선인 것입니다. 왜 그런고 하면은 선禪이란 개념 자체가 본래성품을 떠나지 않는 것이기 때문입니다. 본래성품을 떠나 버리면 화두를 드나 무엇을 하나 그것은 참선이 아닙니다.

지금 공부하시는 젊은 분들은 몇 마디만 하면 다 알 수 있는 문젠데 우리 같은 한문 세대들은 사고하는 것이 합리적이지 못하니까 꼭 자기가 하는 것만 옳다고 고집해 버립니다. 그래서 지금 종단의 종헌을 보면 원효 스님이나 의상 스님에 대해서는 한마디도 없습니다. 다만 도일道— 스님이나 태고太古 스님 정도밖에 언급이 없습니다.

원효 대사의 도道가 더 높은지 도일 스님이 더 높은지 누가 알겠습니까? 도인이 되었다고 생각할 때는 다 참선을 통했다고 봐야지요. 우리는 지금 그러한 형식논리에 취할 때가 아닙니다.

그러다가는 결국은 자기 마음도 좁아지고 우리 종단도 자꾸 풍파가 생길 수밖에 없습니다. 그러니까 수많은 종파가 생기고 하겠지요. 부처님 한 분을 우리 종주로 모시고 원효나 의상이나 도일 스님 등을 우리 선배로 모시면 되는 것이지, 무슨 이유로 꼭 종파를 갈라서 따로 종교를 세울 필요가 있겠습니까?

저는 한국에서 일어나는 일들을 보면 가슴이 터질 지경입니다. 아무것도 아닌 문제로 그렇게들 싸웁니다. 이와 같이 공안선, 화두를 의심하는 선이나 또는 화두 없이 그냥 명상적으로 잠자코 부처님을 무념무상으로 비춰 보는 묵조선이나 또는 화두 대신에 부처님을 확신하는 염불선은, 일체가 부처임을 확신하고 믿는 선입니다. 내 마음이나 우주 만유의 본래면목이 바로 부처님이다, 그 부처님의 대명사가 바로 아미타불이요 관세음보살입니다.

제가 항시 드리는 말씀이지만 부처님 이름에 대해서도 우리는 회통을 시켜야 됩니다. 불교 믿는 분들은 대개 부처님 명호에 대해서 관점이 산만합니다.

지장보살을 부르는 분들은 지장보살의 공덕이 더 높다, 어느 선방에서는 지장보살을 만불로 모신다는 소문도 들었습니다. 그것이 나쁘다는 것은 아닙니다. 그러나 그분들은 아마 지장보살하고, 관세음보살, 아미타불이 다 따로따로 있다고 생각한 모양이지요.

부처님 자리가 따로 있겠습니까? 오직 하나의 진여불성 자리, 그 공덕이 무량무변하기 때문에 하나의 개념으로는 표현을 못하는 것입니다. 따라서 자비론慈悲論 적으로 봐서는 관세음보살, 또는 지혜로운 면으로 봐서는 문수보살, 우리 중생의 영혼을 인도하는 쪽으로는 지장보살, 그리고 총 대명사로는 아미타불이란 말입니다. 만일, 부처님이 각기 따로 있다면 불교는 별로 좋은 종교가 못 됩니다. 우리는 부처님 이름부터 회통을 시켜야 됩니다.

부처님은 무량공덕이기 때문에 보살이나 부처님 이름이 제아무리 많다 하더라도 결국은 부처님 공덕 가운데서 그 공덕 따라 붙은 것에 불과합니다. 우리 중생의 병고를 다스리는 쪽에서는 약사여래, 하늘에 있는 별을 떠올리면 칠성광여래七星光如來입니다.

부처님의 진여불성이 산에 있으면 산신山神이고 물에 있으면 용왕龍王입니다. 불교는 모든 것을 하나로 합하는 것입니다. 이른바 일원주의라, 이렇게 되어야 비로소 안심법문입니다. 달마에서 육조까지 다 그런 법문입니다. 공안선이나 묵조선, 염불선 등은 모두 다 최상승선이기 때문에 어느 것이나 다 좋습니다.

이행문易行門이라, 용수 보살의 십주비파사론十住毘婆沙論에 보면은 난행문難行門, 이행문易行門이 나옵니다. "나는 부처니까 내 힘만 믿고 가면 부처가 된다", 자기 힘만 믿고 가는 것이 난행문입니다. 아주 힘들게 가는 방법입니다. 부처님의 공덕을 믿고 "나도 본래 부처다." 하고 그 공덕에 의지해서 가는 것을 이행문易行門이라 합니다. 이렇게 두 문을 나누어서 말했습니다.

우리는 부처님을 기독교식으로 말하면 하나님의 전능하심을 믿는 그것이 굉장히 중요합니다. 우리 감성이란 것이 아주 중요한 것입니다. 인간의 감성은 마음을 비약시킵니다. 우리가 객지에 나가서 고향에 대한 향수에 젖어 보십시오. 부모님을 그리워하고 고향을 그리는 그 향수는 얼마나 맑고 순수합니까. 그렇듯이 우리 마음의 고향이 부처님인데 부처님은 하나의 이치가 아니라 바로 생명이라, 내 생명의 고향이 바로 부처님입니다. 그 자리를 간절히 흠모하는 그것이 바로 우리 마음을 비약시킵니다.

법화경에서도 '심회연모갈앙어불心懷戀慕渴仰於佛'이라, 마음으로 부처님을 간절하게 갈앙하고 연모하는 마음이 우리 선근을 증장시키고 우리 마음을 비약시키는 것입니다. 그렇게 심오한 뜻이 있는 것이고 또 아미타경에 보면 일념왕생—念往生이라, 부처님을 그리워하는 순수한 그 한 생각이 극락왕생을 시키는 것입니다.

우리가 살아생전에는 한 생각으로 해서 무엇이 이루어지기가 어렵겠지만, 새도 죽을 때는 가장 아름답고 슬픈 소리로 운다고 합니다. 나쁜 짓을 많이 한 사람도 죽을 때가 되면 마음이 선해집니다. 그것은 우리 인간은 본래가 선량하기 때문이지요. 그래서 죽을 때 좋은 스승을 만나서, 부처님은 분명히 계시고 극락세계도 분명히 존재한다고 믿고서 일심—心으로 나무아미타불을 염念하면 그 마음으로 극락을 갈 수 있다고 했습니다. 경전에 나와 있는 말이니까 거짓말이 아니지요. 그렇게 우리 감성은 중요한 것입니다.

그러나 감성을 소외시키고 내가 부처니까 내 힘으로만 성불한다고 생각하면 참으로 팍팍하고 힘이 듭니다. 기독교의 좋은 점이 그런 데에 있습니다. 지금 세계인구의 17-18억이나 믿는 만큼 그 마음들이 소중한 것입니다. 그렇기 때문에 그와 같은 강렬한 신앙이 나오겠지요. 너무 맹목적인 점들이 문제이긴 하지만 분명히 이치를 알고 믿으면 참 좋은 것입니다.

## 사선근四善根36)

다음에 사선근四善根이라, 이 사선근 법문도 역시 능엄경과 구사론, 유식론 등에 있는 법문입니다. 일반 조사론에는 그냥 단박에(頓悟頓修) 되어 버린다는 쪽으로 주로 하기 때문에 이런 전문성 있는 법문은 별로 없습니다. 그러나 공부하는 사람들이나 재가 불자님들이 알아 두시면 자기 점검을 하실 때에 필요합니다.

사선근, 이것은 우리가 견성오도하기 전에 우리 선근을 더욱 증가시켜야 하는 네 가지를 말합니다. 난법, 정법, 인법, 세제일법상, 이것은 우리가 견성오도하기 전에, 즉 견도직전見道直前의 수행계위修行階位를 말합니다. 견성오도를 해야 참다운 자유라 할 수 있습니다. 견성오도하기 전에는 가짜 자유입니다. 따라서 미처 성자가 못 된다 하더라도 그 과정은 좀 알아야지 그걸 모르고 가다 보면 여러 경계가 많이 있는 법인데 자기 공부가 얼마만큼 되어 있는지 짐작을 못 합니다.

그렇기 때문에 이 사선근 법문, 특히 능엄경 같은 경에는 우리가 점차로 올라가는데 대해서 아주 세밀하게 말씀해 놓았습

---

36) 사선근四善根: 난법煖法, 정법頂法, 인법忍法, 세제일법世第一法
  ① 난법煖法: 명득정明得定
  ② 정법頂法: 명증정明增定
  ③ 인법忍法: 인순정印順定
  ④ 세제일법世第一法: 구사론俱舍論, 유식론唯識論
  * 사선근四善根은 견도전見道前의 가행정진加行精進이므로 사가행四加行이라고도 함.

니다. 또 구사론 같은 데도 역시 공부하는 과정에 대해서 아주 자세하게 밝혀 놓았습니다.

이 사선근 가운데 난법煖法 이것은 명득정明得定입니다. 불교는 주로 한문 문화권을 거쳐 온지라 한문을 알면은 참 쉽습니다. 밝을 명明 자, 얻을 득得 자, 우리 마음이 항시 어둡고 무겁다가 훤하게 밝아 온다는 것입니다. 광명을 보는 것이 아니라 마음이 시원해 오는 경계를 말합니다.

맨 처음에 들어앉으면 마음이 답답하고 괴롭습니다. 그러나 참선을 꾸준히 하다 보면 자기도 모르는 가운데 마치 구름이 걷히듯이 마음이 개운하게 됩니다. 그래서 몸이 마치 전류에 감전된 것처럼 찌릿찌릿해지기도 하고 머리에서 발끝까지 전신이 아주 시원스럽게 개어 오는 것입니다. 이런 때가 난법煖法상, 이른바 명득정明得定, 밝음을 얻었다는 경계입니다. 그만큼 우리 인간이 선량해졌다는 증거가 되겠지요.

그러나 그 명득정, 밝음을 얻었어도 말 많이 하고 남하고 싸우고 함부로 행동하면 그것이 간 곳 없이 사라져 버리는 것입니다. 그러니까 우리가 공부를 해서 명득정이라는 밝음을 얻었다면 그 자리를 행여 놓칠세라 소중하게 아끼면서 보다 더 깊이 공부해 들어가야 더 정화가 되는 것입니다.

그다음 제2는 정법頂法이라, 정법은 명증정明增定이라, 밝은 기운이 들어온다는 말입니다. 밝을 명明 자, 더할 증增 자, 밝은 기운이 더 증가해서 들어온다는 것입니다. 처음에는 밝은 기운이 희미했다가 공부를 더 하면 그때는 그 밝은 기운이 전신을 엄습

한다는 말입니다. 이런 때 기분 좋은 것은 다른 즐거움에 비교할 수 없습니다. 그 어떤 세속적인 재미도 이것에 비할 바는 아닌 것입니다.

부처님 공부는 우리 건강을 도모함에 있어서도 비교급이 없습니다. 가사, 우리가 공부해서 몸도 시원하고 마음도 시원해지면 잔병치레 같은 것은 붙지 못하는 것입니다. 힌두교에서는 이른바 신비의학이라는 것이 있는데 정신수양으로 해서 병을 고친다는 것입니다. 몸과 마음이 둘이 아니기 때문에 몸이 정화되면 마음도 따라 정화되는 것이지요.

따라서 이 명증정은 우리 마음이 그만큼 시원스럽게 되는 것을 말합니다. 마음이 시원스러우면 자연히 혈액순환이 왕성해지고 머리도 눈도 시원해지는 것입니다. 참선을 경험하신 분들은 다 아시겠지만 몇 시간을 눈을 뜨고 있어도 조금도 피로하지 않은 것입니다.

공부하는 학생들이 그런 상태로 독서도 하고 공부를 하면 얼마나 좋겠습니까. 따라서 명증정이라, 밝은 기운이 우리 몸과 마음 전체로 들어와서 머리도, 눈도, 가슴도 훤히 트여 시원하고 다리도 허리도 저리고 아프던 것이 다 풀려 개운합니다. 그러다가 제3의 인법忍法, 인법은 인순정印順定이라, 인법은 밝은 기운이 이제 후퇴하지 않음을 말합니다. 그 기운이 몸에 완전히 관성으로 배어서 후퇴하지 않는 것입니다. 그렇게 되면 사람이 나쁜 짓을 못 하게 되고, 욕심도 미운 생각도 사라지게 되며, 그다음에는 그것들이 다 허망한 줄을 알게 됩니다.

그러다가 거기에서 더욱더 공부를 정진해서 그다음이 세제일법世第一法이라, 세제일법은 문자 그대로 세상에서 제일가는 법이란 뜻입니다. 견성이 아니기 때문에 아직 성자의 법은 못 되어도 세간적인 범부에서는 제일가는 법이 세제일법입니다.

이때에는 우리 마음이 맑아져서 그 가운데 훤한 광명이 비추는 이른바 심월心月이라, 마음 달이 비쳐 온다는 것입니다. 심월이 비쳐 오면 그때는 공부가 후퇴하지 않는 법입니다. 그러나 심월까지 비쳐 와도 도인의 경계가 아니기 때문에 함부로 해 버리면 또 간 곳이 없게 됩니다. 따라서 경망한 사람들은 그 명득정, 몸이 좀 시원하고 알음알이도 좀 생기고 판단이 좀 잘되면 그만 공부가 다 되었다고 뛰쳐나가는 경우가 있습니다. 그렇게 되면 그는 평생 거짓말쟁이가 되고 남을 어두운 길로 빠뜨리고 말겠지요. 따라서 이 사선근, 즉 명득정, 명증정, 인순정, 세제일법, 이런 경계에서 가짜 도인이 많이 나옵니다.

우리는 참으로 경계를 해야 됩니다. 이 사선근 법에 관해서 깊이 음미를 하시기 바랍니다. 그리고 일반적으로는 사선근 법은 일본 사람이 쓴 불교 책에도 잘 안 나온 것 같습니다. 더구나 우리 한국 선에서는 그저 단박에 되어 버린다(頓悟頓修) 하는 화두 일변도로 나가기 때문에 이런 법문 체계가 나올 리 만무합니다. 그러나 능엄경이나 구사론 또는 유식론 등에는 이렇게 점차로 공부하는 법을 아주 착실하게 밝혀 놓았으니까 참고하시기 바랍니다. 우리가 사실 공부할 때는 이런 경계를 꼭 거치는 것입니다. 다만 좀 빠르고 더딘 차이는 있겠지만….

여러분들이 차근차근 공부를 하시다 보면 다 짐작이 되실 것입니다. 더러는 이런 경계를 한 번에 다 초월하는 사람도 있지만 대개는 점차로 닦아서 서서히 가는 것입니다. 그런 것은 다 개인의 품성이나 용맹정진의 힘에 따라서 차이가 있다 하더라도 분명히 이것은 우리 범부가 거치는 선근이고 부처님께서 가르치신 과정인지라 참고로 하시면 그때그때 우리 공부를 점검해 볼 수 있는 것입니다.

그러나 그 위位를 몰라 버리면, 조금 기분이 좋고 밝아진 것 같으면 그것을 견성오도한 것으로 알고 함부로 행동하고 묘각妙覺이라는 것도 함부로 생각해 버리는 우愚를 범하게 됩니다. 묘각妙覺이란 초지 보살의 환희지歡喜地를 성취한 뒤에도 십지十地까지 올라가서 부처(佛果)를 성취해야 묘각인데 그걸 모른단 말입니다. 우리는 조사어록이나 불경을 보면서 한없이 겸허해야 됩니다. 겸손하게 조그만 자기 알음알이를 배제해야 교만심과 증상만을 피할 수 있습니다.

'증상만增上慢', 이것은 말씀드린 바와 같이 못 깨닫고서 깨달았다 하고, 못 증增하고서 증했다고 거짓말을 하는 것입니다. 이래 버리면 우리 수행자로서는 가장 큰 병입니다. 우리 승려가 그러면은 결국 승적을 박탈당하고 쫓겨 나가는 것입니다. 도인 아니면서 도인인 척하는 그것이 가장 무서운 병 아니겠습니까?

내 공부가 지금 어느 정도 이르렀는가? 이것을 훌륭한 스승이 곁에 있어서 점검을 해 주면 좋지만 그런 스승이 없으면 자기 나름대로 한계를 몰라서 기분이 좀 좋으면 그만 공부가 다 되었다고 생각한단 말입니다.

돌아가셔서 이 사선근을 잘 보시고 참고하시기 바랍니다. 난법煖法, 이것은 밝음을 얻는 때고 정법은 더욱더 정화가 되고 맑음이 증가되어서 몸도 마음도 가슴도 시원하고 피가 맑아져서 순환도 잘되고 그래서 자연히 건강도 좋아집니다. 선방 가보면 모두 약봉지들을 갖고 있어요. 그러면 "공부를 잘 못했구나" 하고 반성을 해야 합니다. 정말로 우리가 공부를 바로하고 청정하게 생활할 때는 웬만한 병 같은 것은 문제가 아닌 것입니다.

명증정이라, 우리 몸도 마음도 가슴도 시원하다 생각할 때는 병균도 침범을 못 하는 것입니다. 그 맑은 피가 흐르고 있는데 어떻게 에이즈나 암 따위가 침범하겠습니까. 이렇게 하셔서 금생에 재가 불자님들도 도통은 못 한다 하더라도 적어도 세제일법世第一法이라, 세간에서 제일가는 이 법을 애쓰고 닦아 가노라면 언젠가는 견성오도하시는 날이 올 것입니다. 모두 부지런히 닦아 가시기 바랍니다.

# 삼종사선三種邪禪

  우리는 지금 가장 큰일을 위해서 모였습니다. 불교 말로 하면 일대사인연一大事因緣이라, 이 세상만사 중대한 일 가운데서 가장 중요한 것이 이른바 불교에서 말하는 일대사인연입니다. 이 말은 무슨 뜻인가 하면 생사해탈의 공부가 가장 중요한 일대사一大事, 즉 가장 큰일입니다.

  우리는 보통 초상을 당한다든지 기타 관혼상제가 있으면 그런 일을 큰일이라고 합니다만, 그것은 세간적인 큰일인 것이고 정작 큰일은 방금 말씀드린 바와 같이 생사해탈의 문제입니다. 비단 지금 금생뿐이 아니라 영생불멸하는 문제, 더 구체적으로 말하면 윤회를 벗어나는 문제, 우리 인간이 번뇌에 따라서 업을 짓고 업을 지으면 그것에 상응하는 과보를 받고 그리하여 뱅뱅 도는 그런 지겨운 윤회를 떠나서 해탈의 길로 가는 이 일이야말로 어느 누구한테나 가장 중요한 대사大事입니다.

  우리가 지금 이렇게 모인 것은 그 대사를 위해서 모인 것입니다. 그럼 대사를 어떻게 치러야 할 것인가? 일대사인연을 해결하기 위해서는 간단명료한 부처님의 가르침이 있습니다.

  개시오입開示悟入이라, 부처님 법문을 열어서 보인다는 말입니다. 불경이나 조사어록들은 모두 부처님 가르침을 우리에게 열어서 보이신 것입니다. 개시開示는 진리를 열어서 보이시는 것이고 그다음에 오입悟入이라, 우리 중생으로 하여금 가장 중요한 생사 문제를 해결하기 위해서는 "우리 인간성이 무엇인가?", "우리 자아 문제는 또 무엇인가?" 하는 것들입니다.

사람들이 흔히 자아의 상실이라는 말들을 합니다마는 사실 보면 성자 이외에는 모두가 다 자아를 상실해 있습니다. 성자만이 우주의 도리인 참다운 자아를 발견하고 있는 것입니다. 그렇기 때문에 우리들의 일대사는 방금 말씀드린 바와 같이 우리 중생들에게 생사해탈을 열어서 보이고 동시에 깨달아서 그 속에 들게 하는 것입니다. 이른바 깨달아서 우리 스스로 증명을 한단 말입니다.

부처님 가르침은 그와 같이 철저합니다. 그냥 교리적인 이론에 그치는 것이 아니라 개념적인 이해도 알아야 되겠지만 그와 아울러서 꼭 증명해 들어가야 생사해탈이라는 불교의 구경究竟 목적을 달성할 수가 있습니다. 따라서 우리가 다른 사람들을 지도할 때도 역시 꼭 그 사람에게 부처님 법을 여실하게 진리에 어긋나지 않게 가르쳐야 할 것이고 그와 동시에 깨달아서 자기 스스로 증명하도록까지 해야 합니다.

그런데 깨닫는 법문 가운데서 가장 중요한 것이 먼저 번 시간에 공개했던 참선입니다. 선禪이라는 것은 우리 인간사에 있어서 굉장히 중요하고 비중을 갖는 문제입니다. 어느 누구나 다 참선을 해야 합니다. 자기를 찾는 공부 가운데서 가장 고도한 수행법이 참선인데, 모르면 할 수 없다 하지만 한 번이라도 알았다면 다음에는 꼭 참선을 해야 합니다.

'참선' 그러면 아주 고도한 사람이나 하는 것이지 세간적인 사람은 엄두도 못 내는 어려운 것이라고 생각들을 합니다마는 참선은 그렇게 어려운 것이 아닙니다. 따지고 보면 제일 쉬운 것입니다. 제가 결코 과장해서 드리는 말씀이 아닙니다. 참선이 왜 제일 쉬운 것인가, 참선은 조금도 무리가 없는 것이기 때문이지요. 우리 몸에도 제일 편한 자세가 바로 가부좌한 자세입니다. 반듯하게 가부좌한 자세가 소화도 제일 잘되고 피도 가장 맑게 하는 것입니다.

용수 보살의 지도론에도 보면 '시가부좌좌 최안온불피극是跏趺坐坐 最安穩不疲極'이라, 가부좌한 자세가 가장 편안하고 피로를 없앤다는 말입니다. 자세가 좋은 사람들은 건강도 좋습니다. 어디 앉더라도 삐뚤게 앉고 하는 사람들은 대체로 소화도 잘 안 되고 병도 오기 쉽습니다. 너무 긴장하지 않고 단정하고 꼿꼿하게 앉는 자세를 취하는 사람들은 대체로 사상도 건전하고 건강도 그에 따라서 좋은 것입니다. 그리고 어떤 형태 구도 중에서도 정삼각형같이 안정된 모습이 없지 않습니까.

피라미드를 보십시오. 이집트의 피라미드 그것도 역시 심심미묘한 기하학적인 의미가 있는 것입니다. 삼각주의 중심에다가 무엇을 두면 썩지도 않는다는 것입니다. 그런데 그런 모습이 바로 가부좌한 모습입니다. 따라서 우리 모습 가운데 가장 안정된 모습인 동시에 제2석가라고 불리는 용수 보살, 그분 말씀에 '마왕견지기심수포魔王見之其心愁怖'라, 마왕들이 이 모습만 봐도 두려워한다고 했습니다.

우리들의 사상이 확실하고 자세가 단정할 때는 그 어떤 삿된 기운도 우리를 침범하지 못합니다. 비스듬히 드러눕거나 엎드리거나 하는 자세 가운데 망상도 생기고 하는 것이지 우리가 바른 사색을 하고 바른 생각을 하고 바른 자세를 취한다고 할 때는 나쁜 기운이 근접을 못 하는 것입니다.

남하고 대화를 할 때도 똑바로 단정하게 앉아서 정식으로 하게 되면 그 사람은 권위가 섭니다. 절대로 남이 섣불리 하지 못합니다. 부처님 제자는 부처님 뜻에 따릅니다. 부처님께서 하신 말씀은 어떤 면에서나 가장 좋은 것을 말씀하셨습니다. 우리 몸도 건강하고 마음도 편하고 다른 사람들에게도 좋은 영향을 끼치고, 따라서 우선 가부좌한 모습 자체가 그와 같이 훌륭한 것입니다. 그러면, 우리 마음은 또 어떻게 할 것인가?

참선할 때는 가부좌하는 것이 원칙입니다마는 우리 마음 자세가 더 중요합니다. 설사 모양은 태산같이 든든하게 앉아 있다 하더라도 마음으로 남을 미워하고 욕심내고 해서는 참선이 못 됩니다.

참선은 꼭 가부좌만 틀고 앉아서 하는 것만은 아닙니다. 주인공은 역시 마음인지라 육조단경에 "내 법은 본체를 여의지 않는다"고 했습니다. 성자의 법이란 어느 때나 본체를 떠나지 않습니다. 본체란 것은 근본 성품을 떠나지 않는다는 뜻입니다. 우리 중생들은 절대적인 근본 본체를 떠나서 자기 배운 대로 느끼고 현상만 보고 상식적으로 따집니다.

우리 상식이란 것은 위험천만한 것입니다. 우리가 금생에 나와서 보고 듣고 배운 그런 정도가 아닙니다. 따라서 십인십색

人十色이라, 갑은 갑대로 느끼고 을은 을대로 느끼는 것입니다. 그렇기 때문에 자연적으로 사상이 혼란스러울 수밖에 없겠지요. 배운 대로 느낀 대로 따지기 때문에 기성세대와 새로운 세대가 서로 뜻이 충돌하고 노동자나 자본가도 역시 자기 배운 대로 느낀 대로 주장하기 때문에 싸울 수밖에 없겠지요. 그러나 본체에 있어서는 모든 것이 다 동일한 본체입니다.

불교의 위대한 점은 하나의 진리로 해서 귀결을 시키는 데 있습니다. 마음의 근원으로 귀결시키는 것이 성자들의 가르침의 특징입니다. 그렇기 때문에 설사 우리가 어디 공장에 가서 일을 한다 하더라도 할 일이 생기면 마땅히 해야겠지요. 부처님 법은 절대로 인연을 소홀히 하라는 말이 아닙니다. 무엇이든지 자기 인연 따라서 최선을 다하고 남보다 훨씬 부지런하고 성실하게 상황에 임해야 합니다.

일본 사람들이 지금과 같은 풍요로운 기술 문명을 열 수 있었던 것은 부처님 사상으로 무장했기 때문입니다. 그들은 불교가 아주 체질화가 되어 있어요.

저번에 고베의 대지진 때, 그 고도古都의 사람들이 굉장히 침착하고 질서 있게, 남보다 앞서 구출되려고 서두르지 않는 모습들을 보고 미국 사람들이 아주 찬탄을 하고 박수를 보냈다는 소식을 신문에서 봤습니다마는 그 사람들은 불교가 몸에 배어 있어서 남이 보나 안 보나 매사에 성심을 다합니다. 그것은 부처님이라 하는 진리의 실체를 그들이 여의지 않고 산다는 증거입니다.

기독교를 잘 믿는 분들도 역시 하나님을 항시 여의지 않고 삽니다. 하나님이 바로 우주의 실체 아닙니까. 우리가 불교도라 해서 기독교의 하나님에 대해서 거부 반응을 가질 이유가 조금도 없습니다. 하나님은 "무소부재無所不在하고 무소불능無所不能"이라, 어디에나 안 계시는 데가 없고 또는 능하지 않음이 없다는 뜻입니다. 하나님은 바로 진리인 동시에 우주의 실상입니다.

따라서 우선 그 개념으로 본다 하더라도 부처님의 법신이라, 석가모니가 나오고 안 나오고 관계없이 진리 자체인 부처님은 바로 우주의 생명 그 자체입니다.

석가모니는 인간으로 해서 진리를 깨달았을 뿐인 것입니다. 예수도 사람으로서 우주의 진리를 깨달았던 것입니다. 우주의 도리를 깨달으면 곧 우주와 하나가 됩니다. 따라서 그때는 하나님이라 부르나 무엇이라고 부르나 상관이 없겠지요. 지금은 세계화 시대라고들 말합니다. 그리고 경제는 벌써 세계화가 되어 있지 않습니까. 다국적기업 같은 것도 우리가 싫으나 좋으나 세계화로 갈 수밖에 없습니다.

따라서 서로 사상적으로 교류하지 않을 수가 없고 인간적으로 교섭하지 않을 수 없습니다. 더구나 다종교·다민족 세계에서 어떻게 살아야 할 것인가? 지금은 사상의 혼란기입니다. 사상이 혼란스러우면 도덕도 혼란스럽게 됩니다. 이런 가운데서는 모든 것을 하나로 합치는 통일원리가 필요합니다. 그 지도원리를 어디서 찾을 것인가? 21세기의 지도원리는 어디에 있을 것인가? 부처님 가르침 가운데 그 원리가 있습니다.

따라서 새로운 시대를 건설하고 이끌어간다고 할 때는 그것에 맞는 철학이 우리 불교밖에는 없다고 생각합니다. 우리는 그런 것을 느끼면서 참선 문제도 생각해야 됩니다. 참선은 그러한 우주의 참다운 진리를 순간도 떠나지 않고서 공부하는 것입니다.

그런데 진리란 것이, 없는 것을 새로 만들어야 한다면 어려운 것이겠지만 '본래시불本來是佛이라, 우리 마음이 본래 부처이기 때문에 그저 마음의 도리에 따르면 되는 것입니다. 마치 기차가 레일을 바로 따라가야 궤도를 이탈하지 않고 전복되지 않듯이…. 우주의 도리에 따르면 되는 것입니다.

성자의 진리란 것은 우주의 궤도입니다. 우리가 성자의 길을 따르지 않는 것은 우주의 길에서 탈선하는 것입니다. 그렇기 때문에 우주의 도리에 따라서 봄이 가면 여름이 오고 가을이 가면 겨울이 오듯이 우리도 역시 우주의 도리에 따라야만 살기가 편할 것입니다. 인간도 하나의 자연이니까.

그러면 우주의 도리란 무엇인가? 바로 우주는 하나의 생명이고 하나의 동일체입니다. 천지 우주는 나와 더불어서 한 뿌리이기 때문에 살아 있는 우리들도 모두 하나인 것입니다. 이러한 도리에 따르는 것이 참선입니다. 그렇기 때문에 부처님 가르침은 중생의 그릇 따라서 하신 방편법문도 있지만 참선만큼은 바로 직설直說로 그대 마음이 바로 부처다, 즉심시불卽心是佛 일체종지一切種智의 근본 성품이 부처다, 따라서 모든 여러 가지 사설을 다 배제하고서 그냥 바로 직통으로 우주의 핵심 진리로 들어간 것이 참선 공부입니다.

그래서 여러 방법으로 많이 말씀하셨습니다. 가사 외도인들이 하는 것은 모양은 가부좌도 하고 그럴듯하지마는 그들은 인과도 믿지 않고 또 자기가 무엇을 하는지 이유도 모르면서 덮어 놓고 합니다. 명상을 하고 참선을 하면 기분도 좋아지고 힘도 나고 건강에도 좋다 하는 정도로, 즉 하나의 유위공덕, 자기 이익을 위해서 계산부터 하는 그런 선은 진정한 참선이라고 할 수 없습니다.

참선 공부는 그런 것이 아닙니다. 나한테 복이 온다거나 재물이 온다는 것은 생각조차 없는 것입니다. 오직 우리가 부처가 되어야 한다는 일념一念, 부처가 되면 그 어떤 복락도 그것에 다 들어가는 것입니다. 우리가 그냥 가볍게 생각할 때는 "지금은 현대화 시대니까 생활 불교를 해야 할 것인데, 생활은 어떻게 하고 참선만 할 수 있겠는가?" 하고 의문을 품을 수도 있겠지만 참선을 하는 것이 생활 불교의 가장 중요한 핵심입니다.

왜 그런고 하면, 참선이라는 것은 근본 도리에 따르는 것이기 때문이지요. 근본 도리에만 따라 살면 남하고도 틀릴 일이 없고 집안도 화목하게 되고 또는 국가나 민족 간에도 화해하지 않을 수 없는 것입니다. 모두가 다 동일한 생명이라, 이렇게 생각하고 참선 공부를 한다면 자기 몸이 어디에 있으나 무슨 일을 하든지 어떤 상황에 처해 있건 간에 모두가 다 참선이 되는 것입니다.

그렇기 때문에 증도가證道歌에 보면은 그냥 가부좌 틀고 앉는 것만 참선이 아니라 행주좌와行住坐臥라, 앉으나 서나 모두 참선입니다. 이것은 본체를 여의지 않아야 그렇게 됩니다. 가사 우리가 밤에 잘 때도 삿된 생각이나 하고 텔레비전 같은 것에 정신을 팔고 잠이 들면 잠 잘 동안에 별별 꿈을 다 꾸게 됩니다. 그러면 결국엔 몇 시간을 자도 몸만 피곤하고 휴식은 얻지 못합니다.

그러나 자는 순간에 마음을 정리하고 우리 생명의 고향이요 일체 진리의 고향인 부처님을 생각하고 잠이 든다고 생각할 때는 잠자는 그 순간에 우리 마음은 부처님 쪽으로 지향을 합니다. 마치 시골 들에서 논에 물꼬를 낼 때에 물꼬를 내는 대로 물이 흘러가듯이 그와 똑같이 우리가 잠자는 그 순간에도 마음의 코스를 부처님한테로 고정시키고 잔다면 우리 의식은 잠들어도 잠재의식은 부처님 쪽으로 끊임없이 공부를 하게 됩니다. 그렇게 때문에 나쁜 꿈도 꾸지 않고 몸도 개운한 것입니다. 이와 같이 부처님 법은 모든 면에서 다 편안한 것입니다. 이 참선 공부도 동양권의 대승불교에서(중국, 일본, 한국 등) 하는 참선법이 최상승법입니다.

'천상천하유아독존天上天下唯我獨尊'이라, 이 말은 석가모니만이 천상천하에 제일 높다는 말이 아닙니다. 어느 누구나가 다 본래에서 본다고 생각할 때는 천상천하유아독존인 것입니다. 우리가 바로 부처님이고 하나님입니다. 다만 자기가 번뇌에 가리어져 있어 모르고 있을 뿐이지요. 그렇게 느끼고 공부를 해야 이른바 최상승선最上乘禪이라, 가장 높은 최고의 참선이 되는 것입니다.

그다음은 삼종사선三種邪禪이라, 삿될 사邪 자, 고요할 선禪 자입니다. 참선을 해 가는 데는 장애가 많이 있습니다. 그 장애를 어떻게 없앨 것인가, 또 어떤 것이 나쁜 방법인가, 이런 것도 알아 두는 것이 필요합니다.

아까 말씀드린 대로 참선은 선방에 앉아서 하는 것만이 참선이 아니라 언제 어디서나 무슨 일을 하든지 간에 우리 마음이 진리의 고향인 부처님한테 가 있을 때는 참선인 것입니다. 선방에 있다 하더라도 마음이 부질없는 망상만 하고 있다면 그것은 참선이 못 됩니다. 꼭 부처님만 부르고 '이 뭣고?' 화두만 든다고 참선이 되는 것은 아닙니다.

설사 하나님을 부른다 하더라도 우리 마음이 생명의 실상이요 우주 만유의 본체인 진여불성 자리에 머물러 있으면 하나님을 부르나 '이 뭣고'를 하나 '옴마니반메훔'을 외우나 다 참선인 것입니다.

참선은 좁은 의미가 아니라 훌훌 털어 버리는 넓은 의미입니다. 참선은 부처에도 착着하지 않고 조사에도 착着하지 않습니다. 오직 진리에 따를 뿐입니다.

삼종사선三種邪禪이라, 세 가지 삿된 참선을 말하는 것인데 그 하나가 암증선暗證禪이요, 그리고 문자선文字禪입니다. 오직 문자나 이론적인 개념으로만 따지는 것을 말합니다. 그리고 야호선野狐禪입니다. 들 야野 자, 여우 호狐 자, 여우는 재주와 꾀가 있어서 자기가 필요할 때는 구멍을 세 개 판다고 합니다. 구멍을 한 개만 파놓으면 적들이 침범하면 바로 잡히니까 세 개를 파놓고 이리 갔다 저리 갔다 하면서 피한다고 합니다. 그와 같이 여우 모양으로 잔꾀를 부려 미처 못 통하고도 통했다고 하는 것을 말합니다. 재주가 좀 있고 위풍도 좀 갖추고 큰소리치면 모르는 사람들에게는 도인처럼 보이기도 하겠지요. 못 통했으면서 통했다고 하고 증명하지 못했으면서 증명했다고 거짓말하는 것이 야호선, 즉 여우같이 삿되게 하는 참선입니다.

다음은 암증선입니다. 부처님 가르침이나 조사 스님들 가르침에는 참선하는 방법과 진여불성 자리를 증명해 가는 과정이 극명하게 밝혀져 있습니다. 그런데도 게으른 사람들은 책도 보기 싫어하고 더구나 불경이 한문으로 되어 있는지라 보기가 좀 어렵고 하니까 그저 화두만 들고 다른 것은 다 무시를 해 버립니다.

우선 선방에서도 전혀 경을 못 보게 하는 경향이 있습니다. 불립문자不立文字라 해서, 물론 정진할 때 경을 보면 방해가 되는 수가 있지만 그것은 특별한 경우입니다. 부처님 경전은 소중한 생명의 글입니다. 다 우리를 깨달음으로 이끄는 금과옥조 같은 글입니다. 그런데 그런 경서나 훌륭한 선지식들의 말씀을 의지하지 않고서 덮어놓고 하는 참선을 암증선이라 합니다.

그렇게 암증선을 하면 자기 공부가 얼마나 진전되었는지 스스로 점검할 길이 없는 것입니다. 그래 놓으면 섣부른 걸 가지고 다 되었다고 교만심을 부리기도 하겠지요. 선지식들의 말씀도 곧이듣지 않고 남의 충고도 받아들이지 않고 자기 멋대로 행동할 때는 틀림없이 아만심我慢心에 빠지고 맙니다. 우리는 겸허하게 앞서 간 선배들, 선지식들, 부처님 경전들을 충분히 참고로 해서 공부해 나가야 합니다.

그 말씀들은 모든 중생들이 성불에까지 이르는 길을 명료하고 소상하게 밝혀 놓은 길잡이이기 때문입니다. 그런 길을 게으름 부리고 업장이 많으면 더디게 갈 것이고, 부지런하고 업장이 가벼우면 훌쩍 뛰어 빨리 갈 수도 있겠지요. 우리가 그런 길을 무시하고 외면하면 절대로 안 됩니다. 따라서 암증선을 피하기 위해서는 아까 말씀드린 바와 같이 부처님 경전도 많이 보시고 특히 참선에 관한 여러 가지 책들도 보고 선배들에게 묻기도 하고 그렇게 해서 암중모색하는, 모르면서 헤매는 암증선을 피해야 합니다.

그다음에 문자선文字禪이라, 참선이라 하는 것은 실제로 마음을 닦아야 하는 것인데 경만 많이 보고 이론적인 쪽으로 너무 치우쳐서 실제로 참선을 않는 것을 말합니다.

우리 불교인들은 아무리 바빠도 조석으로 한 삼십 분 정도는 하셔야 합니다. 우리가 죽어서 갈 때는 자기 몸뚱이마저 버리고 가지만 오직 생전에 닦은 법력만은 가지고 갑니다. 이것이 우리한테는 가장 큰 재산입니다. 따라서 평소에 조석으로 삼십 분이면 하루 한 시간, 한 시간 정도면 그렁저렁 헛생각도 하고 그냥 지나가 버리는 그런 시간입니다.

여기 젊은 스님들도 있지만 이분들은 하루에 다섯 시간도 못 잡니다. 재가 불자들도 하루 다섯 시간 정도 자면 충분합니다. 공부를 많이 하신 스님들은 안 자고 몇 달이고 몇 년도 배길 수가 있는 것입니다. 왜 그런고 하면은 우리한테 갖추고 있는 진여불성, 우리 본성이 바로 부처이기 때문에 우리가 정작 의지를 가지고 한다면 능히 할 수가 있는 것입니다.

부처님 당시에 바구라(Vakkula) 존자는 부처님 십대 제자 중의 한 분입니다. 그분은 140세를 사신 분인데 장수 제일 바구라라, 그분은 자기 평생에 한 번도 누운 적이 없었다고 합니다. 이른바 장좌불와長坐不臥라, 항시 앉아서 생활했다고 합니다. 요새 장좌불와 하는 사람들을 보면 벽에 기대기도 하고 합니다마는 그분은 한 번도 벽에 기대지도 않고 오로지 앉아서만 지냈다고 합니다.

장수제일長壽第一의 바구라 존자는 음식도 하루 한 끼만 먹었다고 합니다. 그분은 또 무병제일無病第一이라, 승려가 되어서 140세까지 살면서 한 번도 앓아누운 적이 없었다고 합니다. 우리가 흔히 생각할 때는 "그렇게 무리를 하면 몸이 어떻게 당해 낼 것인가. 신경통도 생기고 영양실조로 쇠약해져서 쓰러지지 않겠는가?" 하고 생각할 수도 있겠지만 무병제일無病第一, 장수제일長壽第一의 바구라 존자, 그분은 그와 같이 평생을 앉아서 하루 한 끼만 먹고도 무병하게 장수를 했던 것입니다.

이것은 무엇을 의미하는가? 우리한테 들어 있는 부처님 기운, 우주의 정기 에너지는 무한한 힘이 있는 것입니다. 원자력 같은 것은 광파光波의 속도로 초속이 30만 킬로미터나 되지 않습니까. 그것보다 훨씬 더 고성능의 기운이 우리에게 들어 있는 것입니다. 그렇기 때문에 우리는 우리 불성에 들어 있는 그 기운을 분명히 믿어야 합니다. 대승신앙은 우리한테 들어 있는 무한의 공덕을 믿는 것입니다.

불경佛經에 이런 말이 있습니다. 우리에게 들어 있는 그 무한의 공덕을 믿으면 '즉시입필정即時入必定'이라, 그 믿음으로 바로선정에 들어간다는 말입니다. 우리 중생들은 자주 의심을 하고믿지를 못합니다. 나한테 있는 무한력을 믿으면 즉시에 삼매에들어간다는 것인 데도 못 믿으니 못 들어간다는 것입니다. 신앙이란 것은 성자의 말씀을 확신한다는 것입니다. 따라서 우리는마땅히 문자도 많이 배우고 불경도 많이 봐야 되겠지만 참선을해서 우리 마음을 자꾸 맑혀야 합니다.

여러분들이 경험하신 것처럼 반야심경 한 편을 보더라도 참선 한 철하고 볼 때와 두 철하고 볼 때와는 해석이 다릅니다. 똑같은 법문이지만 성자의 법문은 우주의 본질을 말한 법문이기 때문에 우리 마음이 정화가 되면 정화된 만큼 해석을 달리합니다.

참선을 오랫동안 하고서 경을 보면 "그렇구나, 그렇구나." 하고 평소에 풀리지 않던 까다로운 문제가, 자면서 꿈속에서도 문득 풀려 버리는 수가 있습니다. 무엇이든 일구월심으로 생각하면 우리 마음이란 것이 원래 뿌리가 부처이기 때문에 자기도 모르는 가운데 풀리게 되어 있는 것입니다.

저도 젊었을 때 한 번은 꿈을 꾸었는데 도륜 스님이라는 도반하고 꿈에 어디를 가는데 아주 장엄한 궁전이 나왔어요. 그 궁전앞에 문지기가 지키고 있었는데 그 문지기가 문 앞을 가로막고서서 자기가 묻는 말에 답을 못 하면 못 들어간다고 한단 말입니다. 그래서 물어보라고 하니까 저한테 먼저 묻기를 "지옥이 어디 있는가?" 하고 묻는 것이었습니다.

평소에 저한테 그런 질문을 했더라면 그때 당시는 삼십 대도 채 안 된 나이라 선명한 답을 못 했겠지요. 그런데 꿈에서는 아주 명쾌하니 '혜안관시지옥공慧眼觀是地獄空', 이렇게 대답이 나온단 말입니다. "혜안으로 본다고 생각할 때는 지옥은 공空이다", 평소 같았으면 그런 질문에 그 대답이 나오기가 어려웠을 텐데 꿈에서는 아주 명쾌하게 대답을 한 것입니다.

투철하게 혜안으로 본다고 생각할 때 지옥은 본래 없는 것입니다. '혜안관시지옥공慧眼觀是地獄空'이라, 지옥이라는 것이 우리 중생의 어두운 눈으로 봐야 있는 것이지 정말로 맑고 투철한 마음으로 보면 지옥은 없는 것입니다. 그래서 평상시에 무던하게 부처님 생각하고 정진하다 보면 이런 때 신기하게 꿈에도 나올 수 있는 것이구나 하고 생각을 했습니다.

불교를 안 믿는 분도 고도의 수학문제 같은 것을 골똘하게 생각하다 보면 꿈에 그 문제가 풀릴 수도 있습니다. 우리 정신이라는 것은 그렇게 소중한 것입니다. 그렇게 무한의 힘이 있는데도 우리는 아주 조금밖에 못 쓰고 사는 것입니다. 인간의 뇌세포가 백억 개가 넘는다고 하지마는 결국은 십 분의 일도 못쓰고 산다고 합니다.

그런데 부처님 사상은 뇌세포 문제가 아니라 무한의 능력을 내포해 있는 것이고 꼭 인간의 뇌에만 그것이 들어 있는 것이 아니라는 것입니다. 부처님 정기는 우주에 충만해 있고 그렇기 때문에 성자들은 꼭 뇌 속에 들어 있는 뇌세포만 가지고 이래저래 쓰는 것이 아니라 우주에너지를 그대로 끌어다 쓰는 것입니다.

우리가 공부할 때는 허상虛相과 법상法相이 나옵니다. 허상, 이것은 부질없는 상을 말합니다. 그런데 공부를 않고 한계를 모르는 사람들은 허상과 법상을 구분 못 합니다. 법상은 차근차근 챙기고 허상은 그냥 부정을 해 버리면 되는 것인데, 그 구분을 못 하면 이래저래 손해를 보게 됩니다.

그렇기 때문에 경이나 선지식들 말씀을 참고로 해서 암중모색하는 그런 선은 피해야 합니다. 그리고 문자만 따지고 실수實修하지 않는 그런 문자선도 경계를 해야 합니다.

우리가 경전을 대할 때도 적어도 그 경을 보기 전에 다만 몇 분이라도 고요히 마음을 가다듬고 참선을 하고 봐야 경전의 뜻과 내용의 갈래가 잡히는 것입니다. 공부를 많이 하신 분들은 짐작이 되실 것입니다. 아무리 많은 경장과 논장을 다 외운다 해도 그것이 갈래가 안 잡히고 통일이 안 되면 자기 것이 안 됩니다. 이른바 문리文理를 알아야 할 것인데 문리를 모르면 가닥을 못 잡습니다. 참선과 더불어 해야 자기도 모르는 가운데 하나하나 가닥이 잡히는 것입니다.

더구나 야호선野狐禪이라, 여우같이 교만한 짓은 정말로 우리가 피해야 됩니다. 기독교 사회나 불교 사회나 여우 같은 무리들이 없지 않습니다. 그래 놓으면 자기도 망치고 남도 망칩니다. 한 소경이 무수한 소경을 인도하다가 수렁으로 몰아넣는 것이나 똑같은 것입니다.

불경에도 그런 구절이 있습니다. '일맹인중맹一盲引衆盲'이라,

한 소경이 많은 소경을 데려다가 같은 함정에 빠져 죽는다는 얘기지요. 잘못된 스승이 남을 지도하고 이끈다는 것은 굉장히 어렵고 두려운 문제입니다. 그래서 잘못 지도한 사람은 불교 말로 병도사病導師라 그럽니다. 우리 중생을 병들게 만든다는 말입니다. 부처님 법대로 여실하게 말하고 증명하지 않고서 꼭 자기 의견을 보태서 함부로 말한단 말입니다.

우리는 남을 지도할 때 병도사病導師를 피해야 합니다. 그러기 위해서는 부처님 법을 말할 때 자기가 잘 모르는 부분에 대해서는 꼭 그대로 옮겨 주고 자기가 정리한 것만 남한테 밝혀야 하는 것입니다.

❁

## 선禪의 삼종병三種病[37)과 팔재환八災患

선禪의 삼종병三種病이라, 선에는 세 가지 병이 있습니다.

그중 한 가지는 미도주작未到走作이라, 미처 이루지 못하고 이럴까 저럴까 방황하고 헤매는 것입니다. 우리가 원력을 다하고 부지런히 노력해서 하루 빨리 부처가 되어야겠다는 분신奮迅은 좋습니다마는 그렇게 공부는 별로 않고 기분만 앞서서 빨리 도인 행세하고 싶고 남 앞에 나서고 싶어서 서둘러서 가는 것을 미도주작이라 합니다. 이렇게 되면 마음만 바쁩니다. 참선할 때

---

37) 선禪의 삼종병三種病: 미도주작未到走作, 이도주착已到住着, 투탈무의透脫無依.

마음이 차분해야 호흡도 조용해집니다.

호흡과 참선은 중요한 상관성이 있습니다. 따라서 호흡법도 중요합니다. 부처님 가르침에도 초기에는 중생을 제도할 때에 부정관不淨觀이라, 우리 몸뚱이는 모두가 다 머리에서 발끝까지 부정하고 더러운 것으로 가득 차 있다, 어머니 뱃속에서 나올 때부터 죽을 때까지, 죽으면 썩어서 문드러지고 처음부터 끝까지 더러운 것뿐이다, 우리가 죄업을 짓는 원인은 대체로 자기 몸뚱이를 금쪽같이 아끼는 데서부터 시작하는 것인데 이렇게 더러운 몸뚱이를 아끼고 말고 할 것이 없다고 관찰하는 것이 부정관입니다.

그런 관법觀法이 있고 또 한 가지는 호흡관呼吸觀이 있습니다. 호흡수를 헤아리기도 하고 멈추기도 하고 그렇게 해 가면서 기도를 하는 것인데 호흡법도 굉장히 중요합니다.

인도의 요가수트라 같은 것은 주로 호흡법을 수행으로 하는 방법인데, 결국 참선하는 자세를 올곧게 만드는 행법들은 여러 가지가 있습니다마는 마음이 산란스러워서 참선이 잘 안 되는 사람들은 참선하기 전에 얼마 동안이라도 호흡을 고르게 해야 합니다. 되도록 숨을 느리게 쉬고 들숨과 날숨을 조절해서 가급적이면 들숨보다 날숨을 길게 쉬어야 합니다. 또는 유식遊息이라 해서 호흡을 오래 멈추기도 합니다.

그러다 보면 자기도 모르는 가운데 호흡이 저 아래 단전까지 쑥 들어가서 마음이 차분해지고 참선이 익어지면 그때는 자기가 숨을 쉬고 있는지 없는지도 느끼지 못하는 단계가 옵니다. 그러다가 나중에는 호흡이 딱 끊어져 버립니다. 참선하는 사람들은 자기 호흡이 끊어질 정도로 숨결의 고요함을 느껴야 됩니다. 그러면 지식止息이라, 지식止息이 되어야 참다운 삼매에 들어갑니다.

그와 같이 호흡은 우리 마음의 상황 따라서 그것에 상응된 문제이기 때문에 굉장히 중요합니다. 그래서 부처님 법은 화두나 염불이나 주문呪文이나 자기 인연 따라서 해야 되지만 잘 안 되는 경우는 처음 몇 분 동안을 자기 호흡을 다스리고 몸과 마음을 추스르는 것이 하나의 방편으로 중요합니다. 따라서 너무 서두르지 말고 해야 합니다.

다음이 이도주착已到住着이라, 공부가 무던히 되어서 재미가 붙는다는 말입니다. 몸과 마음이 텅 비어 오고 지적인 면에서도 그전보다 훨씬 명석해지고 그 만족감에 이만하면 되었다 싶어 그 자리에 머물러 버린단 말입니다. 그것이 도인의 경지가 아닌데 몸과 마음이 좀 개운해지면 그만 그 자리에 집착을 해 버립니다. 그렇게 되면 공부는 더 이상 진전되지 않습니다. 이것을 이도주착已到住着이라 합니다. 이미 어느 경계에 이르러 그것에 머물러 버린다는 말입니다.

그다음에는 투탈무의透脫無依라, 투탈무의는 아무것에도 의지할 바 없이 모두가 다 허망 무상하고 텅텅 비어 있다는 것입니다. 이렇게 너무나 공空사상에 젖어서 공에만 치우치고 다른 것에는 조금도 의지를 두지 않는 것이 투탈무의입니다. 따라서 이런 세 가지 참선 병을 치유하셔야 합니다.

또 참선에 있어서 팔재환(八災患38)이라, 여덟 가지 장애가 있습니다. 참선하다 보면 쑥쑥 잘 나가는 것이 아니라 환경도 좋고 신심도 있고 또 방법도 잘 알지마는 그렇다고 그냥 잘 나가지만은 않습니다. 우리가 전생에 지은 번뇌도 있고 금생에 잘못보고 배운 습들도 있어서 그런 것들이 걸려서 장애를 일으키기도 합니다. 그런 때는 "이것이 바로 장애들이구나." 하고 바로 알고 극복을 하셔야 됩니다.

팔재환은 어떤 것인고 하면 우憂라, 우리는 지금 닥치지도 않은 일을 가지고 공연히 지어 근심을 합니다. 가까운 인연이 죽지나 않을까, 사업이 망하지 않을까, 내 자식들이 잘못되지 않을까 등등으로 필요 없는 걱정을 자꾸 많이 하는 것을 말합니다. 인간 자체가 그러한 분별시비를 끊임없이 하는 속성이 있기 때문입니다.

사회 활동을 하다 보면 자연히 부질없는 생각을 많이 하게 되고, 그런가 하면 좋은 일이 있으면 또 남이 나를 칭찬할 것인가, 큰 상을 받을 것인가, 이런 생각도 합니다. 이것은 기쁠 희喜 자, 희喜입니다. 그다음은 고苦라, 여러 환경적인 요소가 춥고 덥고 또 너무 편해도 혼침이 와서 괴롭고 따뜻하고 안락하면 혼침이 더 빨리 옵니다. 추우면 추워서 따뜻한 것을 바라는 망상이 나오고 이런 것들이 다 고苦에 해당됩니다.

그다음은 찾을 심尋 자, 심尋 이것은 거친 분별을 심으로 표현하고 살필 사伺 자, 이것은 조금 더 미세한 분별을 말합니다. 우

---

38) 선禪의 팔재환八災患: 우憂, 희喜, 고苦, 락樂, 심尋, 사伺, 입식入息, 출식出息.

리가 성자가 되어서 우주를 통관하는 하나의 진리, 그 자리를 보기 전에는 항시 망상이 나옵니다. 인생과 우주의 근본 자리인 진여불성을 견성해 버려야 망상이 끝나지 그전에는 공부를 좀 했다 하더라도 정도의 차이가 있을 뿐 항시 다소간의 망상이 나옵니다.

따라서 거친 분별인 심尋 또는 미세한 분별인 사伺, 여기에서 거친 분별은 바로 근래에 당한 분별이고 미세한 분별은 과거 어렸을 때 또는 아주 오래전에 있었던 그런 일들이 자꾸 나오는 것을 말합니다. 평소에는 잊고 있었던 것들도 가만히 앉아 있으면 마치 연기처럼 망상이 피어납니다.

우리가 생활하면서 세속적인 탁류에 휩싸여 같이 흘러 버리면 모르겠는데 세속적인 버릇들과 대항해서 성불의 길로 가려고 생각할 때는 마치 시냇물로 비유하면 물을 거슬러 올라가는 것과 같습니다. 그렇기 때문에 자꾸만 장애가 생기는 것입니다. 이리저리 걸리기도 하고 부딪히기도 하면서….

이와 같이 분별시비가 걸리고 몸이 피로하면 또 혼침이 오고… 그렇기 때문에 여러분들께서 나중에 참선을 오래 하시게 되면 가급적으로 활동도 좀 줄이고 말도 줄여서 에너지 소모를 막아야 합니다. 에너지를 너무 소모하면 머리도 흐릿해지고 잠도 더 빨리 오게 됩니다. 그렇기 때문에 참선할 때는 될수록 불교 전문 술어로 말하면 신구의삼함身口意三緘이라, 석 삼三 자, 봉함 함緘 자, 될수록 활동을 적게 하고 말도 적게 하고 뜻으로 헤아리지 않고 이 셋(신·구·의)을 닫아 버리면 참선하기가 쉬운데, 그렇게 못 하면 어렵습니다.

저도 옛날에 혼자 공부하다가 장작을 패보기도 하고 지게 지고 나무도 해 보고 그러다가 너무 과로해서 도리어 공부에 장애가 되기도 했습니다. 그와 같이 너무 피로하게 일을 해도 참선 공부에는 방해가 되니까 참선할 때는 모든 생활을 너무 긴장되게 하지 마시기 바랍니다. 긴장하면 그만큼 에너지 소모가 많이 되니까 몸과 마음을 느긋하게 조절해야 됩니다.

앞서도 말씀드린 바와 같이 일거일동一擧一動이 사급취완捨急取緩이라, 하나하나의 행동을 느긋하게 할 것이지 급하게 해서는 안 된다는 말입니다. 그렇게 해서 분별시비를 여의고, 그다음에는 입식入息이라, 우리가 들이마시는 숨입니다. 출식出息은 내쉬는 숨이고, 참선을 오래 하신 분들은 짐작을 하시겠습니다마는 호흡이 장애가 됩니다. 호흡이 잘 안 되어서 공부가 잘 못 나가는 경우가 있습니다.

그러나 무던하게 오래 하다 보면 어느 땐가는 자기 호흡을 스스로 느끼지 못할 정도로 고요해지는 경계가 옵니다. 목과 머리가 툭 틔어서 온몸이 어느 한 곳 막힘없이 시원한 때가 오는 것입니다. 그렇게 되려면 상당히 오랫동안 수련을 해야 되겠지요. 그러나 초기에는 숨 쉬는 호흡 때문에 많은 어려움을 겪습니다.

방이 따뜻하면 따뜻한 대로 코가 막히고 추우면 또 감기 같은 질환이 공부를 방해합니다. 축농증이 있는 사람들은 다 고쳐 가지고 참선을 해야지 그냥 앉아 버티면 어려움이 많습니다. 따라서 호흡 즉 들숨, 날숨, 이런 숨들이 자기가 의식하지 못할 정도로 되어야 합니다. 그렇기 때문에 아까 말한 사선정에서는 호흡이 딱 끊어지는 것입니다. 호흡이 끊어지면 그때는 통신호흡通身呼吸이라, 우리의 생명 파장이 법계로 들어가서 우주의 순수 에너지와 만난다는 것입니다. 그렇게 되면 성자의 경지입니다. 호흡은 그렇게 중요한 것입니다.

번뇌가 많으면 많을수록 거칠고, 번뇌가 적으면 적을수록 호흡이 고요해서 공부도 그것에 정비례해져 가다가 나중에는 딱 정지되는 것입니다. 그래서 처음에는 복식호흡, 아랫배 단전으로 하는 호흡에서 더 나아가서 통신호흡이라, 스스로는 느낄 수 없으나 몸 전체가 호흡을 하는 것입니다. 더 나아가서 우주호흡, 법계호흡입니다. 그때는 우주의 파장과 맞아 가는 것입니다. 그렇게 되면 조금도 자기 몸에 대해서 부담을 느끼지 않습니다. 그런 단계가 되면 삼매에 들어 신통자재할 수가 있겠지요.

요가수트라에 보면 이런 대목이 있습니다. 우리가 한 시간 동안 호흡을 멈추고 있다고 생각할 때는 손가락 하나 위에다가도 자기 몸을 세울 수가 있다고 합니다. 우리 인간의 정신이라는 것은 훈련하기 따라서 아주 기기묘묘하게도 되는 것입니다. 서커스 같은 것도 보십시오. 훈련에 의해서 그런 고난도의 재주를 다 부리는데, 하물며 성자의 길에서 우리 마음을 수련시켜 무한의 공덕이 있는 불성까지 도달한다고 생각할 때는 무엇을 못 하겠습니까.

아무튼 우리가 부질없이 근심하고 지나치게 기뻐할 것이 없습니다. 젊었을 때는 참선하다가도 큰소리로 웃기도 하고 그럽니다마는 그러는 것은 참선이 깊어지지 않아서 그럽니다. 그러는 동안에 참선 기운이 도망가고 맙니다. 될수록 고요한 기운이 새지 않도록 잘 지켜야 합니다. 이른바 보임수행保任修行이라, 이렇게 해야 우리 공부가 차근차근 익어집니다.

❈

# 선정십종공덕禪定十種功德[39)]

선정십종공덕禪定十種功德이라, 경에 보면 참선을 하면 많은 공덕이 있다고 나와 있습니다. 무량공덕이 있으나 간추려서 열 가지로 정리합니다.

제1의 안주의식安住儀式이라, 이것은 우리가 참선을 하면 항상 점잖은 행동을 취한다는 말입니다. 거친 말과 행동이 가라앉고 남에게 나쁜 말도 하지 않게 되며 오직 우주의 도리, 참다운 진여불성에 따르게 됩니다. 따라서 그것에 가까워지면 자기도 모르는 가운데 몸도 마음도 안정이 취해지고 또는 부당한 일도 할 수 없게 됩니다.

생활을 위해서 장사를 하더라도 그것이 나와 남을 위해서 유익한 것인가, 설사 돈을 많이 번다 하더라도 자기와 남에게 유익

---

39) 선정십종공덕禪定十種功德: 1. 안주의식安住儀式 2. 행자경계行慈境界 3. 무번뇌無煩惱 4. 수호제근守護諸根 5. 무식희락無食喜樂 6. 원리애욕遠離愛慾 7. 수선불공修禪不空 8. 해탈마견解脫魔見 9. 안주불경安住佛境 10. 해탈성숙解脫成熟.

하지 않으면 하지 않아야 되는 것입니다. 이와 같이 정당한 행동을 취하게 되는 것이 안주의식입니다.

그다음 두 번째는 행자경계行慈境界라, 이것은 자비심이 절로 나오는 것을 말합니다. 우리가 자비심을 안 내는 이유는 어디까지나 나와 남은 다르다 하고 생각하는 이기심 때문입니다. 우리들은 본래 한 생명에서 나온 한 몸이요, 우주는 결국 동일률同一律입니다. 따라서 이렇게 생각하고 공부를 해 나간다면 자기도 모르는 가운데 자비심이 나오는 것입니다. 그렇기 때문에 공부를 많이 한 사람들은 자비스러우며 용서도 잘 하는 것입니다.

세 번째는 무번뇌無煩惱라, 번뇌가 없다는 말입니다. 쓸데없는 생각이 번뇌 아닙니까. 진리에 입각해서 항상 진리만 생각하고, 진리에 따라서 정화가 되고 하는 사람들은 번뇌가 나오지 않습니다. 그래서 참선공덕을 무번뇌라 합니다.

네 번째는 수호제근守護諸根이라, 이것은 눈·코·입, 우리가 보는 시각·청각·후각 등은 몸에 문제가 생기면 온전치 못하게 됩니다. 물론 병적인 것도 있겠지마는 참선을 하면 이런 것이 다 풀리는 것입니다. 눈이 나쁜 사람들도 참선을 많이 하면 시력과 청각이 밝아집니다. 따라서 칠, 팔십이 되도록 끝끝내 참선한 사람들은 늙어도 노소를 별로 타지 않습니다.

수호제근守護諸根, 이것은 시각·청각·후각·미각 등 이런 것들이 온전하게 보호된다는 말입니다. 그러나 큰스님들은 중생제도 때문에 항상 무리를 많이 합니다. 힘든 데를 가시기도 하고, 묵언하고 싶어도 말을 해야 하고, 할 수 없이 에너지가 많이 소모

되니까 무리를 해서 몸을 상하게도 되지요. 그렇지 않고 선방에서 공부만 하고 지낼 수 있다면 항상 병 없이 건강하게 지낼 수 있는 것입니다.

다섯 번째는 무식희락無食喜樂이라, 먹지 않아도 기쁨을 느낀다는 말입니다. 일반 사람들이야 만반진수滿盤珍羞의 맛있는 음식으로 기쁨을 느끼겠지만, 공부하는 사람들이 참선에서 느끼는 맛은 음식에서 느끼는 맛과 비교할 수가 없는 것입니다. 자기 몸과 마음도 개운하고 평소에 몰랐던 것도 다 알아지고 항상 컨디션이 가볍고 좋은 데 무슨 음식에 마음이 가겠습니까. 많이 먹으면 먹은 만큼 부담스럽고 몸도 무거운 것입니다.

음식은 적게 먹는 것이 제일 좋습니다. 따라서 부처님식으로 먹는 것이 제일 좋습니다. 그렇기 때문에 삼세제불일종三世諸佛一種이라, 삼세제불은 다 하루 한 끼만 자시는 것입니다.

원래 선방도 백장청규에서 보면 아침에 죽 조금 먹고 낮에 한 끼 먹고 오후에는 불식不食을 다 시키는 것입니다. 그러나 지금은 세상이 변하고 너무나 환경도 오염되고 해서 불식으로는 건강을 유지하기가 어려우니까 조금씩 먹는 것은 무방하겠습니다마는 가급적이면 적게 먹는 것이 좋습니다. 우선 비만증을 방지하고 소식小食을 하면 소화도 잘되고 또 피도 맑아지며 머리도 훨씬 더 총명해집니다.

저번에 신문을 보니까 텍사스주립대학에 있는 교수가 한국 사람인데 올해 64세가 된 사람입니다. 그이가 노화 방지 위원장인데 그분은 일반 교수인데도 하루 한 끼만 먹는다고 했어요. 오후 두시에 한 끼만 먹는데도 몇십 년을 한 번도 아파 본 적이 없다고 했습니다. 장수의 비결은 결국 소식小食이라, 적게 먹는 데서 장수의 비결이 있다는 것입니다. 학자들이 정확한 실험과 데이터를 낸 것이니까 거짓말이 아니겠지요. 그런 것은 참고로 해야 할 문제입니다.

나이 많은 분들도 억지로 배고프게 할 필요는 없다 하더라도 가급적이면 미식美食을 마십시오. 고기나 기름기 많은 음식들은 문명병의 원인이 된다는 것을 현대 병리학자들이 다 밝히고 있지 않습니까.

여섯 번째는 원리애욕遠離愛慾이라, 이성 간의 욕심이 애욕 아닙니까. 공부하는 분들이 가장 깨기 어려운 것이 역시 이성 간의 애욕입니다. 우리 스님이라 해서 애욕이 없는 것이 아닙니다. 건강한 사람일수록 애욕 때문에 고민을 많이 합니다. 따라서 여건 주의하고 조심해 가며 공부를 해야 이루는 것이지, 그렇지 못하고 어떤 상황을 함부로 취하고 조금만 방심하면 결려 들어가는 것입니다.

석가모니 부처님께서도 보리수 아래서 성불하실 적에 마지막 순간까지 삼천녀三天女라, 삼천녀가 나와서 방해를 합니다. 삼천녀는 결국 우리 마음의 애욕의 상징이 되겠지요. 그와 같이 욕계 중생은 몸을 받은 이상 그런 욕심을 떠날 수가 없습니다. 남녀 이성 간의 욕심, 음식 욕심, 또는 잠 욕심, 이것이 욕계의 세 가지 큰 욕심이고 그 나머지의 부수적인 욕심은 한도 끝도 없는 것입니다.

그중에서도 가장 큰 것이 이성욕異性慾·수면욕睡眠慾·식욕食慾입니다. 그러나 다른 천상에는 이런 욕심이 없습니다. 우리 욕계에만 있는 것입니다. 욕계를 떠나 버리면 그런 욕심은 없어집니다.

따라서 색계色界라, 눈에 보이는 세계만 따지는 분들은 색계나 무색계를 다 무시합니다. "그런 것은 마음에 있는 것이지 어디 실제로 있을 것인가?" 이렇게 생각합니다마는 그러는 우리 인간도 제법공도리諸法空道理에서 보면 인간 세상도 없는 것입니다. 사실 우리 인간은 지금 가상假相으로 꿈같이 존재하는 것이지 실존적으로 있는 것이 아닙니다.

그렇기 때문에 우리가 불공을 모실 때에 수월도량水月道場이라, 수월이란 물 수水 자, 달 월月 자, 물속에 있는 달은 실재가 아니라 달그림자에 불과하듯이 우리가 불공을 모시는 절이나 모든 도량이 물속의 달그림자처럼 사실로 있지가 않다는 말입니다. 따라서 인간도 달 속에 비친 그림자같이 또는 허깨비같이 가상으로 존재한다는 것을 우리는 잘 모르고서 곧이곧대로 참말로 있다고 생각합니다. 이른바 인간은 실존實存이 아닙니다.

키에르케고르(Kierkegaard, Soren Aabye 1813-1855) 같은 사람도 훌륭한 실존주의 철학자이기 때문에 굉장히 좋은 말을 많이 했습니다. "참다운 실존은 오직 하나님에게서만 찾을 수 있다." 영원적인 차원에서 참다운 실존이 있는 것이지, 다른 모든 것들은 항상 무상한 것입니다. 따라서 우리 인간도 달 속에 비친 그림자와 마찬가지고 또 색계나 무색계도 마찬가지입니다. 그렇지만 있기는 있습니다. 결코 허무가 아닙니다.

우리 인간도 허망虛妄한 것이지만 이와 같이 있지 않습니까. 내일 죽을지 언제 죽을지 모르지만 이렇게 있는 것입니다. 한시도 멈춤 없이 변화무쌍하고 허망하지만 이렇게 인간이 존재하듯이 색계도 존재합니다. 색계에 올라가면 남녀 이성은 없습니다. 우리 사람 같은 존재만이 남녀가 결합을 합니다. 우리는 그걸 알아야 합니다. 그렇기 때문에 신성한 종교를 따르는 사람들은 신부나 수녀, 비구·비구니처럼 독신을 합니다. 그러나 누구나 다 결혼을 하지 말라는 것은 절대로 아닙니다.

다만 오로지 본래의 자기, 신성한 본래의 생명을 찾는다고 할 때는 가정을 가져 놓으면 분명히 장애가 됩니다. 그러나 그런 가운데서 자기의 아들이나 딸도 참다운 종교를 만나고 친척이나 가까운 인연들도 참된 종교 생활을 하고 또 열심히 일해서 좋은 일도 많이 하고 그렇게 하면 공덕이 되겠지요.

원리애욕遠離愛慾이라, 우리가 참선을 하면 자기도 모르는 가운데 차츰차츰 애욕이 희박해지는 것입니다. 그렇게 차츰 희박해지다가 우리가 불성광명佛性光明의 참다운 진리를 체험한 뒤에는 완전히 애욕이 없어지는 것입니다.

일곱 번째는 수선불공修禪不空이라, 우리가 제법諸法이 공空이다, 오온개공五蘊皆空이다, 물질도 공이고 모두가 공이다, 이렇게 공도리를 말로 너무 많이 들어 놓으면 마음이 허무해져서 허무주의에 빠지기가 쉽습니다. 그러나 말로만 듣는 것이 아니라 스스로 참선을 해 보면 마음이 비어 가지만 그냥 빈 공이 아니라 그 속에는 무량공덕으로 환희심이 충만해 오는 것을 느낄 수가 있습니다. 몸과 마음이 텅 비어 오면 거기에 정비례해서 환희심이 더욱 더 증가됩니다.

따라서 수선불공修禪不空, 참선을 닦으면 허무주의적인 그런 공空은 느낄 수가 없는 것입니다. 환희심과 공덕이 충만하기 때문이지요. 이론적으로 공을 느끼면 허무주의로 빠지기 쉽지만 참선을 한 사람들은 공에 안 떨어지는 것입니다.

여덟 번째는 해탈마견解脫魔見이라, 우리가 살다 보면 남한테 원인이 될 일을 하기도 합니다. 과거 전생에 남을 핍박한 일도 있었을 것이고, 금생에도 어쩌다 더러 섭섭하게 한 사람들이 있지 않습니까. 그런 것들이 모두가 다 우리 운명에 장애가 됩니다. 금생에 자기는 무던히 잘하고 사는 데도 어려움을 당하고 더러는 배신을 당하기도 합니다. 그러는 경우는 과거 전생에 우리가 지은 업장이 장애가 되어 나타나는 현상인 것입니다. 그런 것도 우리가 참선을 하면 그 원인들을 차근차근 풀어갈 수 있겠지요.

업장을 많이 지어 놓으면 정업불멸定業不滅이라, 그 업을 참선으로 다 풀어 버릴 수는 없다 하더라도 웬만한 것은 다 풀 수가 있는 것입니다. 왜냐하면 참선하는 그 마음은 바로 생명의 실상인 부처를 생각하는 마음이기 때문에, 그런 마음은 자기를 정화시키고 우주를 정화시키고 다른 사람의 마음을 정화시키기 때문이지요. 가사 자기를 미워하고 원망하는 사람이 있는데 참회는커녕 더 욕심을 부리고 이기심을 버리지 못한다면 그 사람은 더욱 더 미워하고 원망이 깊어지겠지요.

그러나 그 사람이 정말로 인간적으로 충실하고 도덕적으로 바른 행동을 취하고 참선도 하고 염불도 한다고 생각할 때는 그 훈기가 자기도 모르는 사이에 자기를 미워하고 원망하는 그 사람에게 옮겨 가는 것입니다. 남을 미워하면 그 순간에 우리 마음은 더욱더 치성熾盛해지고 욕심을 부리면 우리 몸에 있는 수소는 더욱 치열해지는 것입니다. 우리 생각 하나하나가 다 물질로 화化하는 것입니다. 에너지라는 것이 결국은 물질로 나타나는 것입니다.

따라서 남을 지독하게 미워하면 그 미워하는 것이 쌓이고 쌓여 암이 되고 병이 되고 한다는 것은 거짓말이 아닙니다. 따라서 너무 애욕적으로 나간다든가, 우주의 도리를 벗어나면 그것이 에이즈 균이 되고 천재지변이 되어서 돌아오는 것입니다. 에이즈 균 같은 것은 정말 무서운 것 아닙니까. 물론 앞으로 백신을 발명할는지는 모르겠지만 그런 것은 불확실한 것이고, 가장 근원적인 문제는 우리가 도덕적으로 바로 사는 것입니다.

아홉 번째는 안주불경安住佛境이라, 즉 부처님의 경계, 천지 우주가 하나라는 영생불멸한 공덕 가운데에서 항상 편안하게 머문다는 말입니다.

열 번째는 해탈성숙解脫成熟이라, 이렇게 차근차근 부처가 되어 가니까 모든 걸림으로부터 차츰 자유로워지는 것입니다. 참다운 자유는 성자만이 누릴 수 있습니다. 따라서 자유를 부르짖는 민주주의도 역시 우리 정신적인 수양과 더불어서 해야지, 도덕은 제쳐 두고서 우선 제도적인 자유 그것만 위해 싸운다면 그야말로 백년하청百年河清이 될 수밖에 없는 것입니다. 우리 인간 문제는 항시 도덕이 앞서가야 하는 것입니다.

이와 같이 열 가지 참선공덕을 항상 생각하십시오. 그러면 더욱 더 참선이 하고 싶어질 것입니다. 우선 내 행동이 점잖고 품위가 있어지고 평소에 독한 사람도 악심이 없어지고 부드러워져서 유연선심柔軟善心이 되고, 또 번뇌가 줄어지고 귀도 눈도 밝아지고 이런 것만 되어도 얼마나 좋겠습니까.

그리고 무식희락無食喜樂이라, 우리가 고기 먹고 술 마시지 않아도 항상 기쁩니다. 술을 싫어하는 사람에게 억지로 술을 먹이면 얼마나 괴롭겠습니까. 우리 스님들이 고기를 먹으면 입이 다 부르틉니다.

우리 불자님들, 재가 불자님들도 되도록 고기를 드시지 마십시오. 이것은 우리한테 별로 이익 될 것이 없습니다. 항상 말씀 드리지만 돼지나 소나 그런 축생들은 사람보다 훨씬 더 업장이 무거운 것인데, 업장이 무거운 세포가 사람한테 들어오면 그만큼 우리가 오염되는 것입니다. 그리고 우리 자비심을 손상시킵니다. 우리는 몰라도 귀신들은 다 봅니다. 선신들은 고기 많이 먹는 사람을 무서워해서 피합니다.

나와 남이 둘이 아닌데, 그것은 사람만 국한시킨 것이 아닙니다. 개와 나도 둘이 아닙니다. 둘이 아니라고 생각할 때에 고기를 어떻게 먹을 수 있을 것인가, 그런 것 안 먹어도 우리가 살 수 있지 않습니까.

우리 한국만 하더라도 그전에 우리가 클 때는 일 년 내내 가야 돼지나 소고기를 한 번이나 먹었는지 모르겠습니다. 그런데 지금은 농촌에서도 한 달에 몇 번씩 먹는다고 해요. 그렇게 외국에서 수입해서까지 외화를 낭비할 필요도 없는 것이고 그렇다고 더 건강한 것도 아니지 않습니까.

부처님께서는 만 생명을 다 동일하게 보기 때문에 육식을 하게 되면 우리 자비심을 손상시키고 또 악신惡神은 그 냄새 맡고 가까이 붙고 훌륭한 선신들은 냄새 맡고 도망갑니다. 또는 우리 마음 닦는 공부도 잘 안 되고 죽어서는 악귀에 떨어지기 쉽다고 불경에 명문으로 나와 있습니다.

금생에 깨끗이 한세상 지내다가 가면 오죽이나 좋겠습니까. 내외간에 화목하고 하루 세끼 먹을 것을 한끼 먹는 이웃과 나누고 그러면 살기가 참 편할 것입니다. 그렇게 되면 노사분쟁 같은 것이 있을 수 없겠지요. 이것이 도리에 따르는 것이고 참다운 자연법입니다.

그다음에 삼명육통三明六通이라, 제가 삼명육통이란 말을 자주 하는 편인데 더러는 "삼명육통은 외도꾼들이 하는 것인데…" 하며, 뒤에서 부정적으로 보는 사람도 더러 있는 줄 압니다. 우리가 신통을 하려고 일부러 애쓸 필요는 없지만 부처님 말씀에, 공부가 되면 저절로 신통이 나온다고 했습니다. 그 말씀을 어떻게 무시할 것입니까.

실제로 무수한 성자가 다 증명을 했고 지금 종교인들이 불신받는 세상에 삼명육통을 하는 도인이 있다고 생각을 해 본다면 집단적으로 많은 사람들을 제도할 수 있을 것입니다.

지금은 컴퓨터 문화가 기기묘묘한 재주를 다 냅니다마는 우리 불성은 그런 류가 아닌 것입니다. 컴퓨터는 인간이 입력을 시켜야 나오지만 그보다도 훨씬 더 무한한 성능이 우리 불성인 것입니다. 그렇기 때문에 우리 불성을 계발하면 컴퓨터는 문제가 아닌 것입니다. 그 무한 능력 중의 하나가 삼명육통40) 입니다.

삼명은 무엇인가? 과거의 통달무애라, 과거에 대해서 모르는 게 없고, 여러분들도 더러 점쟁이한테 점을 쳐 본 경험이 있지 않습니까. 저도 어렸을 때 구경해 본 기억이 있습니다마는 그런 귀신들도 과거를 조금은 봅니다. 더러는 미래를 예언하기도 합니다. 사람이 몸뚱이를 가지고 있으면 본래의 영명함이 많이 가려집니다. 살면서 세속적인 여러 가지를 배우다 보면 분별시비가 잔뜩 쌓여서 영명한 본래 생명이 흐려집니다. 그러나 어린 사람들을 보면 더러는 이상하리만큼 영특한 사람들도 있습니다. 또 놀라울 정도로 천재적인 꼬마들이 간혹 있지 않습니까. 하물며 분별시비와 삼독심을 다 떠나 도인들은 그것에 비할 바가 아니겠지요.

우리 마음을 가장 중독시키는 것이 삼독심三毒心입니다. 탐욕심과 성내는 마음과 어리석은 마음이 삼독심 아닙니까. 그것이 제일 무서운 독입니다. 자기도 오염시키고 남도 독스럽게 만드

---

40) 삼명육통三明六通: 아라한도阿羅漢道를 성취한 성자聖者에게 갖추어져 있는 자재하고 미묘한 작용.
   1. 삼명三明: 숙명통宿命通·천안통天眼通·누진통漏盡通.
   2. 육통六通: 육신통六神通이라고도 함. ① 천안통天眼通 ② 천이통天耳通 ③ 타심통他心通 ④ 숙명통宿命通 ⑤ 신여의통身如意通, 신족통神足通 ⑥ 누진통漏盡通.

는 것입니다. 그렇기 때문에 불교에서는 모든 병이 과거 전생부터 묻어온 업 병도 있지만 금생에는 이 삼독심 때문에 우리 몸과 마음이 중독을 일으킨다고 봅니다. 삼독심만 떠나 버리면 그때는 설사 독을 마신다 해도 그 독의 영향을 받지 않는 것입니다.

달마 대사를 죽이려고 광통 법사나 그런 사람들이 여섯 번이나 독을 드려도 그 독이 받지를 않았다고 합니다. 그러나 일곱 번째 가서는 달마 대사께서 인연이 다한 고로 스스로 가셨습니다. 그와 같이 청정한 사람들은 독도 침범하지 못하는 것입니다.

우리는 독심으로 오염되어 우리 내장이 청정하지 못한 고로 온갖 병고에 시달리는 것입니다. 우리 생리가 그만큼 오염돼 있습니다. 그렇기 때문에 음식을 주의하고 육식과 과식을 피한다면 그만큼 침해를 덜 받습니다. 그것은 생리학자나 병리학자들이 다 증명을 하고 있는 사실입니다.

그래서 삼명三明, 이것은 과거에 막힘이 없고 또는 미래에도 막힘없고 또 우주를 모두 본다는 말입니다. 부처님 지혜를 가리킬 때 일체종지一切種智라, 부처님 지혜는 일체종지입니다. 그 말은 작은 것 큰 것 할 것 없이 우주의 모두를 다 안다는 말입니다. 그냥 본질적인 것만 아는 것이 아니라 세세한 것까지 다 안다는 말입니다.

가령 정감록의 비기秘記들을 보십시오. 물론 비기에도 틀리는 것이 있지만 더러는 아주 신통하게 맞는 것도 있습니다. 그런 것을 생각해 본다면 우리 마음이라는 것이 계발하면 할수록 그렇게 위대한 힘을 내는 것입니다. 과거를 다 내다보고 미래를 보고 우주를 봅니다. 이런 지혜가 우리한테 본래로 있습니다.

정감록에만 있고 도인들에게만 있는 것이 아니라 누구한테나 다 있는 것인데 우리가 계발을 못 하고 있는 것입니다. 그 계발 하는 작업이 바로 참선이고 그 참선법이 가장 훌륭하고 지름길 로 가는 방법입니다.

참선이야말로 우리가 본래 갖추고 있는 무한공덕을 길러 내 는 데 있어서 가장 좋은 지름길입니다. 그러면 참선을 어떻게 할 것인가? 아까도 말씀드린 바와 같이 우리가 행동을 주의해서 도 덕적인 생활을 하고 우리 마음을 항시 본체인 부처님한테다가 머무르게 하는 것입니다.

남과 얘기를 하거나 책을 볼 때나 일을 할 때나 항상 그곳에 마 음이 머물러 있으면 차근차근, 걸음걸음 그것에 접근되어 가는 것입니다. 그것보다 더 소중한 일은 없습니다. 과거에 통달하고 미래에 통달하고 동시에 자기 번뇌를 완전히 녹여 버립니다.

불교 말로 하면 숙명통宿命通, 천안통天眼通, 누진통漏盡通이라, 과거에 통달무애하는 것이 숙명통이고 또는 미래에 통달무애하 고 우주를 모두 내다보는 것이 천안통입니다.

그다음 누진통은 번뇌를 다 떼어 버린다는 말입니다. 번뇌를 다 떼어 버리면 성인이 되겠지요. 과거에는 미개한 때라서 특수 한 사람들만 성인이었지만 앞으로는 직관적으로 성인이 나올 때입니다. 지금 사람들은 굉장히 영리하니까, 사상적으로도 그 많은 전쟁과 반목을 통해 많은 경험을 다 했지 않습니까. 그런 것은 모두가 다 성자의 길을 몰라서 그렇습니다. 전쟁을 방지하고 사람으로 인한 인재를 방지하기 위해서는 성자의 길을 따르는 수밖에 없습니다. 그렇기 때문에 앞으로 정보화 시대에서 정보가 교환되면 될수록 성자의 길은 더욱더 빛날 것입니다. 그 길 밖에 다른 길은 없으니까요.

그다음은 육통六通(육신통六神通)이라, 이 육신통은 아까 말한 삼통에 다 같이 거두어져 있습니다. 천안통天眼通은 우주를 다 내다보는 것이고, 천이통天耳通은 하늘 천天 자, 귀 이耳 자, 우주의 음성을 다 듣는다는 말입니다. 저 같은 사람은 재주가 없어서 영어도 잘 못하고 영어 하는 사람들 말을 잘 못 알아듣습니다마는 만약 천이통을 했다면 영어를 안 배워도 다 알아듣는 것입니다. 천이통이란 그와 같이 개가 짖으면 축생의 말을 알아듣는 것입니다.

타심통他心通이라, 이것은 다른 사람의 마음을 꿰뚫어 보는 것입니다. 참선하는 사람들은 타심통을 다는 못 해도 사람을 척 보면 대강 그 사람을 짐작은 합니다. 그러나 그 사람의 인격도 있으니 함부로 지적은 않지만….

그리고 숙명통宿命通은 과거를 다 아는 지혜고, 다섯 번째는 신여의통身如意通, 즉 신족통神足通이라, 이것은 자기 몸을 자기 마음대로 합니다. 자기 몸을 마음대로 할 수 있으면 기적을 부릴 수 있는 것입니다.

부처님의 정통법을 받은 분이 마하가섭이고, 그다음 분이 아난존자인데 아난존자가 열반 드실 때의 그 열반상은 우리에게 굉장히 신심을 느끼게 합니다. 그분은 신통을 여실하게 증명을

다 했습니다. 부처님께서도 역사カ士들이 부처님의 금관에 횃불로 불을 붙였지만 붙지를 않았습니다. 아무리 기름을 붓고 해도 불이 안 붙으니까 부처님의 자비심으로 해서 화광삼매火光三昧라, 자기 몸에서 불을 내어 스스로 금관을 태우고 몸을 태워 사리를 만든 것입니다.

우리의 불성 가운데는 땅 기운, 물 기운, 불 기운이 다 들어 있습니다. 인간이란 정말 기묘한 존재입니다. 그래서 우리 마음, 즉 우리 불성을 가리켜서 마니보주摩尼寶珠라, 여의주라, 온갖 것이 다 나오는 보물 구슬이라고 합니다. 그런 위대한 마음을 두고서도 모르니까 우리 인간을 가리켜서 금을 가지고서 얻어먹는 거지라고 그럽니다. 그런 값진 보배를 가지고도 가진 줄을 모르고 하찮은 일에 생명을 낭비한단 말입니다. 금을 잔뜩 곳집에 넣어 놓고 거지 행세를 하는 것과 똑같은 것입니다.

그러니까 여러분들은 무한공덕장인 우리 마음을 캐내는 작업을 하면서 사업도 하고 사회 일도 하면 훨씬 잘될 것입니다. 우리 몸 가운데는 물과 불이 다 들어 있습니다. 따라서 불만 생각하면 불이 되고, 물을 생각하면 물이 되는 것입니다. 우리 마음 안에 삼명육통이 다 들어 있습니다.

우리는 석가모니한테 꿀릴 필요도 없고 예수한테 주눅들 필요도 없습니다. 우리는 본래 부처고 하나님이기 때문에 어느 누구에게도 열등감을 가질 필요가 없습니다. 다만 게을러서 그렇게 못할 뿐입니다.

아함경에서 하신 부처님 말씀 중에 "영생불멸하는 그 길은 분명히 있는데 우리 중생이 게을러서 가고 안 가고 하느니라." 영생의 길은 분명히 있는데 중생이 게을러서 가고 안 가고 한다는 말씀입니다. 이와 같이 신여의통은 자기 몸을 자기 마음대로 하는 것이고, 불경을 보면 부처님께서 그렇게 하신 대목이 한두 군데가 아닙니다. 지금 원자력이 무시무시한 힘을 내지만 그보다도 훨씬 더 무한 성능이 불성인 것입니다. 따라서 그렇게 짐작을 해 보면 압니다.

다음에 누진통漏盡通, 이것은 앞서도 말한 바와 같이 번뇌를 마저 다 떼어 버리는 그런 신통입니다. 그리고 마지막에 해탈解脫이라, 우리는 한사코 해탈을 해야 됩니다. 해탈을 해야만이 우리 삶은 완성이 됩니다. 우리 삶의 보람은 우리 스스로 해탈의 길로 나아가는 것입니다. 그 외에는 모두가 다 허망한 것이고 가짜입니다.

우리 생명이라 하는 것은 무상한 것이어서 어느 때 갈지 모르는 것 아닙니까. 병들어 죽을지 사고를 당할지 또는 천재지변으로 갈는지 모르는 것입니다. 이렇게 무상한 인생에 있어서 가장 급박한 것이 무엇인가? 가장 절박한 것이 무엇인가? 그것은 자기를 찾는 일입니다. 참다운 자기는 바로 부처입니다. 따라서 부처가 되는 것이 우리들의 지상 과업인 것입니다.

모든 번뇌의 구속을 다 끊어 버리고 해탈[41]의 길로 가야 합니다. 우리는 지금 여러 사상 이념의 구속을 받고 삽니다. 불교는 그런 구속을 다 푸는 것입니다.

---

41) 해탈解脫: 지혜해탈智慧解脫과 선정해탈禪定解脫의 이해탈二解脫이 있음.

관념적인 구속, 제도적인 구속을 다 풀어서 성불하기 좋은 제도로 만들어야 하는 것입니다. 성불하기 제일 좋은 제도가 바로 승가의 법인데, 진정한 승가의 법은 감투나 놓고 싸우는 그런 것이 아닙니다.

해탈이라, 해탈에는 지혜해탈智慧解脫과 선정해탈禪定解脫이 있습니다. 지혜해탈은 먼저 이론적으로 막힘이 없게 됩니다. 우리는 이치로 해서 먼저 부처님의 경전 말씀과 선지식, 조사 스님들의 가르침 따라서 기본적인 길을 알고 가야 합니다. 불교 공부는 그래서 하는 것입니다.

이번 법회도 성불하는 길목만은 바로 알기 위해서 하는 것입니다. 지혜해탈이라, 먼저 이론적으로 막히는 것을 배우고 그러나 그것만으로 다 되는 것은 아닙니다. 학자들은 보통 이론적인 체계만 서면 공부를 다 했다고 생각합니다. 그러나 불교의 세계에서 보면 그것은 지혜해탈에도 미처 못 간 것인데 참다운 해탈은 어림없는 것입니다.

참다운 해탈은 선정이라, 참선을 해서 우리 생리와 심리가 아울러 맑아지고 이른바 환골탈태換骨奪胎라, 우리 몸뚱이도 역시 정화가 되어서 나쁜 짓을 하려야 할 수 없이 돼 버려야 합니다.

공자가 칠십이 되어서 말한 "내 마음대로 행해도 법도에 어긋남이 없다." 이런 정도가 되어야 선정해탈입니다. 자기 마음대로 해도 우주의 도리에 어긋남이 없는 정도가 되려면 평소에 우리 행동을 도덕적으로 훈련을 시켜야 하고 그와 동시에 우리 마음이 우주의 근본 진리인 부처님을 여의지 않아야 합니다.

부처님이라 하는 본질을 떠나지 않는 공부가 참선 공부입니다. 화두나 염불 그리고 주문, 무엇이든 상관이 없습니다. 다만 그것이 우주의 본바탕을 의미하는 것이어야 하는 것입니다. 하나님은 저 하늘 어디에 따로 있고 부처님은 극락세계에 계신다 이렇게 생각하면 참선이 못 되는 것입니다. 내 안에나 밖에나 어디에나 다 존재하는 하나님, 부처님, 이렇게 생각할 때만이 참다운 참선 공부가 됩니다. 이렇게 부지런히 정진하시기 바랍니다.

# 염불念佛

이번 법회의 제목이 순선안심탁마법회純禪安心琢磨法會라, 순선이란 말을 처음 듣는 사람들은 좀 생소하실 것입니다. "참선에 무슨 순수한 참선이 따로 있을 것인가?" 하는 생각도 드실 것입니다. 그러나 지금 참선이 너무 흐트러져 있습니다. 종파적인 참선, 자기들 식만 옳다고 고집하는 그런 참선, 그렇게 되면 참선법도 법집法執이 되고 맙니다.

성자들의 분상에서 법집이란 있을 수 없습니다. 법집이란 자기만 옳다는 주장입니다. 특히 아집我執, 이른바 개인적인 이기심이라든가 자기가 속한 단체에 따른 집단적 이기심, 이런 것들이 모두가 다 아집에 해당합니다. 그러나 불교 자체가 '바로 본다'는 것이라고 생각할 때는, 자기라는 것은 본래 없는 것입니다.

무아無我라는 개념은 불교의 가장 기본적인 교리입니다. 어째서 내가 없는가? 그것은 인연법因緣法이라, 나라는 것은 인연 따라서 잠시간 거짓 모양에 불과하기 때문입니다. 이 무아에 대해서 우리 불교인들이 처음에는 알기가 어렵습니다. 그러나 인연법을 생각해 보면 그냥 알 수가 있는 것입니다. 인연 따라서 잠시간 사람 같은 모양, 동물 같은 모양, 식물 같은 모양을 나툰 것이지 실존적인 고유한 나(我)는 있지가 않습니다. 사실은 무아를 알면 불교의 전부를 알 수 있을 정도로 중요한 문제인 것입니다.

우리 인간은 본질을 보지 못하고 상相만 보기 때문에 내가 있다고 고집하는 것이지 본성품, 본래 바탕을 본다고 생각할 때는 나라는 존재가 물에 비친 달그림자 같은 것이지 실존적인 것이 아닙니다. 그러면 시초의 본성품은 무엇인가?

소승에서는 본성품 자리를 제대로 말을 못 합니다. 그러나 대승에서는 분명하게 '진여불성眞如佛性'이라, 또는 '법성法性'이라, '중도실상中道實相'이라, 이렇게 성품자리를 말씀했습니다. 나지도 않고 죽지도 않는 영생불멸하는 생명 자체, 이 자리에서 잠시간 인연 따라서 천지만물이 상을 나타낸 것입니다.

여러분들께서 많이 들으신 법문 중에 "상相을 떠나라"는 말씀이 있습니다. 보시를 하더라도 상을 떠난 무주상보시라, 좋을 일을 하더라도 상을 떠나지 않으면 위선의 찌꺼기만 남습니다. 그런데 중생들은 상을 떠날 수가 없습니다. 왜 그런가? 중생들은 근본 성품을 못 보고 겉에 나타난 상만 보기 때문이지요.

좋고 싫고 하는 상을 떠나지 못하고 아상我相, 또 내 생명이 얼마나 길 것인가 하는 수자상壽者相, 나는 사람이고 개나 소는 짐승이다라는 인상人相 등, 중생들은 이런 수많은 상 때문에 여기서 못 벗어납니다. 아무리 상을 빼고 보라고 해도 중생 차원에서 그것은 무리입니다.

그러나 성자의 입장은 다릅니다. 성자는 항시 근본 성품을 직관하기 때문에 성자가 보는 이 세상의 삶이라는 것은 그야말로 명예나 감투나 부귀영화 같은 것들이 한낱 무상한 허깨비에 지나지 않는 것입니다. 그렇기 때문에 어떠한 성자도 현상적인 문제에 관해서는 다 꿈같이 봅니다. 꿈같이 보니까 집착을 안 하게 되겠지요.

따라서 원효 스님이나 의상 스님, 또 고려 초기의 대각 국사, 보조 국사, 나옹 스님, 태고 대사, 이조 때 와서 벽송지엄 스님, 서산 대사, 사명 대사, 이런 위대한 분들의 책을 보면 조금도 옹색한 데가 없습니다. 왜냐하면 그분들은 상을 떠나 있으니까 이른바 법집을 하지 않는 것입니다. 꼭 내가 하는 식만 옳다라고 하는 고집이 그분들에겐 없습니다. 따라서 그분들은 모두 원통불교圓通佛敎입니다. 특별히 원통불교圓通佛敎가 따로 있는 것이 아니라 불법 자체가 원융무이圓融無二한 것이 원통불교인 것입니다. 종파에 치우치거나 교에 치우치거나 또는 참선에만 치우치지 않는 것입니다.

저는 어느 해에 해남 대흥사에서 4, 5년 동안 지낸 경험이 있습니다마는 그곳에서 다행히 『초의선사문집』을 봤습니다. 그전에는 본 일이 없었는데 그때 처음 읽었습니다. 대흥사는 우리 스님들은 다 잘 아십니다마는 신라불교는 경주를 중심으로 해서 빛난 것이고 고려불교는 송광사로 해서 꽃피었고 이조불교는 대흥사로 해서 빛났습니다.

대흥사에서 13대 종사, 강사가 나왔는데 그 가운데에서 초의선사는 12대 종사입니다. 그분은 여러분들도 알다시피 다도茶道의 할아버지로 알려져 있습니다.

초의 스님이 계셨던 일지암에서 일 년에 한 번씩 모여서 다신제茶神祭라 해서 잔치를 합니다. 그런데 사람들은 차 마시는 한 가지 예식만 치릅니다. 초의 스님의 핵심인, 즉 말하자면 『초의 선사문집』 가운데서 『사변만어四辯漫語』42)라, 『사변만어』는 굉장히 중요한 책입니다.

그래서 제가 그때 번역을 하려고 주지 스님께 사정을 해서 원고를 가져다가 지금도 간직하고 있는데 그런 저런 사정으로 번역을 못 해서 지금도 아쉽게 생각하고 있습니다마는 제가 생각할 때는 서산 대사의 『선가귀감』 다음으로는 이조불교사에서 그렇게 좋은 책은 처음 보았습니다.

『사변만어』가 그렇게 좋은 책입니다. 여러분들께서도 기회가 있으시면 구해서 한 번 보시기 바랍니다. 그걸 보면은 조금도 막힘없습니다. 그 문집은, 이조 말엽에 한국 불교를 대표하다시피 한 백파白坡 스님을 비판해서 낸 글입니다.

초의 스님은 여러분들도 잘 아시는 추사 선생과도 절친한 도반입니다. 뿐만 아니라 다산 정약용 선생과도 절친했습니다. 문장도 당대에서 유려하고 그 내용이 아주 훌륭한 글이라고 생각합니다. 내용이 좋다는 것은 아집과 법집이 없다는 말입니다.

초의 스님이 봤을 때 백파 스님은 분명히 오류를 범했습니다. 오류를 범했다 함은 과거 선지식들의 말씀에서 빗나갔다는 말입니다. 그러나 자기 실력이 부족하니까 섣불리 반박할 수가 없었습니다. 그래서 일지암에서 사십 년 동안 공부를 해서 나중에 『사변만어』라는 책을 내어 백파 스님을 비판했습니다.

나중에 추사 선생을 비판한 글도 있습니다마는 제가 굳이 이

---

42)『사변만어四辯漫語』 1권, 초의의순草衣意恂이 저술한 것으로 백파白坡의 『선문수경禪文手鏡』을 반박한 글.

런 말씀을 하는 까닭은 적어도 정통 조사라고 하는 분들이나 도인들은 남을 함부로 비판하지 못하고 또 자기만 옳다고 내세우지도 않았다는 것입니다.

왜냐하면 결국 나도 없는 것이고 본질적으로 생각할 때 개념 같은 것도 다 허망한 것인데 이른바 법집이나 아집을 할 필요가 없는 것입니다. 천지 우주를 오직 하나의 진리, 통달무이한 하나의 진리로 보는 분상에서 어떻게 핏대를 세워 옳다 그르다 시비를 할 수 있겠습니까.

지금 일본에서도 화두만 하는 임제종과 묵조만 하는 조동종, 또는 염불을 화두로 하는 황벽종이 있습니다. 또 대만에는 주로 염불을 화두로 합니다. 따라서 황벽종에서는 각기 자기들 방법만 옳다고 하고 임제파에서는 화두 없이 꾸벅꾸벅 졸아 버리는 묵조사선黙照邪禪이라, 삿된 참선이라 매도를 하는가 하면 또 묵조선에서는 화두 하는 임제파에게 본래가 부처인데 무슨 필요로 이것인가 저것인가 의심을 할 것인가? 이렇게 서로 다른 주장을 합니다.

우리 한국도 가만히 보면 참선을 잘 모르는 사람들이 화두선만 참선이라고 생각하는 경우가 있습니다. 그렇게 생각하는 사람들은 당연히 다른 방법들은 다 부정해 버리겠지요.

원효 스님의 위대함을 세계가 다 아는 데도 화두로 안 했다고 그분을 부정해 버립니다. 하물며 기독교 같은 다른 종교에 대해서는 편협하기 짝이 없겠지요. 그것이 외도인 것 같으면 2천 년 동안이나 순교자도 나오고 지금까지 발전해 왔겠습니까. 이렇게 개명 천지에서 17-18억 인구가 믿고 있는 것인데 그들은 아무 필요 없는 외도라고 간주해 버리면 결국은 싸움이 일어날 수밖에 없습니다.

정보화 시대란 것은 온갖 정보와 가치가 뒤섞이고 교류가 되기 때문에 자기 것, 자기들 문화권만 옳다고 주장할 때는 결국 싸움밖에 더 나올 것이 없습니다. 옛날에는 교류를 자주 못하니까 내 것, 네 것을 성을 쌓고 살았지만 정보화 시대에는 세상의 사람들과 매일매일 교류가 되기 때문에 그럴 수가 없는 것입니다.

석가모니 부처님 당시에도 구십육 종 외도라, 불교 아닌 가르침이 구십육 종이나 되었다고 합니다. 원효 스님 계실 때도 여러 가지 종파로 화엄경 좋아하는 사람은 화엄경이 옳다 하는 등 각기 다르게 주장했던 것입니다. 그래서 십종십문화쟁론十種十門和諍論이라, 모든 종파를 하나로 회통會通시킨 것입니다. 어떤 도인들이나 그분들의 행적을 보면 당대 일어난 문화현상을 하나로 회통을 시킵니다. 보조 국사도 역시 염불이나 참선, 교리 등을 하나로 회통 시켰습니다. 태고 스님도 마찬가지고 위대한 도인들은 하나같이 다 회통불교를 지향했던 것입니다.

중국 원나라 때 중봉명본中峰明本 스님(1263-1323), 그분은 고봉원묘高峰原妙의 제자인데 아주 훌륭한 선사입니다. 당대 원나라 임제종에서 나왔는데도 교敎와 선禪과 염불念佛을 하나의 체계로 세웠습니다. 이조 때 서산 대사도 참선하는 사람들은 선가귀감禪家龜鑑, 유교는 유가귀감儒家龜鑑, 도교는 도가귀감道家龜鑑, 이렇게 하나로 통일을 시키려고 무진 애를 썼습니다.

아까 제가 말한 초의 스님의 위대한 점은 그분이 아무리 명석하게 불교 진리를 말했더라도 집착을 가졌다면 그것은 아무것도 아니겠지요. 설사 유교를 말하나 도교를 설하더라도 집착을 떠나면 그것은 다 도道인 것입니다. 그렇게 시원스럽게 툭 터져야 합니다.

그래서 순선純禪이라, 부처님께서 하셨고 달마에서 육조혜능까지 정통 조사들은 어디에도 걸림이 없습니다. 후대 그 자손들이 남종이니 북종이니, 돈오다 점수다 하면서 문제를 만든 것이지 정작 그 당시 육조 스님이나 신수 대사 같은 분들은 아무 문제가 없었던 것입니다.

오조홍인五祖弘忍 스님 회상에서 칠백 대중이 공부하는데 그 칠백 대중의 상수上首 제자가 신수神秀 스님입니다. 그런데 오조 스님께 도를 받은 사람이 열 분이 넘습니다. 그렇기 때문에 각기 성격상 개인적으로 차이는 있다 하더라도 그분들이 도가 아닌 엉뚱한 말을 했다고 볼 수는 없는 문제 아닙니까.

나중에 육조 스님의 제자들은 신수 대사를 점수파라 틀렸다고 비판을 했습니다마는 칠백 대중의 우두머리 되는 그 스님이 도를 모르겠습니까. 그렇기 때문에 그 당시는 아무것도 아니었지만 나중에 피차 정통 종파를 세우려고 그렇게 시비들을 했던 것입니다. 진리를 깨닫고 진리를 내세우면 될 일이지 도인들이 무슨 이유로 종파를 세우고 분파를 일으키겠습니까.

후대인들이 자기들 동아리에 권위를 세우려는 불순한 마음 때문에 종파를 내세운 것입니다. 그래서 특히 달마 스님 때부터 육조 스님 때까지의 선을 가리켜서 순선純禪이라고 합니다. 아무 종파도 없고 또는 어떤 행법만 옳다는 주장도 없는 그야말로 상을 떠나 버린 그런 선禪이기 때문에 순선이라고 합니다. 그러면 안심安心은 무엇인가?

부처님 법문은 본래가 안락 법문입니다. 부처님 법을 들으면 항시 마음이 편안스러우니까 안심安心입니다. 누가 옳고 그르고 따지고 해야 마음만 불안스러운 것이지 부처님 법은 툭 틔어서 어디에도 막힘이 없습니다. 아까 말씀 드렸듯이 전문 술어로 아집과 법집이 없다는 뜻입니다.

아집과 법집을 떠나 버리면 마음이 편안하지 않을 이유가 없습니다. 또 참선 자체가 안심법문입니다. 참선이 아닌 다른 공부는 방편설도 많고 여러 가지 사설이 많아서 이렇게 저렇게 분별하고 따지고 합니다마는 참선이라는 것은 간단명료합니다.

본래시불本來是佛이라, 본래 바로 부처입니다. 본래 부처란 것은 내 마음만 본래 부처가 아니라 일체만물의 그 당체는 즉불(당체즉불當體卽佛)입니다. 처음에는 좀 어렵습니다. 가사 앞에 꽃병이 있다고 한다면 그 꽃병의 본질은 무엇인가? 꽃병도 그 당체는 곧 부처입니다.

어느 날 내가 아는 어느 대학 교수 한 분이 와서 "저는 이제 반야심경을 통달하게 되었습니다."라고 했습니다. 그래서 제가 "참으로 공부를 잘 하셨습니다. 그런데 어떻게 통달을 하셨습니까?" 하고 물었습니다.

답하기를, "반야심경의 내용은 바로 색즉공色卽空인데, 색은 바로 물질을 말하는 것이고 공은 에너지를 말한 것인데, 물질을 분석하면 결국은 에너지가 되는 것이 아닌가? 무색성향미촉법無色聲香味觸法이라, 물질·소리·향기·맛·감촉 등도 분석해 놓고 보면 결국은 다 공이 아닌가? 이렇게 알면 반야심경을 다 안 것이 되지 않습니까?" 그래서 제가 "그렇게 아는 것도 참 중요합니다마는 색즉공色卽空은 그렇게 분석한 뒤에 공空이라는 것이 아니라 색즉공色卽空이라, 물질이 바로 공이라, 당체즉공當體卽空이라, 사람은 사람, 바로 공이고 금은 금, 즉 공입니다." 그랬습니다.

물리학을 좀 배운 사람들은 물질은 결국 원소의 결합에 불과한 것이니까 그런 식으로는 다 짐작할 수 있는 문제입니다. 그러나 반야심경의 공은 그런 공이 아닙니다. 따라서 공을 그런 식으로 알면 불교를 바로 아는 것이 못 됩니다. 그것을 보고 분석할 석析 자, 석공析空이라 합니다. 즉공卽空이라, 금쪽같이 아끼는 내 몸 이대로 바로 공이란 말입니다.

어떤 분들은 저의 법문이 굉장히 어렵다고들 그럽니다마는 물론 일반 세상 사람들이 알아듣기는 어렵겠지요. 그러나 일반 사람들이 알아듣기 어렵다고 해서 아까 말했듯이 석공析空식으로 해서는 안 되는 것입니다. 불교는 형이하학적인 종교가 아닙니다. 형이상학과 형이하학을 다 통달한 종교입니다. 그렇기 때문에 우리 중생의 삼독심에 가려져 눈에 안 보인다고 해서 이것이 없는 것이 아닙니다.

부처님 법문은 부사의해탈법문不思議解脫法門입니다. 소승에서는 부사의 할 것이 없으나 대승에서는 부사의 해탈법문입니다.

화엄경 초기경전에 보면 아부타달마阿浮陀達磨, 즉 미증유未曾有라, 십이부경十二部經 가운데 한 부분인 아부타달마는 우리말로 풀이하면 아주 부사의한 경이란 뜻입니다. 우리 중생의 차원에서는 알 수 없는 그런 경이란 말입니다. 거기에 보면 그 당시에 부처님이나 도인들이 하신 삼명육통이나 신통자재한 법문들이 다 들어 있습니다. 따라서 그런 것은 종교라면 응당 어느 것에나 들어 있는 것입니다.

아까 말씀드린 바와 같이 그 당체當體가 바로 공空이라, 제가 며칠 동안 그런 저런 말씀을 많이 했어도 당체가 바로 공이라는 소식을 여러분들이 이해를 못하시면 제가 헛말을 한 것이 됩니다. 어째서 당체가 바로 공인가? 모든 것이 인연법을 따르기에, 연기법緣起法은 우주의 대법大法입니다. 우리 중생은 연기법을 모르지만 성자는 압니다.

그렇기 때문에 석가모니께서도 "연기법을 보는 사람은 진리를 보고 따라서 나(如來)를 안다."라고 하셨습니다. 연기법을 모르면 불교를 모르는 것입니다. 연기법도 단순하게 "이것이 있으면 저것이 있고 이것이 없으면 저것도 없다." 그런 식으로만 알면 소승적인 것에 불과합니다.

요즘 불교신문이나 교양지 같은 데 보면 그렇게 단순하게 연기법을 강설해 놓은 걸 봤습니다마는 그런 식은 아주 기초적인 차원입니다. 아주 틀린 것은 아니지만, 마땅히 그다음에 진여불성이 연緣 따라서 잠시간 나툰 것이 일반 세상의 현상임을 잘 밝혀 놓아야만 합니다. 진여불성은 물질이 아니기 때문에 상도 없고 모양도 없다는 것은 바로 우주에 충만하다는 뜻입니다.

이사무애理事無碍라, 잠시간 모양을 나투었지만 본래성품은 진여불성으로 똑같은 부처라, 여기서 어려운 것은 인연 따라서 이렇게 저렇게 갖가지 모양으로 사람도 되고 축생도 되고 했으니 분명히 다른 것이 아닌가? 하지만 차이가 없는 것입니다. 그것을 이해해야 연기법을 압니다.

부처님께서는 비유로 가사 물이 바다에 있다고 생각할 때 바람 따라서 천파만파 파도가 치고 거품이 일어나지만 파도나 거품도 결국은 똑같은 물이듯이 그와 같이 인연 따라서 진여불성이 산이 되고 물이 되고 사람 되고 바람 되고 하지만 결국 진여불성에서 파생된 파도와 거품에 불과한 것입니다. 진여불성은 하나의 같은 성품인 것입니다. 도둑이나 강도도 진여불성 차원에서 연기법으로 본다고 생각할 때는 바로 부처님이고 잘나고 똑똑해도 결국은 다 똑같은 성품의 부처님입니다.

석가모니께서 보리수 하에서 대각을 성취해서 깨달은 뒤에 보니까 나만 부처가 된 것이 아니라, 존재하는 일체가 다 부처였던 것입니다. 이렇게 되어야 참다운 연기법이 되고 비로소 참다운 도덕률도 확립이 됩니다. 남에게 보이기 위해서 하고, 자기 명예를 높이기 위해서 남에게 베풀고 하는 것은 위선이지 도덕적인 것이 안 됩니다. 자발적으로 심오한 철학적 근거를 가지고 상相 없이 베풀고 기쁘게 행行을 해야 참다운 도덕이 되는 것입니다.

현대 교육도 마찬가지입니다. 장사를 잘하고 물건을 잘 만들고 하는 기능인을 양성하는 것도 무시할 수는 없겠지만 도덕적으로 하자가 없고, 또는 스스로 자기가 무엇인가 하는 본질적인 자기를 깨닫고 많은 사람들을 깨달음으로 인도하는 그런 사람을 만들어야 하는 것입니다. 그것이 교육의 참가치입니다. 참사람을 만드는 것이 이른바 전인교육全人敎育이라, 가능성이나 지혜나 어느 것에나 치우침이 없는 그런 사람을 만들어야 할 것인데 지금의 교육은 기능적인 교육입니다.

무얼 많이만 외우고 기능적으로 컴퓨터나 무슨 조작 같은 것만 잘하면 우수한 사람인 줄 압니다마는 그런 것은 아주 부수적인 것에 불과합니다. 제아무리 인류가 외적인 발달을 이루었더라도 바른 인간상을 구현하지 못한다면 참다운 평화는 없습니다. 그렇기 때문에 어떤 분야에서나 어떤 경우에나 연기법을 적용해야 합니다.

여러 불자님들, 어느 누구를 보더라도 연기법을 적용해서 생각하시기 바랍니다. 자식이나 부부간에나 또 남에게도 연기법을 적용해서 보아야 오류를 안 범합니다. 연기법은 바로 우주의 대법이기 때문에 그 법에 따라야 우리 마음도 편안하고 동시에 부처님께 보다 가까워집니다.

그래서 안심법문은 부처님의 진여연기眞如緣起, 법계연기法界緣起, 우주 대법의 다른 이름인 것입니다. 따라서 아무리 불경을 다 외우고 통달했다 하더라도 그것만으로는 완전할 수 없는 것입니다. 나와 남이 둘이 아닌 바로 한 몸이요 하나라는 각성은,

상을 온전히 떠나야 가능한 것입니다.

요새 김지하 시인을 비롯해서 여러 사람들이 '생명운동'이라는 걸 한다고 들었습니다. 그래서 역시 머리가 좋은 사람들은 참 다르구나 하고 생각을 했습니다마는 그들이 하는 생명운동의 이론을 들어 보니 사람의 생명이 중요하니까 자연의 생명도 중요하다는 차원의 개념인 것 같았습니다.

우리 부처님같이 "모두가 일미 평등한 진여불성이다." 이렇게 투철하게 알고 그 운동을 하면 훨씬 더 신념과 열성이 나올 것입니다. 그런 면에서 본다면 우리 스님들이 그분들에게 기본적인 지도원리를 제공해야 한다고 생각합니다.

가사 음악을 창조한다고 하더라도 영원적인 생명 자체의 도리를 알고 할 때는 훨씬 더 위대한 음악이 나올 것입니다. 베토벤의 경우만 보더라도 그는 말년에 음악가에게는 생명과 같은 청각을 잃고 치명적인 불구가 되었지만 그는 바로 그때 가장 위대한 음악을 작곡했습니다. 어떻게 그럴 수 있었을까? 그것은 현상적인 육신의 귀로는 미처 못 듣는 영원적인 순수 멜로디를 들은 것입니다. 위대한 클래식 음악은 다 그런 것입니다. 일반 중생들은 들을 수 없는 신묘한 우주의 음을 듣는 것입니다.

아미타경이나 관무량수경에 보면 극락세계의 모양이 나와 있습니다. 극락세계의 모양을 보면 무정설법無情說法이라, 극락세계의 나무나 숲이나 새나 모두가 다 염불, 염법, 염승이라 부처님의 무량법문을 항상 노래하고 있다고 했습니다. 우리 중생들은 말로 해야 법문이 되지만 영원적인 실상세계, 참다운 성품세계에서는 새는 새 대로 나무는 나무대로 흙은 흙대로 다 우주의 진리를 그대로 설법하는 것입니다.

한 알의 모래, 한 송이 장미꽃 가운데서도 우주의 신비와 진리를 볼 수 있는 것입니다. 위대한 사람들은 비단 불경이 아니더라도 그렇게 우주를 하나의 생명으로 봅니다. 그렇게 해서 '순선안심'이라고 합니다. 따라서 제가 여러 가지 말씀을 드린다 하더라도 뜻은 오직 그것에 있는 것입니다.

여러분들은 그런 것을 보다 더 탁마琢磨해서 서로 토론도 하고 질문도 하면서 부처님 법의 핵심인 아집과 법집을 떠난 참다운 불자가 되어서 금생에 사람 몸 받았을 때에 일대사인연一大事因緣이 무엇인가에 대해서 철저하게 탐구를 하시기 바랍니다.

톨스토이는 그렇게 대단한 작가고 백작이었지만 팔십이 넘어 집과 재산과 가족들을 다 버리고 승려가 만행 하듯이 괴나리봇짐 하나 지고 천하를 떠돌았습니다. 일대사인연, 생사해탈의 인연이라는 것은 그렇게 소중한 것입니다. 청춘의 쾌락 같은 것은 공부하는 사람들에게는 안중에도 없는 것입니다. 그렇다고 해서 재가 불자님들도 그렇게 하시라는 말은 절대로 아닙니다. 다만 그런 셈치고 기업을 하든지 장사를 하든지 최선을 다하면서 마음으로는 집착을 떠나야 합니다.

저는 많은 기업가를 만나기도 하고 또 그분들에게 시주를 받은 적도 있습니다마는 대 기업가들을 보면 역시 보통 사람들하고는 좀 다릅니다. 남모르는 가운데 굉장히 공부도 많이 하고 노력을 많이 합니다. 제가 아는 어느 기업가의 말이 "스님, 이것은 모두 제 것이 아닙니다. 제 마음 같아서는 다 털어 버리고 승려가 되면 좋겠는데 제가 맡고 있는 사람들이 몇 만 명입니다. 그래서 할 수 없이 관리로 있습니다."라는 말을 했습니다.

사람이 그래야 되는 것입니다. 오억이나 십억을 시주하는 일이 쉬운 일이겠습니까. 생각해 보십시오. 우리는 단돈 몇백만 원 때문에 남의 목숨도 뺏고 부모를 죽이는 패륜을 봅니다. 그런데 자기 부모도 형제도 아닌 일개 스님한테 몇억이나 되는 돈을 조건 없이 내준단 말입니다. 저의 집안은 복이 없어서 몇천만 원 시주하는 사람도 없습니다. 그런 걸 생각하면, 몇억이나 되는 기금을 부처님께 바치는 분들을 보면 정말 눈물겹지 않을 수 없습니다.

아무튼 본래무아本來無我라, 자기가 없는 것이고, 자기 집도 재산도 본래 내 것이 아닙니다. 내 것이 아니기 때문에 불에 타서 타 버릴 수도 있고 누가 몽땅 털어 가 버릴 수도 있는 것입니다. 죽을 때는 자기 몸뚱이도 못 가져가는데 금은 패물이 무슨 소용이 있겠습니까. 어차피 빈손으로 왔다가 빈손으로 갑니다. 우리 목숨은 그야말로 바람 앞의 등불입니다. 언제 꺼질지 모릅니다. 따라서 부처님 법이 아니면 우리는 한시도 안심하고 살 수가 없습니다.

그래서 지금부터 말씀드릴 이 법문도 역시 안심법문을 중점적으로 하면서 될수록 정통 도인들 말씀을 함께 인용하겠습니다. 따라서 불교의 회통적인 면에서의 불타관佛陀觀, 즉 우리가 부처님을 어떻게 볼 것인가? 하는 문제를 함께 생각해 보도록 하겠습니다.

　소승에서는 석가모니만 부처님으로 봅니다. 그러나 대승에서의 참다운 부처님은 바로 부처님이 하신 말씀대로 석가모니가 세상에 나오고 안 나오고 상관없이 영원히 우주에 존재하는 것입니다. 이른바 법신 부처님(法身佛)입니다. 법신 부처님을 깨닫게 되면 누구나 산 부처님입니다. 그런 의미에서 달마 스님이나 원효 스님, 서산 스님 등 수많은 선지식들은 다 산 부처님들입니다. 기독교도 마찬가지입니다.

　기독교 경전인 마태복음이나 요한복음서에 보면 "그대들은 나를 따를 것이 아니라 하나님의 계명을 따르라. 그러면 모두가 하나님의 아들이요 딸이다." 이렇게 말했습니다. 기독교가 소박할 수밖에 없었던 것은 그 당시의 유대 민족들은 갈릴리 해안에서 고기 잡는 어부였던 베드로를 비롯해서 대중들의 지적 수준이 고등 법문을 알아들을 수가 없었을 것입니다. 그러나 우리가 허심탄회하게 요한복음이나 마태복음서의 중요한 대목을 보면 똑같은 것입니다.

　요한복음 12장에 이런 대목이 있습니다. "나는 세상의 빛이다. 나를 따르는 자들은 어둠이 너희를 덮치지 못하리라." 이렇게 대중에게 이르니 그 소리를 들은 바리새인들이 "당신은 그렇게 말하지만 그 말을 어떻게 알 수가 있습니까?" 이와 같이 반문을 했습니다. 그러니까 예수께서 "나는 내가 어디서 와서 어디로 가는지를 분명히 알지만 그대들은 그대 자신들이 어디에서 와서 어디로 가는 줄을 모르지 않는가. 내가 하는 말은 나 혼자 하는 것이 아니라 나를 통해 말씀하시는 주 하나님의 말씀이다." 이렇게 말했습니다.

불교식으로 해석하자면 위대한 사람들은 그냥 자기 마음대로 자기 개념대로 말하는 것이 아닙니다. 부처님 법인 진여불성, 생명의 실상에 어긋남 없이 그것에 준해서 말씀하는 것입니다. 우리 중생들은 그 자리를 체험하지 못했으니까 부처님 말씀대로 그 자리에서 빗나가지 않으려고 노력해야 할 것이고 성자는 바로 그 자리와 하나가 되었으니 자기 마음대로 말하고 행동해도 우주의 도리에 어긋남이 없는 것입니다.

그래서 우리가 불타관佛陀觀을 바로 세우는 것이 아주 중요합니다. 즉 석가모니만 부처님이고 다른 부처님은 없는 줄 아는 사람들이 더러 있는 것 같습니다. 특히 미국에 있으면 큰스님들의 법문이나 교리를 쉽게 배울 수 있는 기회가 많지 않으니까 더 그런 것 같습니다. 그리고 불교란 것이 하도 방대해서 말로나 글로만 되는 것이 아닙니다. 기도나 참선이 꾸준히 오랜 시간 동안 이어져 몸에 배어야 합니다.

반야심경 한 편을 보더라도 한 철 참선하고 보는 것과 두 철 참선하고 보는 것은 그 해석이 다른 것입니다. 우리가 같이 공부하고 토론도 해서 제가 잘못 말하면 지적도 해 주시고 그래서 탁마하자는 뜻에서 이번 법회를 마련한 것입니다. 그래서 바른 불타관을 정립하는 동시에, 기독교의 삼위일체, 교리에 대해서도 잠시 생각해 보겠습니다.

기독교 교리의 핵심 강령은 삼위일체입니다. 325년에 니케아

공의회에서 통과가 되었지요. 그 당시에도 예수가 하나님의 아들이냐 아니냐를 가지고 논란이 많았는데 그런 논란들을 제치고 하나님, 즉 천지 우주의 본성인 성부와 그 기운인 성신과 그리고 화신인 예수(성자)가 바로 셋인, 즉 하나다, 삼위가 한 몸이다, 그렇게 천명하였습니다. 불교에서 말하는 법신·보신·화신이 본래 하나다라고 했듯이 말입니다.

제가 생각하기에는 틀림없이 그때 문화가 교류되어서 불교의 법신·보신·화신(三身一佛) 사상이 기독교로 흘러갔다고 생각이 됩니다. 그 전에는 삼위일체라는 말 자체가 없었습니다. 그러다가 서기 325년에 가서야 그 당시 주교나 신부, 신학자들이 모여서 니케아 회의를 통해 삼위일체를 통과시킨 것입니다. 삼위일체를 모르면 기독교가 성립될 수 없겠지요.

우상 숭배 같은 것도 본래 있었던 게 아닙니다. 그것도 787년 두 번째 로마공의회 때 비로소 우상 숭배를 배제한다는 것으로 결정한 것입니다. 그러다가 다시 근래에 와서 로마의 바티칸 궁에서 열린 1962년에 2차 공의회에서 종교의 자유, 신앙의 자유 문제가 나왔습니다.

신앙의 자유란 것은 바꿔서 말하면 다른 종교에도 구원이 있다는 뜻입니다. 그 완고한 가톨릭에서도 지금 벽을 무너뜨리려고 애를 쓰고 있습니다. 그 전에 중세기 때는 자기들 교리에 위배되었다고 그 많은 사람들을 불태워 죽였습니다. 그런 기독교가 근래에 와서 그야말로 "다른 종교에도 구원이 있다."라고 종교의 자유를 용인한 것입니다. 그리고 교회를(신·구교) 하나로 합해야 된다고 논의하고 있다고 합니다. 그런데 우리 불교는 지금에 와서도 종파가 분열하고 같은 종파끼리도 서로 반목하는 걸 보면 기가 막히는 일입니다.

지금 한국의 종파는 약 50여 개가 난립하고 있고 지금도 자꾸만 늘어나는 추세입니다. 어떤 사람은 자기가 법왕이라고 떠들고 다니기도 합니다. 감투 쓰기 좋아하는 사람 중에 우리 한국 사람보다 더한 사람은 없을 것입니다. 총무원에 한 번 들어갔다 하면 몇십 년이고 끝끝내 거기서 버티려고 한단 말입니다.

너와 내가 둘이 아닌데 그까짓 감투를 남이 쓰면 어떻고 내가 아니면 어떻겠습니까. 따라서 종교인만큼은 그런 허명虛名에서 벗어나 선거 같은 것도 다 던져 버리고 서로 추대해서 앙금이 없이 올려놔야 서로 존경도 받고 종교인답지 않겠습니까. 꼭 그렇게 해야 합니다. 그렇게 되어야 비로소 모두 본연의 자리로, 돌아가게 됩니다.

이제 염불에 대해서 함께 생각해 보겠습니다. 우선 염불念佛43)에 대한 개요를 참고하시기 바랍니다.

염불에는 염불의 방법44)과 염불삼매45)가 있습니다. 염불念佛

---

43) 염불念佛: 본래시불本來是佛이니 자성청정심自性淸淨心을 염念함을 의미함. 일체만유一切萬有가 부처요 둘이 아닌 불이불不二佛이기 때문에 언제나 부처를 여의지 않는 불리불不離佛이다.
44) 염불念佛의 방법
  1. 칭명염불稱名念佛: 부처를 생각하며 입으로 불명佛名을 칭稱함.
  2. 관상염불觀想念佛: 정좌靜坐하고 불佛의 상호공덕相好功德을 관념觀念함.
  3. 실상염불實相念佛: 불佛의 법신法身이 무량무변無量無邊하고 만공덕萬功德을 갖춘 중도실상中道實相의 리理를 관조觀照함.
45) 염불삼매念佛三昧: 인행삼매因行三昧와 과성삼매果成三昧의 2종二種이 있음.

이라는 대문사門이 있습니다. 특히 미국에 계시는 분들은 한문을 잘 모르시기 때문에 한글로 다 달았으니 읽기는 쉬울 것입니다. 염불이란 것이 부처를 우리 마음 밖에다 두고 할 때는 방편염불에 그치고 맙니다.

"부처님은 저 멀리 극락세계에 계신다.", "하나님은 하늘에 계신다." 이렇게 생각할 때는 방편이 되겠지요. 기독교도 역시 본래의 뜻은 그렇지 않습니다. 하나님은 무소부재無所不在라, 안 계시는 곳 없이 다 계시니까 내 마음속에나 공기 속에나 다 계신다고 봐야지요. 따라서 불교도 마찬가지로 이른바 "부처님은 우주의 생명으로 계신다. 우주에 두루 계신다." 이렇게 생각해야 참다운 부처님이 됩니다.

그러기 위해서 순선법문 맨 처음에도 시방여래十方如來는 법계신法界身이라, 부처란 결국 우주를 몸으로 한다는 말입니다. 그렇기 때문에 우주 어디에나 안 들어 있는 곳이 없습니다. 때문에 우리가 부처님을 생각하면 우리 마음 그대로 부처님의 무량공덕을 갖추고 있는 것입니다. 그렇기 때문에 4조 도신道信 스님도 "부처를 생각하면 우리가 바로 부처고 분별시비하면 중생이다." 라고 했습니다.

염불이란, 본래시불이니 닦은 뒤에 부처가 되는 것이 아니라 사실은 본래 부처인데 부처인 줄을 모를 뿐입니다. "중생이 본

---

1. 인행삼매因行三昧: 일심一心으로 불명佛名을 칭稱하든지 또는 일심으로 불佛의 상호相好를 관觀하든지 또는 일심으로 법신法身의 실상을 관조하는 수행修行을 말함.
2. 과성삼매果成三昧: 염불일심으로 마음이 선정에 드는 것.

래 부처다."라는 말을 듣고서도 그저 그런가보다 하고 완전히 믿지를 못하니까 우리에게서 아무런 힘도 나오지 않는 것입니다. 우리가 정말로 부처라는 사실을 완전히 믿게 되면 자기도 모르는 가운데 순식간에 우리한테서도 위대한 힘이 나오는 것입니다. 따라서 온전하게 믿는 마음이 필요합니다.

신앙이란 의심 없이 온전히 믿는 것, 믿어야 부처님 공덕이 갖추어지는 것입니다. 자성청정심自性淸淨心, 우리 마음이 본래는 청정심입니다. 우리가 설사 나쁜 생각을 하고 남을 미워도 하지만 우리 본마음은 물질이 아니기 때문에 오염을 시킬 수가 없습니다.

흔히 우리가 생각할 때는 "나쁜 짓을 많이 하고 나쁜 생각도 많이 하면 우리 마음이 오염되어 나쁜 사람이 되지 않겠는가?"라고 생각할 수도 있지만 그러나 근본 성품에서 볼 때는 오염이 된다거나 크고 작고 할 것이 없는 것입니다. 따라서 아무리 나쁜 짓을 많이 했다 하더라도 우리 마음 자체, 성품으로 볼 때는 조금도 오염이 안 되는 청정심인 것입니다.

본래시불이니, 자성청정심을 염念하는 것이 참다운 염불입니다. 그러나 우리 중생들은 부처님을 저 밖에다 두고 부르고 외우면 복을 주고 도움도 준다는 식으로 염불을 합니다. 이런 것은 참선이 못 됩니다. 오로지 "내 마음이 바로 부처님이요, 우주가 부처 아님이 없다." 이렇게 생각하고 해야 진정한 염불선이 되는 것입니다.

하나님도 마찬가지입니다. "오! 주여"를 외친다 해도 "역시 하나님은 저 하늘 위에 계신다." 이렇게 소박하게 믿어 버리면 참선은커녕 참다운 신앙도 못 되겠지요. 그러나 "하나님은 바로 내 마음속에나 우주 어디에나 두루 계신다." 이렇게 믿으면 그때는 "오! 주여"를 해도 참선이 되는 것입니다. 본래의 본바탕 본성품을 여의지 않으면 무엇을 해도 참선이 되는 것이고 근본성품, 근본 바탕을 떠나면 무엇을 하든지 간에 참선이 못 되는 것입니다.

일체만유一切萬有가 부처와 다르지 않는 불리불不離佛이라, 우리 중생들이 잘못 생각해서 "부처는 부처고, 나는 나다." 이렇게 불신하는 마음이 있으니까 부처로 환원하기 위해서 염불을 하는 것입니다. 다른 주문도 마찬가지입니다.

가사, 티베트에서 하는 '옴마니반메훔'도 실제의 주문呪文 뜻을 그대로 풀이할 수는 없다 하더라도 '영생불멸하는 진리의 보배'라는 뜻입니다. 그들은 다른 것 없이 '옴마니반메훔'만 합니다. 그것도 옴마니반메훔이란 '옴' 자체가 영생불멸한 믿음입니다. 그렇기 때문에 일심으로 하다 보면 본래성품인 부처님한테 가까워지겠지요.

염불의 방법에는 칭명염불稱名念佛이라, 부처를 생각하며 입으로 명호를 외운다는 말입니다. 부처님 이름을 부르는 것도 아미타불이나 관세음보살이나 한 가지로만 통일되어 있으면 간단하고 좋을 텐데 불명佛名이 너무나 많다는 것입니다. 여러 부처님 명호를 두고 저한테 와서 그 어려움을 호소하는 사람도 있습니다.

절대로 이름에 걸리지 마십시오. 부처님 명호는 다 그 공덕 따라서 다를 뿐입니다. 항상 제가 그때그때 말하는 것이 무엇인 고 하면, 자꾸 그 이름에 걸리니까 복잡해지는 것입니다. 부처님이 만약에 내 부처님 네 부처님 따로 있고 이름 따라 다 뿔뿔이 열이고 백이고 따로 있다면 그것을 어떻게 부처님이라 할 수 있겠습니까? 다만 부처님의 이름이 하도 많으니까 자비도, 지혜도 다 원만해서 하나의 개념으로는 다 표현을 할 수가 없습니다.

따라서 무량공덕을 갖춘 부처님을 자비론 쪽에서 보면 관세음보살, 지혜론 쪽으로 봐서는 문수보살, 대세지보살, 또는 그 원력으로 해서 중생을 제도하는 쪽으로는 보현보살, 우리 중생의 영혼을 극락세계나 천상이나 인도환생으로 인도하는 면에서는 지장보살입니다.

그다음에 관상염불觀想念佛이라, 이것은 우리가 가만히 앉아서 부처님의 원만 덕상을 생각하거나 부처님의 공덕을 생각하는 염불입니다. 그렇듯이 꼭 이름만 외우는 것이 염불은 아닌 것입니다. 염불 소리를 안 내더라도 부처님의 모양만 바라보고서도 부처님을 닮아 가는 것입니다.

사실 우리는 부처님을 닮아 가야 됩니다. 부처님 상호라는 것은 삼십이상三十二相이라, 만덕萬德을 갖추면 부처님 같은 상호가 되는 것입니다. 따라서 얼굴 잘난 사람들은 그냥 어디서 뚝 떨어지는 것이 아니라 전생에 그만큼 공덕을 세운 것입니다. 그렇기 때문에 우리는 금생에 타고난 얼굴이야 어쩔 수 없다 하더라도 부처님을 닮아 가려고 노력해야 합니다.

부처님의 눈은 모든 중생을 다 제도하고 수용하고 포섭하는 그런 눈빛입니다. 그렇게 부처님을 닮아 가는 그런 염불이 관상염불입니다.

실상염불實相念佛은 모든 상을 떠나서 부처님의 진리, 중도실상中道實相이라, 이른바 우주에 두루해 있는 부처님의 참다운 생명의 실상, 그 자리를 생각하고 있는 염불입니다. 따라서 실상염불이 되면 그때는 바로 염불참선이 됩니다. 실상염불은 염불선과 둘이 아닙니다. 실상염불은 부처님의 법신이 무량무변하고 만공덕을 갖춘 중도실상의 원리를 관조하는 것입니다.

염불삼매念佛三昧라, 삼매란 것은 어느 한 곳으로 몰두하는 것이 삼매 아니겠습니까. 인행삼매因行三昧와 과성삼매果成三昧가 있는데, 인행삼매因行三昧 처음에 일심으로 부처님 이름을 외운다든지 또는 일심으로 부처님의 상호를 관찰한다든지 또는 일심으로 법신불法身佛을 실상으로 관조하는 것을 말하고, 과성삼매果成三昧는 그렇게 일심으로 해서 마음이 선정에 든다는 것입니다.

우리 중생 마음은 항상 산란스러워서 선정에 들기가 어렵습니다. 삼매에 들어가야 우리의 근본 번뇌를 없앨 수 있는 것입니다. 따라서 삼매에 들려면 오로지 지속을 시켜야 됩니다. 화두나 염불이나 주문을 지속시켜야 마음이 한 곳으로 모아지고 그래야 선정에 들 수 있는 것입니다. 그렇게 해서 삼매에 들어가면 우리 업장이 녹아져서 부처님의 광명이 자기 앞을 훤히 비추고 동시에 부처님의 실상에 계합契合하게 되는 것입니다.

이것이 이른바 과성삼매라, 인행삼매가 근본이 되어 그 결과로 열매가 맺어서 염불삼매를 성취하게 되는 것입니다. 공부하실 때 여러분들은 어느 것이나 좋습니다. 화두를 드나 또는 티베트의 불교처럼 '옴마니반메훔'을 외우거나 염불을 하거나 어느 것이나 다 무방합니다. 또는 간경자혜안통투看經者慧眼通透라, 부처님 경만 읽어도 됩니다.

불경도 모두가 다 부처님의 근본 성품을 말한 것이기 때문에 경만 읽어도 마음을 본체에서 안 여의면 성불이 되는 것입니다. 그래서 다 좋지만, 본성품을 관조하는 그 마음을 지속시켜야 됩니다. 염불도 계속하다 보면 나중에는 가만히 있어도 자기 몸 전체가 염불이 되는 경지가 옵니다. 바람 불면 바람 소리가 염불로 들리고 물소리도 부처님 음성으로 들리게 됩니다. 화두도 "무無라 무無라." 하다 보면 바람 소리도 무자 화두로 들립니다.

선방에서 대중이 다 자는데 가만히 들으면 화두 하는 사람은 잠자면서도 "무無라 무無라." 하고 있습니다. 이렇게 되도록까지 해야 됩니다. 그렇게 익어지면 놓아버려도 놓아지지가 않고 뗄래야 뗄 수가 없는 것입니다. 염불이나 화두를 일심으로 오래 한 사람들은 안 하려야 안 할 수가 없는 것입니다.

밥을 먹으나 길을 가나 항시 염불, 화두가 떨어지지 않고 그렇게 이어지면 기분이 굉장히 좋아집니다. 그렇게 되도록까지 해야 삼매에 들어갈 수 있습니다. 삼매에 들어가야 온전히 증명을 할 수 있지요. 그렇기 때문에 여러분들은 꼭 삼매에 들어가도록까지 공부를 하셔야 합니다.

과거 우리네 할머니나 어머니들은 천 팔십 개로 꿰인 염주를 들고 몇 시간이고 헤아리면서 염불을 합니다. 따지기 좋아하는 사람들은 "뭘 저렇게 미련하게 할 필요가 있을 것인가?"라고 생각할는지 모르겠지만 그 할머니나 어머니들의 얼굴을 보면 자비심이 가득히 넘칩니다. 왜 그런 것인가? 오직 일심으로 염불을 하니 삼매가 가까워진 것입니다.

저는 한국에서나 여기서나 여러분들에게 염주를 많이 드립니다. 처음 올 때 오백 개를 가지고 와서 다 드리고 나중에도 더 가지고 와서 대원사에다 풀어 놓았습니다. 염주를 드리는 것은 그냥 팔목에 감고 다니라고 드리는 게 아닙니다.

우리가 하는 부처님 공부는 자기한테 가장 손해가 안 나는 것입니다. 우리는 어차피 성불을 해야 됩니다. 본래 부처거니 부처가 돼 버려야지, 부처가 될 바에는 다툼도 많고 전쟁도 많은 이 불안스러운 금생에 되어야 너도나도 인간계의 여러 재앙을 막을 수 있지 않겠습니까. 이런 일을 하시라고 염주를 드리는 것입니다.

❦

## 아미타불

아미타불(Amita Buddha)은 무량수無量壽(Amita yus), 영생의 생명, 무량수無量壽는 부처님의 목숨은 한량이 없다는 뜻입니다. 부처님 생명이 어느 한 때만 있는 것이 아니라 과거나 현재, 미래, 영원히 존재한다고 해서 아미타 부처님을 무량수불이라고 합니다. 그리고 부처님의 지혜광명이 우주에 끝도 가도 없이 충만하다고 해서 무량광無量光이라고도 합니다.

그리고 부처님은 행복이나 모든 좋은 것을 원만하게 갖추고 있다고 해서 감로왕입니다. 제일 맛있는 것이 감로 아닙니까. 모든 행복을 완벽하게 갖추고 있다는 뜻입니다.

또 아미타불은 법신·보신·화신 삼신일불三神一佛이라, 삼신을 다 갖추고 있습니다. 아阿는 화신을 의미하고 미彌는 보신을 의미하며 타陀는 법신을 의미합니다. 그래서 아미타불은 이렇게 무량공덕을 갖춘 부처님의 생생한 명체불名體佛이라, 이름과 몸이 둘이 아닌 그런 이름입니다. 그렇기 때문에 명호부사의名號不思議라, 우리 사람 이름은 자기 부모나 작명가가 짓지만 부처님의 명호는 그 명호 자체에 진리가 다 깃들어 있습니다.

쉬운 말로 하면 진리가 다 묻어 있는 것입니다. 그렇기 때문에 한 번 외우면 외운 만큼 공덕이 묻어 나오고 우리 마음이 밝아지는 것입니다. 그래서 아미타불은 또 십이광불十二光佛이라, 어느 하나로 표현할 수 없습니다.

부처님 이름이 이렇게 많은 이유를 아셔야 합니다. 광명으로 보나 생명으로 보나 행복으로 보나 어느 하나의 개념으로는 다 표현할 수가 없기 때문에 이름이 많은 것입니다. 그래서 십이광불十二光佛은 무량광불無量光佛이라, 그 광명을 헤아릴 수 없습니다. 무변광불無邊光佛이라, 부처님의 광명은 거리낌이 없지만 태양 광선은 가림이 있지요. 벽 같은 것은 못 뚫고 가지 않습니까.

그러나 부처님 광명은 벽이고 땅 속이고 다 뚫고 나갑니다.

무애광불無碍光佛은 거리낌이 없는 광명이요, 또는 무대광불無對光佛이라, 상대가 없다는 말입니다. 또 염왕광불焰王光佛, 항시 빛나고 있는 광명 부처님이요, 청정광불淸淨光佛이라, 조금도 오염이 없는 부처님이요, 환희광불歡喜光佛이라, 항시 행복이 충만한 부처님이라는 말입니다.

지혜광불智慧光佛이라, 지혜가 빛나는 부처님이요, 부단광불不斷光佛이라, 광명이 끊임없는 부처님이요, 난사광불難思光佛이라, 부사의 해서 우리 중생이 헤아릴 수 없는 부처님이요, 또 무칭광불無稱光佛이요, 어떻게 말로 감히 칭할 수 없는 부처님이요, 초일월광불超日月光佛이라, 해나 달이나 별보다 훨씬 더 밝은 부처님이란 말입니다.

이렇게 부처님의 방편력은 참 교묘하기도 합니다. 이렇게까지 우리한테 고구정녕으로 말씀했건마는 우리 중생들은 눈에 보이지 않으니까 일축해 버리고 맙니다.

다음은 아유월지阿惟越地라, 이것은 공부해서 얻은 불퇴지라, 지아유월지자至阿惟越地者 행제난행行諸難行 구내가득久乃可得, 다시 후퇴가 없는 자리입니다. 법성을 증명해야 후퇴가 없겠지요. 이 아유월지에 이른 사람들은 난행문難行門과 쉬운문易行門이 있다는 말입니다.

우리 공부하는 사람 중에는 자기 힘만 믿고 어렵게 나가는 사람도 있습니다. 이것도 물론 필요하겠지만 부처님한테는 본원本願이 있습니다. 근본 부처님께 깃들어 있는, 만 중생을 성불케

하는 원願입니다. 우리는 그 본원이라는 말씀을 믿어야 합니다.

우주에는 인력引力이 있지 않습니까. 그 인력도 역시 부처님한테 들어 있는 공덕인 것입니다. 인력 그것은 모든 중생을 근본으로 이끄는 힘인 것입니다. 그냥 물리학적인 의미로 그치는 것이 아니라 우리가 생명으로 생각할 때는 모든 중생을 중심으로 이끄는 부처님의 원력인 것입니다. 이른바 우주의 목적입니다.

따라서 부처님을 간절히 생각하고 흠모하며 부처님 이름을 외운다고 생각할 때는 우주에 본래 있는 인력에 우리가 편승하는 것입니다. 따라서 우리가 자기만 믿고 고생스럽게 가는 것보다는 그 힘을 동경하고 따른다면 우리는 그 힘에 편승이 됩니다. 그렇기 때문에 공부도 빨라지고 불안한 마음도 해소가 되는 것입니다.

인능염시불 무량력공덕 즉시입필정人能念時佛 無量力功德 卽時入必定이라, 우리가 능히 부처님의 무량의 공덕, 무량의 힘을 분명히 믿을 때는 그 즉시에 삼매에 들어가게 된다는 뜻입니다. 이것도 역시 용수 보살이 지은 『십주비파사론』에 있는 법문입니다.

그다음에 부처님에 대한 일념신해공덕一念信解功德은 부처님에 대해 한 생각으로 바로 믿는 공덕은, 오바라밀五波羅蜜 즉 보시를 하고 계행을 지키고 인욕을 하고 선정을 하는 등등의 오바라밀보다도 훨씬 수승합니다.


약유중생문불수명장원若有衆生聞佛壽命長遠
만약 중생이, 부처님의 수명장원이라, 부처님의 생명은 금생

에만 있는 것이 아니라 영생불멸의 존재임을 듣고 나서,

여시내지 능생일념如是乃至能生一念
신해소득 공덕무유한량信解所得功德無有限量
이렇게 능히 한 생각을 낸다고 생각할 때는 그렇게 믿는 공덕
이 한량이 없어서,

약유선남자선여인若有善男子善女人
위아뇩다라삼먁삼보리爲阿耨多羅三藐三菩提
만약 선남자 선여인, 즉 불교를 믿는 사람들이 아뇩다라삼먁
삼보리, 무상대도, 위없는 대도를 위해서,

고어팔십만억나유타겁故於八十萬億那由他劫
행오바라밀行五波羅蜜
팔십 억겁 동안, 즉 오랜 세월 동안 오바라밀을 닦는다고 할 때,

단바라밀시라바라밀檀波羅蜜尸羅波羅蜜
그 공덕도 많겠지만 부처님의 영생불멸하는 이 공덕을 비교
해 본다면 상대도 안 된다는 그런 뜻입니다.

이것은 법화경 분별 공덕품에 있습니다. 제가 한 말씀 더 드
립니다. 부처님의 무량공덕을 온전히 믿는 그 힘이 우리가 육바
라밀 가운데서 보시도 하고 계행도 지키고 인욕도 참선도 하는

이런 등등의 공덕, 다만 반야바라밀을 떠나서 오바라밀을 지키는 공덕을 수억 년을 한다 하더라도 그런 공덕은 부처님의 무량 공덕을 한 생각 분명하게 믿는 그 공덕에 미치지 못한다는 법문입니다.

부처님이 과장을 했다고 생각하지 마십시오. 우리 마음이 바로 부처니까 마음으로 바로 믿어 버리면 순식간에 우리 공덕도 그렇게 갖추어진다는 그런 뜻이 포함되어 있는 것입니다.

대일여래大日如來(Mahavairocana)라, 대일여래는 인도말로 비로자나불인데, 무슨 뜻인고 하면 광명변조光明遍照라, 우주에 두루해 있는 광명의 생명이란 뜻입니다. 그렇게 광명이란 말이 많이 들어 있습니다.

다음은 염불 공덕편을 함께 보시겠습니다.


염불공극 어일일시시 일체처아미타불

念佛功極於日日時時一切處阿彌陀佛

진체명현기 전임명종시영입 구품연대 상품왕생

眞體冥現其前臨命終時迎入九品蓮臺上品往生…

— 보조지눌 선사


염불공극이라, 염불의 공덕이 지극해지면 나날이 어느 때든지 아미타불의 진체眞體가 자기도 모르는 가운데, 아미타불의 광명이 은은하게 앞에 나타납니다. 그리고 우리가 임종할 때는 모든 성인들이 우리를 맞이하러 와서 극락세계 중에서도 제일 높은 극락세계(구품연대), 조금도 오염이 없는 성자들만 계시는 그곳에 태어난다는 뜻입니다. 이것은 보조 국사 염불요문에 있는 법문입니다. 그다음에는,

아미타불 정묘법신 변재일체중생심지阿彌陀佛淨妙法身遍在一切衆生心地
고운심불중생 시삼무차별故云心佛衆生是三無差別
역운심즉불 불즉심亦云心卽佛佛卽心…
아미타불명 심심상속 염념불매阿彌陀佛名心心相續念念不昧…
구구성공 즉 홀이지간久久成功則忽爾之間
심념단절 아미타불 진체탁이현전心念斷絶阿彌陀佛眞體卓爾現前…
— 태고보우 선사


아미타불의 청정하고 묘한 법신, 이것은 한계가 있는 몸이 아닙니다. 우주에 가득한 생명의 실상을 말하는 것입니다. 아미타불의 법신이 따로 있는 것이 아니라 일체 모든 중생의 마음에 두루해 있는 고로 마음이나 중생이나 부처가 차별이 없다. 부처님의 참다운 광명이 우주에 가득 차 있거니, 부처님과 나와 또는 중생이 어떻게 차이가 있겠습니까.

부처님은 언제 어디에나 두루해 계신다는 뜻입니다. 그렇기 때문에 아미타불의 이름을 우리 마음에 두고서 염념상속이라, 생각 생각에 끊임없이 외운다고 생각할 때는 구구성공久久成功이라, 오랫동안 하면 잠깐 동안에 분별시비하는 마음이 딱 끊어져서 아미타불의 참다운 몸이 훤히 나타난다, 이런 뜻입니다. 이

것은 태고보우 선사 염불 법문입니다. 그다음에,


심즉연불경계心則緣佛境界요 억지불망憶持不忘이라.

구즉칭명불호口則稱名佛號라.

분명불란 여시심구分明不亂如是心口

상응일념일성즉 능멸팔십억겁相應一念一聲則能滅八十億劫

생사지죄 성취팔십억겁生死之罪成就八十億劫

수승공덕殊勝功德이라.

— 서산 대사


　우리 마음은 부처의 경계를 인연하여 잠시도 부처님을 잊지 않고 우리 입으로는 부처님 이름을 항시 외워서 마음을 어둡지 않게 하고 이와 같이 마음으로나 입으로나 서로 상응해서 오로지 순수한 한 생각으로 한 소리로 한 번 염불을 하면 팔십 억겁 무수 세월 동안에 지은 죄를 다 없애고 동시에 무수 억겁 동안에 지을 수 있는 수승한 공덕을 성취합니다. 이것은 서산 스님의 법문입니다. 다음에는 대무량수경에 있는 법문인데 우리 중생에게 당부를 하신 말씀입니다.


설만세계화 필과요문법設滿世界火必過要聞法

요당성불도 광제생사류要當成佛道廣濟生死流


　설만세계화設滿世界火, 설사 온 세계가 지진이 나고 불바다가 될지라도 필과요문법必過要聞法이라, 반드시 그 불바다를 뚫고 나가서 부처님 법을 들어라, 요要 자 이것은 '꼭'이라는 뜻입니다. 꼭 부처님 법을 들을지니 요당성불도要當成佛道하고, 우리가 살면서 장사를 할 수도 있고 무슨 일을 할 수도 있으나 꼭 한사코 불도를 성취해야 함은 우리의 지상명령입니다. 광제생사류廣濟生死流라, 널리 중생을 제도하라, 온 세계가 불바다로 휩싸이더라도 반드시 뚫고 나가서 우리 생명의 근원인 불법을 들을 것이며, 한사코 불도를 성취해서 만 중생을 제도하라, 이것이 우리 인간이 할 일입니다.

이것으로써 이번 순선안심탁마법회를 마감하겠습니다. 모두 바쁜 생활 가운데서 이렇게 몇 시간씩 시간을 내기가 어려우실 것인데 모두 열심히 나와서 함께 해 주셔서 감사합니다. 우리 한국이 비록 약소국이지만 부처님 가르침만은 우리 한국 불교가 제일 앞서 있습니다. 원효 스님을 비롯해서 의상, 보조, 대각 국사, 서산 스님 등등, 기라성 같은 대선사들의 가르침은 부처님 가르침 그대로입니다. 조금도 찌꺼기가 없습니다.

이런 불법을 가지고 우리가 세계로 나아간다고 생각할 때, 미국이나 일본 불교 등은 그들 나라 힘은 강하지만 그 종파성도 굉장히 강합니다. 그러니까 불법이 우선 하나가 되기 위해서 한국 불법이 중심이 돼야 합니다. 그렇게 되기 위해서는 우선 한국 불법을 믿는 우리 불교인이 하나가 되어야 하고 우리 한국불교의 순수하고 원통무애한 불법을 바르게 알아야 되겠지요.

그렇게 해서 우선 불법으로 하나가 되고 그다음에는 세계 종파가 하나가 되고, 불법만이 다른 종교를 다 포섭할 수가 있습니다. 이렇게 원대한 포부를 가지고 공부해 나가면서 생업에도 종사하시기를 바라마지 않습니다.

　　대단히 감사합니다.

이 책의 내용은 청화 큰스님께서 1995년 1월 미국 삼보사三寶寺
에서 동안거 중 7일간 사부대중을 위해 펴신 순선안심탁마법회純
禪安心琢磨法會(Pure Zen Peace of Mind Cultivate Dpharma Meeting)를 정리한
것입니다.

순선안심탁마법문純禪安心琢磨法門
영생永生의 고향

재판 1쇄 발행   2020년 1월 25일

지은이   청화 큰스님
책임편집·문책   정진백
조판편집·교정   김효은
발행인   정태영
발행처   사회문화원
          광주광역시 동구 백서로125번길 21-1(금동)
          전화 062)232-5600
          출판등록 제0172호(1995. 10. 12.)
인쇄처   라인
          전화 062)232-4747

ⓒ 청화 큰스님 · 2020

값 15,000원

이 책의 무단 전재와 복제를 금합니다.